Famille futée 2

175 RECETTES SANTÉ À MOINS DE **5$** PAR PORTION

Geneviève O'Gleman, nutritionniste et
Alexandra Diaz, animatrice et directrice artistique

Photographies de **Judith Cossette**

LES ÉDITIONS LA SEMAINE
Charron Éditeur inc.
Une société de Québecor Média
1055, boul. René-Lévesque Est, bureau 205
Montréal (Québec) H2L 4S5

Directrice des éditions : Annie Tonneau
Coordonnateur aux éditions : Jean-François Gosselin
Infographiste : Lyne Préfontaine
Réviseures-correctrices : Melissa Morrone, Nathalie Ferraris, Marie Théorêt, Audrey Faille

Directrice artistique : Alexandra Diaz
Assistante à la direction artistique : Ève Burelle
Créatrice des recettes et contenus : Geneviève O'Gleman, nutritionniste
Aide au développement et à la rédaction : Krystel Dubé, nutritionniste
Photographe : Judith Cossette
Photographe (p. 427 et 428) : Naomie Gagnon
Retoucheur : Martin Duchesne
Styliste culinaire : Marie-Christine Champagne
Graphiste principal : Thomas Asselin, www.73DPI.com
Graphistes des maquettes des recettes :
Thomas Asselin et Guillaume Pérusse
Illustrations : Leeroy agence créative
Chef des opérations et conseillère juridique : Me Klara Polom
Chargée de projets marketing : Catherine Jacques
Assistante de production : Ève Marcil
Vêtements : Agence Mélanie Mclean
Vaisselle : Ceramik B. et Atelier Make
Maquillage et coiffure (page couverture) : Geneviève Lenneville
Script éditeur : Isabelle Massé
Relations de presse :
BICOM Communications, (514) 223-6770, info@bicom.ca

Toute reproduction, par quelque procédé que ce soit, est interdite sans l'autorisation du titulaire des droits.

Remerciements
Gouvernement du Québec – Programme de crédit d'impôt pour l'édition de livres – Gestion SODEC

L'Éditeur bénéficie du soutien de la Société de développement des entreprises culturelles du Québec pour son programme d'édition.

Nous reconnaissons l'aide financière du gouvernement du Canada par l'entremise du Fonds du livre du Canada pour nos activités d'édition.

© Charron Éditeur inc.
Dépôt légal: troisième trimestre 2015
Bibliothèque et Archives nationales du Québec
Bibliothèque et Archives Canada
ISBN: 978-2-89703-300-2

DISTRIBUTEURS EXCLUSIFS

• Pour le Canada et les États-Unis :
MESSAGERIES ADP
*2315, rue de la Province
Longueuil (Québec) J4G 1G4
Tél. : 450 640-1237
Télécopieur : 450 674-6237
* U ne division du Groupe Sogides inc., filiale du Groupe Livre Québecor Média inc.

• Pour la France et les autres pays :
INTERFORUM editis
Immeuble Paryseine, 3, Allée de la Seine
94854 Ivry CEDEX
Tél. : 33 (0) 4 49 59 11 56/91
Télécopieur : 33 (0) 1 49 59 11 33

Service commande France métropolitaine
Tél. : 33 (0) 2 38 32 71 00
Télécopieur : 33 (0) 2 38 32 71 28
Internet : www.interforum.fr

Service commandes Export — DOM-TOM
Télécopieur : 33 (0) 2 38 32 78 86
Internet : www.interforum.fr
Courriel : cdes-export@interforum.fr

• Pour la Suisse :
INTERFORUM editis SUISSE
Case postale 69 — CH 1701 Fribourg — Suisse
Tél. : 41 (0) 26 460 80 60
Télécopieur : 41 (0) 26 460 80 68
Internet : www.interforumsuisse.ch
Courriel : office@interforumsuisse.ch

Distributeur : OLF S.A.
ZI. 3, Corminboeuf
Case postale 1061 — CH 1701 Fribourg — Suisse
Commandes : Tél. : 41 (0) 26 467 53 33
Télécopieur : 41 (0) 26 467 54 66
Internet : www.olf.ch
Courriel : information@olf.ch

• Pour la Belgique et le Luxembourg :
INTERFORUM BENELUX S.A.
Fond Jean-Pâques, 6B-1348
Louvain-La-Neuve
Tél. : 00 32 10 42 03 20
Télécopieur : 00 32 10 41 20 24

Famille futée 2

175 RECETTES SANTÉ À MOINS DE **5$** PAR PORTION

Geneviève O'Gleman, nutritionniste et
Alexandra Diaz, animatrice et directrice artistique

Photographies de **Judith Cossette**

Une société de Québecor Média

INTRODUCTION

L'aventure futée a complètement changé nos vies à toutes les deux. Notre rencontre, il y a bientôt trois ans, a tout mis en place: notre désir d'être utiles à plus grande échelle, de devenir entrepreneures (*yes we can!*), notre envie de réinventer notre quotidien professionnel en partageant notre passion de l'art de vivre en famille. Et notre famille s'est élargie aussi. Vous en faites désormais partie, belle gang de futés.

On disait dans notre premier tome qu'on est tous dans la même galère. La bonne nouvelle, c'est qu'on avance unis dans cette joyeuse folie qu'est la famille. On l'aime, cette belle galère familiale. Qu'on soit seul, à deux, à trois ou à plusieurs, on est de plus en plus nombreux à cuisiner dans le plaisir. Lorsqu'on vous rencontre après une conférence ou dans un salon du livre, lorsque vous nous écrivez sur la page Facebook de *Cuisine futée*, le commentaire qui revient le plus souvent, c'est: «Vous m'avez redonné le goût de cuisiner!» Yeah! Il n'y a pas de mots pour vous décrire à quel point ça nous fait plaisir! Malgré le tourbillon des soirs de semaine, malgré les goûts des enfants qui changent plus vite que la météo, malgré le budget de plus en plus serré, malgré la boucane qui nous sort parfois par les oreilles, nous sommes de plus en plus nombreux à préférer cuisiner des aliments frais plutôt que de réchauffer un truc tout fait. Vous nous le démontrez et on s'en réjouit.

Nous sommes convaincues qu'avec un minimum d'organisation et de savoir-faire, il est possible de rendre l'heure du souper plus simple, mais surtout, plus heureuse. C'est pour ces moments de bonheur où l'on prend le temps de vivre, de communiquer, de partager un bon repas avec nos cocos ou nos amis, qu'on se décarcasse de 9@5. C'est à ce moment précis où l'on revient à la maison après une lourde journée de travail que le vrai sens de ce que l'on fait se matérialise.

L'éducation alimentaire s'apprend par l'exemple. L'autonomie culinaire passe par le plaisir. Combien de fois nous sommes-nous fait dire au début de cette aventure: «Ça semble si simple à faire!» Vous savez maintenant que c'est possible de cuisiner des recettes qui sont **santé**, **pas chères**, **faciles** et **gourmandes**! Quatre critères qu'on s'est promis de ne jamais sacrifier. Et cette bine sur l'épaule que vous nous donnez quotidiennement, on aimerait vous la rendre à notre façon avec ce deuxième livre.

On l'a voulu généreux, avec **175 recettes** (100 de plus que le tome 1!), dont 25 recettes exclusives (que vous ne retrouverez pas à la télé). Vous nous avez dit avoir fait le tour du premier trop vite, alors voici bien humblement notre belle brique. Et même si ça semble cliché, on vous le dit quand même: on vous la présente avec beaucoup d'amour! ;-)

Bon appétit!

Alex
Geneviève

Voici les pas qui mènent à la cuisine de la maison de Ruben, le cousin d'Alex. On a passé le mois de janvier 2015 au Chili. J'y ai pratiqué mon espagnol pas à peu près. *Sí! Sí! Sí!* – Geneviève

AU MENU

Chapitre 1	**Debout!**	19
Chapitre 2	**Encore des légumes, svp!**	55
Chapitre 3	**À emporter**	79
Chapitre 4	**Vous êtes capables!**	105
Chapitre 5	**À la mode de chez nous**	153
Chapitre 6	**Rapido!**	199
Chapitre 7	**Vends-moi ta salade**	231
Chapitre 8	**Métro, boulot, apéro**	265
Chapitre 9	**Mieux qu'au resto**	303
Chapitre 10	**Arrêt au puits**	333
Chapitre 11	**Pour les dents sucrées**	359
Chapitre 12	**Desserts tout chocolat**	401

INDEX DES RECETTES

DÉJEUNERS

 **22** Tartinade choco-noisettes maison

 **24** Granola maison

 **28** Confiture sans cuisson

 **30** Pouding étagé au chia

 **32** Beurre d'amandes maison

 **34** Trio de smoothies

 **36** Barre pomme et canneberge

 **38** Tortilla roulée à la banane

 **40** Verrines de fruits à l'érable

 **42** Cocktail rosé

 **46** Crêpe au four à partager

 **48** Sandwich du matin pressé

 **50** Mini-crêpes dans un moule à muffins

 **52** Bar à eau

 **126** Strata au chorizo

 **134** Omelette passe-partout

 **348** Muffins orange et canneberges

 **350** Pain aux bananes

 **356** Yogourt à boire

LUNCHS

82 Wrap crevettes et ciboulette

84 Baguette au porc et aux pommes

86 Sandwich aux œufs et à la ricotta

88 Tartinade aux noix de cajou

92 Sandwichs roulés

94 Plat surgelé aux crevettes à l'asiatique

98 Tartinade de saumon

100 Concassé de pois chiches au citron

316 Grilled cheese urbain

SOUPES

68 Crème de poireaux

70 Gaspacho

90 Soupe-repas à l'asiatique

132 Potage au poisson et chips de pappadum

148 Soupe chunky au poulet

192 La soupe du lendemain

196 Soupe au bœuf et à l'orge

208 Crème de champignons

214 Crème de tomate sans produits laitiers

SALADES

 **223** Salade de quartiers de lune

 **234** Taboulé de chou-fleur

 **236** Vinaigrette crémeuse miel et Dijon

 **238** Salade du sud-ouest

 **240** Salade Waldorf au poulet

 **242** Salade de pâtes à la grecque

 **244** Salade de lentilles aux pommes

 **246** Salade de quinoa aux crevettes

 **248** Salade de céleri d'Alex

 **250** Salade «club sandwich»

 **252** Légumes râpés à l'asiatique

 **254** Salade d'orecchiette

 **256** Salade de riz au miso

 **258** Salade d'orzo au poulet grillé

 **260** Salade de pâtes au saumon

 **262** Salade de céleri-rave aux pommes

 **268** Salade de betteraves et de feta

 **274** Fenouil à l'orange

 **276** Salade de tomates à la mozzarella

VOLAILLE

112 Poulet à la vinaigrette

120 Casserole de poulet à l'espagnole

124 Poulet à la moutarde et à l'érable

128 Hot chicken de survie

136 Boulettes de poulet et chorizo

140 Papillotes de poulet au cari

142 Pollo estofado

144 Cazuela de pollo

146 Poulet au four

162 Poulet à la king

176 Pilons de dinde à la gelée de pomme

184 Boulettes suédoises

202 Rouleaux printaniers

206 Fajitas au poulet

210 Guédille tex-mex

226 Brochettes de poulet au sésame

308 Pilons de poulet BBQ

318 Mini-burgers dinde et sarrasin

POISSONS

108 Croquettes de riz au saumon

114 Poisson cajun

204 Boulettes de poisson à l'asiatique

220 Papillotes de saumon au miso

224 Saumon aux épices à steak

272 Boule de tartinade au thon

284 Mini-croquettes de crabe et tilapia

290 Mini-quiches au saumon

VÉGÉ

44 «Œufs» brouillés végé

60 Galettes tex-mex à la courge

110 Végé-burgers aux haricots noirs

122 Riz «frit» à l'asiatique

166 Fondue à la courge

178 Tourtière de millet

218 Grilled cheese rico rico

292 Mini-tacos

294 Frites de tofu et sauce satay

322 Keftas du Moyen-Orient

VIANDES

 **156** Boulettes à l'italienne

 **164** Cigares au chou

 **174** Gigot d'agneau aux pommes

 **182** Porc citronné à la pancetta

 **190** Fondue chinoise

 **194** Sous-marins à la viande à fondue

 **312** Burgers au steak BBQ

 **330** Bavette marinée

PÂTES

 **118** Cannellonis gratinés

 **130** Fettucini Alberto

 **158** Macaroni «avec pas de viande»

 **172** Mini-lasagnes

 **186** Pappardelles au bœuf effiloché

 **212** Pâtes au pesto maison

 **216** Pâtes crémeuses au thon

ACCOMPAGNEMENTS

63 Sauce au fromage

64 Bok choy à l'orange

66 Asperges grillées au sésame

72 Croquettes de légumes

74 Frites de panais au cari

76 Bouchées de courgette

116 Chou-fleur pop corn

168 Petits pains maison au fromage

222 Papillotes de légumes au sésame

228 Riz au lait de coco

306 Bâtonnets de fromage panés

310 Pommes de terre gratinées

314 Rondelles d'oignon

328 Salade de chou rapido

329 Gnocchis grillés

TREMPETTES

102 Trilogie de trempettes

189 Trempettes à fondue chinoise

288 Trempette chaude dans un bol de pain

296 Trempette edamame-avocat

300 Hoummos maison

COLLATIONS SALÉES

270 Canapés à la salsa de mangue

278 Feta à la figue

280 Boules au fromage

282 Chips de carottes et de patates douces

286 Edamames à grignoter

298 Chips de won-ton

299 Craquelins maison

346 Méli-mélo à grignoter

À LA MIJOTEUSE

26 Beurre de fruits

96 Chili à la lime

138 Poulet teriyaki

160 Bœuf aux légumes

170 Sauce bolognaise

180 Fèves «au lard»

320 Tacos au bœuf effiloché

324 Bœuf effiloché à la Guinness

326 Côtes levées

COLLATIONS ET DESSERTS FRUITÉS

 **58** Galettes de superhéros

 **336** Pops glacés au melon

 **338** Trempette à l'érable

 **340** Boules de collation sans cuisson

 **342** «Pâte à biscuits»

 **344** Galettes à la poire et au gingembre

 **354** Barres tendres choco-dattes

 **356** Pastilles de yogourt glacé

 **362** Sorbet mangue-orange

 **364** Mousse aux framboises

 **366** Jello maison

 **368** Pouding au riz

 **370** Crème étagée au citron

 **372** Sorbet aux petits fruits

 **374** Jujubes aux fraises

 **376** Trio fruité

 **392** Méga-giga tarte aux pommes

 **394** Gâteau «vide frigo»

 **396** Crumble de petits fruits en papillote

 **406** Brochettes «banana split»

BISCUITS, GÂTEAUX ET AUTRES DESSERTS

352 Galette géante à partager

378 Cornet à la tire d'érable

380 Biscuits congelés

382 Biscuit vitrail

384 Galettes «rennes au nez rouge»

386 Blondies aux amandes

388 Tarte à la courge

390 Manjar (*dulce de leche* chilien)

398 Bouchées de pouding au pain à l'érable

404 Pouding au chocolat maison

408 Gâteau de crêpes

410 Biscuits chewy double chocolat

412 Mini-cupcakes aux betteraves

414 Whoopie pie

416 Mousse au chocolat

418 Biscuit à la poêle

420 Tartelettes à la ganache

422 Petits écoliers

424 Sablé au chocolat

426 «Ze» gâteau au chocolat

Maude au zoo de Buin, le village de Gloria, ma maman. - Alex

DEBOUT!

CHAPITRE 1

Tartinade choco-noisettes maison	22
Granola maison	24
Beurre de fruits à la mijoteuse	26
Confiture sans cuisson	28
Pouding étagé au chia	30
Beurre d'amandes maison	32
Trio de smoothies	34
Barre déjeuner pomme et canneberge	36
Tortilla roulée à la banane	38
Verrines de fruits à l'érable	40
Cocktail rosé	42
«Œufs» brouillés végé	44
Crêpe au four à partager	46
Sandwich du matin pressé	48
Mini-crêpes dans un moule à muffins	50
Bar à eau	52

Petit matin frais à la plage à Maitencillo. Les après-midi y sont cuisants. – Alex

DEBOUT!

Dès le moment où j'ouvre les yeux, je pense au déjeuner. Sans blague, je visualise invariablement le pain grillé dans l'assiette, les œufs dans la poêle… J'imagine la senteur du café tout autant que l'espoir d'une autre belle journée qui s'amorce et le long bombardement de câlins et bisous des enfants. Je ne prétends pas qu'il n'y a pas de crisettes à certains moments de la journée. La vie serait trop plate! Mais les matins sont doux chez nous, heureux et gourmands. On prend le temps de s'asseoir comme on le fait au souper. Qui a dit qu'on devait attendre la fin de la journée pour se poser, prendre le temps de se parler?

Pour Geneviève, ce n'est pas aussi facile. En fait, le déjeuner est son repas le plus difficile de la journée, et ce, depuis l'enfance. Certains matins, elle n'a envie de rien et rien ne rentre. Plusieurs sont comme elle et apprivoisent le déjeuner une bouchée à la fois. Pour ne pas entamer sa journée le ventre vide, Geneviève trimballe dans sa besace des barres déjà prêtes ou des galettes qu'elle mange tranquillement, au fur et à mesure que son estomac se réveille. Et vous, êtes-vous plus Geneviève ou plus Alexandra?

Dans le chapitre qui suit se trouve l'une des meilleures découvertes, à mon goût à moi, depuis le début de l'aventure Cuisine futée: le pouding étagé au chia. Ne vous attendez pas à quelque chose d'extravagant, mais plutôt à ce qu'on préfère toutes les deux, soit de la simplicité, de l'efficacité et de la fraîcheur. Et à l'autre bout du spectre, du gros bonheur salé, et au rayon salé: le sandwich du matin pressé, préférablement dégusté en pyjama, les jours de semaine! Pour compléter mon idée du bonheur, voilà un bon déjeuner chaud et réconfortant.

Allez, que celui qui se lève du mauvais pied raye un tel faux départ et embrasse sa journée en pensant au plus beau des déjeuners!

TARTINADE CHOCO-NOISETTES MAISON

Préparation **15 min** Cuisson **10 min** **15 portions** de 30 ml (2 c. à soupe)

 **0,50 $** / portion

INGRÉDIENTS VEDETTES

beurre de noisettes

chocolat

lait

lait en poudre

cacao

125 ml (1/2 tasse) de **beurre de noisettes**

125 ml (1/2 tasse) ou 100 g (3 1/2 oz) de **chocolat** noir ou au lait

180 ml (3/4 tasse) de **lait**

125 ml (1/2 tasse) de **lait en poudre**

60 ml (1/4 tasse) de **sucre**

60 ml (1/4 tasse) de **cacao**

1. Directement dans le pot de beurre de noisettes, bien mélanger l'huile et la pâte avant de mesurer le beurre de noisettes.

2. Dans une petite casserole, faire fondre le beurre de noisettes et le chocolat à feu moyen-doux en remuant de temps en temps.

3. Dans un grand bol, fouetter le lait, le lait en poudre, le sucre et le cacao pour bien dissoudre les ingrédients.

4. Lorsque le chocolat est fondu et incorporé au beurre de noisettes, ajouter la préparation de lait et fouetter pour obtenir un mélange lisse et homogène. Transvider dans un contenant hermétique et réfrigérer.

Servir sur du pain grillé ou des crêpes.

Se conserve 1 mois au réfrigérateur et ne se congèle pas.

Valeurs nutritives
(par portion)

Calories	110
Protéines	4g
Lipides	8g
Glucides	12g
Fibres	2g
Sodium	22mg

Note Notre tartinade contient 2 fois moins de gras et est 2 fois moins sucrée que la tartinade choco-noisettes du commerce.

Variante On peut aussi préparer cette tartinade avec d'autres beurres de noix.

En cas d'allergie aux noix, remplacez le beurre de noisettes par du beurre de pois ou de soya.

GRANOLA MAISON

Préparation **5 min**   Cuisson **30 min**   **8 portions**    **0,60 $** / portion

INGRÉDIENTS VEDETTES

blancs d'œufs

sirop d'érable

gros flocons d'avoine

germe de blé

amandes tranchées

2 **blancs d'œufs**

30 ml (2 c. à soupe) d'**eau**

60 ml (1/4 tasse) de **sirop d'érable**

5 ml (1 c. à thé) d'**extrait de vanille** pure

500 ml (2 tasses) de gros **flocons d'avoine** (gruau en gros flocons)

125 ml (1/2 tasse) de **germe de blé**

60 ml (1/4 tasse) de **graines de lin** moulues (voir page 418)

60 ml (1/4 tasse) de **graines de citrouille** décortiquées

60 ml (1/4 tasse) d'**amandes** tranchées

5 ml (1 c. à thé) de **cannelle** moulue

125 ml (1/2 tasse) de **fruits séchés** hachés (au choix: canneberges, cerises, pêches, poires, dattes, raisins...)

1. Préchauffer le four à 180 °C (350 °F). Placer la grille au centre du four. Tapisser une plaque de cuisson de papier parchemin.

2. Dans un grand bol, fouetter à la fourchette les blancs d'œufs, l'eau, le sirop d'érable et la vanille jusqu'à ce que le mélange devienne mousseux.

3. Ajouter l'avoine, le germe de blé, les graines de lin, les graines de citrouille, les amandes et la cannelle. Bien mélanger pour humecter tous les ingrédients.

4. Étendre la préparation uniformément sur la plaque de cuisson. Cuire au four de 20 à 30 minutes ou jusqu'à ce que le granola soit doré.

5. Laisser tiédir, puis ajouter les fruits séchés.

    Se conserve 2 semaines dans un plat hermétique à la température ambiante.

Astuce On peut grignoter le granola tel quel en collation ou le servir en garniture sur du yogourt, de la compote de fruits ou comme céréales à déjeuner avec du lait.

Variante Pacanes, noisettes ou noix de Grenoble sont les bienvenues dans cette recette. Pour une version plus gourmande, ajoutez des brisures de chocolat noir et de gros copeaux de noix de coco grillée une fois le granola bien refroidi.

En cas d'allergie aux noix, remplacez les amandes par des graines de soya grillées.

Valeurs nutritives
(par portion)

Calories	232
Protéines	9 g
Lipides	8 g
Glucides	32 g
Fibres	6 g
Sodium	20 mg

BEURRE DE FRUITS
(À LA MIJOTEUSE)

Préparation **10 min**   Cuisson **6 à 8 h**   **8 portions**    **0,70 $** / portion

INGRÉDIENTS VEDETTES

prunes

pommes

poires

pêches

fécule de maïs

- 3 **prunes** non pelées, dénoyautées et coupées en quartiers
- 3 **pommes** non pelées, coupées en quartiers et épépinées
- 3 **poires** non pelées, coupées en quartiers et épépinées
- 3 **pêches** non pelées, dénoyautées et coupées en quartiers
- 125 ml (1/2 tasse) d'**eau**
- 60 ml (1/4 tasse) de **sirop d'érable**
- 30 ml (2 c. à soupe) de **fécule de maïs** délayée dans 30 ml (2 c. à soupe) d'**eau**

1. Déposer les fruits et l'eau dans la mijoteuse. Cuire de 6 à 8 heures à la puissance maximale ou jusqu'à ce que les fruits soient bien compotés.
2. À la fin de la cuisson, avec un pied-mélangeur, réduire les fruits en purée lisse.
3. Ajouter la fécule de maïs délayée, remuer et poursuivre la cuisson une dizaine de minutes, jusqu'à épaississement.
4. Laisser tiédir avant de transvider dans un plat hermétique.

   Servir avec des biscuits secs ou sur du pain grillé.

   Se conserve 1 semaine au réfrigérateur ou 2 mois au congélateur.

Valeurs nutritives (par portion)

Calories	123
Protéines	1 g
Lipides	0 g
Glucides	32 g
Fibres	4 g
Sodium	2 mg

Truc écolo C'est le moment d'utiliser les fruits «poqués», noircis ou trop mûrs que personne ne veut manger. Variez les fruits selon ce que vous avez sous la main. Par contre, la banane, les agrumes et les melons ne conviennent pas à cette recette.

Variante Ce beurre de fruits est également délicieux avec du yogourt grec à la vanille ou de la crème glacée.

CONFITURE SANS CUISSON

Préparation **10 min** | Repos **2 h** | **15 portions** de 30 ml (2 c. à soupe) |  **0,25 $** / portion

INGRÉDIENTS VEDETTES

graines de chia

sirop d'érable

petits fruits surgelés

45 ml (3 c. à soupe) de **graines de chia noir** (voir page 30)

60 ml (1/4 tasse) de **sirop d'érable**

500 ml (2 tasses) de **petits fruits surgelés**, décongelés

1. À l'aide d'un moulin à café ou à épices bien propre, moudre les graines de chia.

2. Dans un petit bol, mélanger le chia et le sirop d'érable, puis laisser reposer quelques minutes.

3. Pendant ce temps, écraser les fruits à la fourchette. Pour une confiture plus lisse, passer les fruits au mélangeur électrique (blender).

4. Intégrer la préparation de chia et de sirop aux fruits. Mélanger et laisser reposer 2 heures au réfrigérateur avant de servir pour permettre au chia de former une gelée.

Servir sur du pain grillé ou des crêpes.

Se conserve 2 semaines au réfrigérateur ou 6 mois au congélateur.

Valeurs nutritives
(par portion)

Calories	32
Protéines	0g
Lipides	1g
Glucides	6g
Fibres	2g
Sodium	1mg

Note Notre confiture contient 3 fois moins de sucre que la confiture du commerce.

Variante Servez cette confiture en banana split revisité! Dans de petits pots ou dans des verres, déposez en alternance 125 ml (1/2 tasse) de yogourt glacé, 30 ml (2 c. à soupe) de confiture sans cuisson et des tranches de bananes. Répétez les 3 étapes, puis garnissez avec 15 ml (1 c. à soupe) de chocolat noir râpé finement. Servez aussitôt.

POUDING ÉTAGÉ AU CHIA

Préparation **10 min**   Repos **12 h**   **4 portions**    **2,00 $** / portion

INGRÉDIENTS VEDETTES

lait ou boisson de soya

yogourt grec nature

chia blanc

sirop d'érable

fruits frais

250 ml (1 tasse) de **lait** (ou de boisson de soya)

250 ml (1 tasse) de **yogourt grec nature**

60 ml (1/4 tasse) de **chia blanc** (voir note)

60 ml (1/4 tasse) de **sirop d'érable**

5 ml (1 c. à thé) d'**extrait de vanille** pure

750 ml (3 tasses) de **fruits frais** au choix, en dés (mangues, fraises, kiwis, ananas, pêches, framboises...)

1. Dans un contenant hermétique, fouetter le lait, le yogourt, le chia, le sirop d'érable et la vanille.
2. Refermer et réfrigérer 12 heures ou plus.
3. Au moment de servir, dans des verres ou des verrines, superposer des étages de pouding en alternance avec les fruits.

Se conserve 2 jours au réfrigérateur et ne se congèle pas.

Valeurs nutritives
(par portion)

Calories	222
Protéines	11 g
Lipides	5 g
Glucides	37 g
Fibres	6 g
Sodium	59 mg

Note La graine de chia est une toute petite graine de la taille d'une graine de pavot. Riche en fibres et en oméga-3, on peut l'ajouter, entière ou moulue, dans un smoothie, un yogourt ou une compote de fruits. C'est sa teneur élevée en fibres solubles qui lui permet d'épaissir une confiture ou un pouding.

En cas d'allergie aux produits laitiers, utilisez une boisson de soya ou d'amandes et un substitut de yogourt au soya ou un dessert au soya à la vanille. Dans ce cas, il n'est pas nécessaire d'ajouter l'extrait de vanille pure.

BEURRE D'AMANDES MAISON

Préparation **10 min**   Cuisson **5 min**   **15 portions** de 30 ml (2 c. à soupe)    **0,60 $** / portion

INGRÉDIENTS VEDETTES

amandes

sirop d'érable

eau

425 ml (1 3/4 tasse) d'**amandes** naturelles entières

60 ml (1/4 tasse) de **sirop d'érable**

180 ml (3/4 tasse) d'**eau**

1. Dans un grand poêlon, griller les amandes à sec à feu moyen-vif, sans ajouter d'huile.
2. Au robot culinaire, réduire en poudre les amandes rôties.
3. En laissant tourner le robot, ajouter le sirop d'érable en filet par l'ouverture qui se trouve sur le couvercle du robot.
4. Toujours en laissant tourner le robot, ajouter l'eau en filet et mélanger environ 5 minutes pour obtenir un beurre lisse et crémeux.
5. Transvider dans un contenant hermétique.

   Se conserve 1 mois au réfrigérateur et ne se congèle pas.

Valeurs nutritives
(par portion)

Calories	100
Protéines	4g
Lipides	8g
Glucides	6g
Fibres	2g
Sodium	0mg

Note Notre beurre d'amandes est presque 2 fois moins gras et est 2 fois moins cher que celui du commerce.

Variante Remplacez les amandes par des arachides, des noisettes ou des noix de cajou.

TRIO DE SMOOTHIES

Préparation **5 min** Cuisson **aucune** **2 portions** par recette

2,50 $ / portion

INGRÉDIENTS VEDETTES

pommes Granny Smith

mangues et fraises surgelées

bébés épinards

bananes

betteraves

boisson de soya à la vanille

yogourt grec nature ou à la vanille

jus de pomme pur

LE VERT

2 **pommes Granny Smith** avec la pelure, sans le cœur et coupées en gros morceaux

375 ml (1 1/2 tasse) de **mangues surgelées** en cubes, non décongelées

250 ml (1 tasse) de **bébés épinards**

125 ml (1/2 tasse) de **yogourt grec nature**

250 ml (1 tasse) de **jus de pomme** pur

180 ml (3/4 tasse) d'**eau**

250 ml (1 tasse) de **glaçons** (facultatif)

LE ROSE

2 grosses ou 4 petites **betteraves** cuites tranchées (voir page 268)

500 ml (2 tasses) de **fraises surgelées** tranchées, non décongelées

250 ml (1 tasse) de **yogourt grec nature**

250 ml (1 tasse) de **jus de pomme** pur non sucré

125 ml (1/2 tasse) de **glaçons** (facultatif)

LE CRÉMEUX

2 **bananes** mûres

500 ml (2 tasses) de **boisson de soya à la vanille**

250 ml (1 tasse) de **yogourt grec à la vanille**

30 ml (2 c. à soupe) de **beurre d'arachides**

2 petites pincées de **cannelle** moulue

250 ml (1 tasse) de **glaçons** (facultatif)

1. À l'aide du mélangeur électrique (blender), réduire en purée lisse tous les ingrédients sauf les glaçons. Si désiré, ajouter les glaçons et mélanger de nouveau.

2. Verser dans de grands verres ou dans des tasses isolantes de type Thermos.

   Se conserve 2 jours au réfrigérateur. Remuer avant de servir.

LE VERT
Valeurs nutritives (par portion)

Calories	307
Protéines	8g
Lipides	2g
Glucides	66g
Fibres	6g
Sodium	48mg

LE ROSE
Valeurs nutritives (par portion)

Calories	204
Protéines	14g
Lipides	3g
Glucides	40g
Fibres	5g
Sodium	132mg

LE CRÉMEUX
Valeurs nutritives (par portion)

Calories	400
Protéines	21g
Lipides	12g
Glucides	56g
Fibres	5g
Sodium	160mg

En cas d'allergie aux noix ou aux produits laitiers, remplacez le beurre d'arachides par du beurre de pois ou de soya et remplacez le yogourt grec par 150 g (5 oz) de tofu dessert sucré.

BARRE DÉJEUNER POMME ET CANNEBERGE

Préparation **15 min**   Cuisson **45 min**   **15 portions**    **0,55 $** / portion

INGRÉDIENTS VEDETTES

pomme

carottes

canneberges surgelées

flocons d'avoine

œufs

Valeurs nutritives
(par portion)

Calories	169
Protéines	6 g
Lipides	7 g
Glucides	34 g
Fibres	4 g
Sodium	18 mg

1 grosse **pomme** non pelée, épépinée et coupée en gros quartiers

2 **carottes** moyennes (ou 1 grosse carotte) lavées, non pelées, sans les extrémités et en tronçons

250 ml (1 tasse) de **canneberges surgelées**, non décongelées

750 ml (3 tasses) de **flocons d'avoine** à cuisson rapide (gruau rapide)

60 ml (1/4 tasse) de **graines de lin** moulues (voir page 418)

5 ml (1 c. à thé) de **cannelle** moulue

2,5 ml (1/2 c. à thé) de **piment de la Jamaïque** (allspice)

2,5 ml (1/2 c. à thé) de **gingembre** moulu

125 ml (1/2 tasse) de **pacanes** hachées (facultatif)

2 **œufs**

180 ml (3/4 tasse) de **sirop d'érable**

1. Préchauffer le four à 180 °C (350 °F). Placer la grille au centre du four. Recouvrir un plat allant au four de 20 cm sur 30 cm (8 po sur 12 po) de papier parchemin en laissant dépasser les extrémités du papier pour faciliter le démoulage des barres.

2. Au robot culinaire, hacher finement la pomme, les carottes et les canneberges.

3. Dans un grand bol, mélanger l'avoine, les graines de lin, la cannelle, le piment de la Jamaïque, le gingembre et les pacanes, si désiré. Incorporer le mélange de fruits, les œufs et le sirop d'érable. Bien mélanger. Verser la préparation dans le moule et bien presser.

4. Cuire au four de 40 à 45 minutes ou jusqu'à ce que le dessus de la préparation soit doré.

5. Laisser tiédir avant de démouler. Couper en 15 barres.

    Se conserve 1 semaine au réfrigérateur ou 2 mois au congélateur.

Astuce Cette barre est idéale pour les matins pressés. Préparez la recette en double et congelez-la en portions individuelles. Sortez les barres la veille pour les décongeler et dégustez-les en route vers l'école ou le boulot.

En cas d'allergie aux noix, laissez tomber les pacanes ou remplacez-les par des graines de citrouille. Il n'est pas nécessaire de les hacher au robot culinaire.

TORTILLA ROULÉE À LA BANANE

Préparation **10 min**   Cuisson **aucune**   **4 portions**    **2,40 $** / portion

INGRÉDIENTS VEDETTES

tortillas de blé entier

beurre d'amandes

céréales granolas

amandes émincées

banane

4 grandes **tortillas** de blé entier

250 ml (1 tasse) de **beurre d'amandes** maison ou du commerce (voir page 32)

125 ml (1/2 tasse) de **céréales granolas**

125 ml (1/2 tasse) d'**amandes** émincées

4 **bananes** mûres

30 ml (2 c. à soupe) de **miel**

1. Tartiner uniformément les tortillas de beurre d'amandes. Saupoudrer les céréales granolas et les amandes sur le beurre d'amandes. Déposer une banane au centre de chaque tortilla et garnir de miel.

2. Rouler les tortillas et les couper en deux.

   Servir avec un verre de lait.

   Se conserve 2 jours au réfrigérateur emballé dans une pellicule de plastique et ne se congèle pas.

Valeurs nutritives
(par portion)

Calories	550
Protéines	15g
Lipides	28g
Glucides	67g
Fibres	7g
Sodium	257mg

Variante Vous pouvez utiliser n'importe quel beurre de noix: noix de cajou, arachides, noisettes... Optez pour un beurre naturel qui ne contient pas de sucre ajouté.

En cas d'allergie aux noix, remplacez le beurre d'amandes par du beurre de pois ou de soya, assurez-vous que le granola ne contient pas de noix et laissez tomber les amandes tranchées.

VERRINES DE FRUITS À L'ÉRABLE

Préparation **15 min**   Cuisson **aucune**   **4 portions**   **1,20 $** / portion

INGRÉDIENTS VEDETTES

fruits frais

menthe

sirop d'érable

yogourt grec à la vanille

poivre rose

375 ml (1 1/2 tasse) de **fruits** frais en petits dés (au choix : fraises, ananas, mangues, pêches, poires, prunes)

15 ml (1 c. à soupe) de **menthe fraîche** ciselée

60 ml (1/4 tasse) de **sirop d'érable**

375 ml (1 1/2 tasse) de **yogourt grec à la vanille**

Poivre rose concassé, au goût (facultatif)

1. Dans un bol moyen, mélanger les fruits avec la menthe et la moitié du sirop d'érable.

2. Incorporer le reste du sirop d'érable au yogourt grec et répartir la préparation dans 4 verrines ou coupes à dessert.

3. Ajouter la préparation de fruits.

4. Au moment de servir, garnir chaque verrine d'une pincée de poivre rose concassé, si désiré.

   Se conserve 2 jours au réfrigérateur et ne se congèle pas.

Valeurs nutritives
(par portion)

Calories	159
Protéines	8g
Lipides	1g
Glucides	32g
Fibres	2g
Sodium	72mg

Variante Ajoutez du granola maison (voir page 24) sur le yogourt avant d'ajouter les fruits.

COCKTAIL ROSÉ

Préparation **5 min** Cuisson **aucune** **6 portions**  **0,35 $** / portion

INGRÉDIENTS VEDETTES

jus de pomme pur

fraises surgelées

jus de grenade pur

glaçons

vin mousseux

500 ml (2 tasses) de **jus de pomme** pur

250 ml (1 tasse) de **fraises surgelées**, non décongelées

60 ml (1/4 tasse) de **jus de grenade** pur

250 ml (1 tasse) de **glaçons**

Vin mousseux (facultatif)

1. Au mélangeur électrique (blender), réduire tous les ingrédients (sauf le vin) en purée lisse. Le mélange sera très mousseux. Laisser reposer quelques minutes.

2. Servir tel quel ou moitié-moitié avec du vin mousseux.

   Se conserve 2 jours au réfrigérateur (sans le vin mousseux) et ne se congèle pas.

Valeurs nutritives
(par portion)

Calories	52
Protéines	0 g
Lipides	0 g
Glucides	12 g
Fibres	0 g
Sodium	7 mg

Variante Pour une version pétillante et sans alcool, remplacez le vin mousseux par du moût de pommes… Les enfants adoreront ce cocktail de «grands»!

« ŒUFS » BROUILLÉS VÉGÉ

Préparation **10 min**　　Cuisson **15 min**　　4 portions　　**1,20 $/portion**

INGRÉDIENTS VEDETTES

oignon

courgette

tofu ferme ou extra-ferme

ail

curcuma

Valeurs nutritives (par portion)

Calories	170
Protéines	13 g
Lipides	8 g
Glucides	20 g
Fibres	3 g
Sodium	286 mg

---

5 ml (1 c. à thé) d'**huile de canola**

60 ml (1/4 tasse) d'**oignon** haché finement (ou 1/4 d'oignon moyen)

1 petite **courgette** pelée, coupée en dés

60 ml (1/4 tasse) d'**eau**

250 g (1/2 lb) de **tofu** ferme ou extra-ferme

1 gousse d'**ail** hachée

5 ml (1 c. à thé) de **curcuma**

5 ml (1 c. à thé) de **levure alimentaire** (facultatif, voir page 88)

Poivre et **sel**

GARNITURES (au goût)

4 petites **tortillas** de blé entier

Feuilles de **laitue**

Tranches de **tomates**

Tranches d'**avocats** bien mûrs

Coriandre fraîche

---

1. Dans un grand poêlon, chauffer l'huile à feu moyen. Ajouter les oignons et cuire quelques minutes pour les attendrir.

2. Ajouter la courgette et l'eau. Couvrir et poursuivre la cuisson de 5 à 7 minutes ou jusqu'à ce que les courgettes soient molles et s'écrasent facilement.

3. Pendant ce temps, dans un bol moyen, égrainer le tofu avec les doigts. Ajouter l'ail et le curcuma. Bien mélanger.

4. Retirer le couvercle du poêlon et écraser la courgette à la fourchette. Ajouter le mélange de tofu et faire revenir quelques minutes. Poivrer généreusement et ajouter une pincée de sel. Saupoudrer de levure alimentaire, si désiré. Bien mélanger.

5. Répartir également la préparation de tofu sur les 4 tortillas. Ajouter les garnitures de votre choix.

6. Plier d'abord l'un des côtés de la tortilla, puis rouler de façon perpendiculaire pour former un cigare ouvert à une seule extrémité.

   Se conserve 3 jours au réfrigérateur et ne se congèle pas.

Variante Vous pouvez servir ces «œufs» brouillés avec des rôties ou en sandwich avec de la mayo végé, disponible dans la section des produits naturels à l'épicerie.

En cas d'allergie au blé, remplacez les tortillas de blé entier par des tortillas 100 % maïs. Assurez-vous qu'elles ne contiennent pas de farine de blé.

CRÊPE AU FOUR À PARTAGER

Préparation **10 min** Cuisson **35 min** **4 portions**  **0,45 $** / portion

INGRÉDIENTS VEDETTES

œufs

lait

jus de pomme pur

farine Nutri

sirop d'érable

2 **œufs**

125 ml (1/2 tasse) de **lait**

125 ml (1/2 tasse) de **jus de pomme** pur

250 ml (1 tasse) de **farine Nutri** (voir page 386)

15 ml (1 c. à soupe) de **sirop d'érable**

10 ml (2 c. à thé) de **poudre à pâte**

2,5 ml (1/2 c. à thé) de **cannelle**

5 ml (1 c. à thé) d'**huile de canola**

Sirop d'érable pour servir

1. Préchauffer le four à 150 °C (300 °F). Placer la grille au centre du four. À l'aide d'un pinceau de cuisine, badigeonner d'huile un grand poêlon antiadhésif allant au four.

2. Dans un grand bol, fouetter tous les ingrédients à l'exception de l'huile.

3. Verser toute la préparation de crêpe dans le poêlon. Cuire au four 35 minutes ou jusqu'à ce que la crêpe soit dorée.

4. Transférer la crêpe dans une grande assiette de service. Arroser de sirop d'érable et servir au centre de la table.

   Se conserve 5 jours au réfrigérateur ou 2 mois au congélateur.

Valeurs nutritives
(par portion)

Calories	193
Protéines	3g
Lipides	2g
Glucides	11g
Fibres	1g
Sodium	85mg

Variante Vous pouvez garnir la crêpe de pommes caramélisées. Dans un poêlon, faites fondre 15 ml (1 c. à soupe) de beurre. Ajoutez 2 pommes pelées tranchées finement et saupoudrez de cassonade. Cuire jusqu'à ce que les pommes soient tendres et dorées, puis déposez sur la crêpe avant de servir.

En cas d'allergie aux produits laitiers, remplacez le lait par une boisson de soya nature.

SANDWICH DU MATIN PRESSÉ

Préparation **1 min** Cuisson **1 min** **1 portion** **1,20 $ / portion**

INGRÉDIENTS VEDETTES

muffin anglais de blé entier

œuf

lait

poivre et sel

fromage

1 **muffin anglais** de blé entier

1 **œuf**

15 ml (1 c. à soupe) de **lait**

Poivre et **sel**

1 tranche de **fromage cheddar** ou **suisse**

1. Griller un muffin anglais au grille-pain.
2. Pendant ce temps, dans un petit bol (de type ramequin), battre l'œuf avec le lait. Poivrer généreusement et ajouter une pincée de sel.
3. Cuire au four à micro-ondes de 50 à 60 secondes ou jusqu'à ce que l'œuf soit bien cuit. Le temps varie selon la puissance du four. Attention, le bol sera chaud à la sortie du four à micro-ondes.
4. Déposer l'œuf sur une moitié de muffin anglais grillé. Garnir d'une tranche de fromage et refermer le sandwich.

Se conserve 5 jours au réfrigérateur et ne se congèle pas.

Valeurs nutritives
(par portion)

Calories	286
Protéines	17 g
Lipides	12 g
Glucides	28 g
Fibres	4 g
Sodium	647 mg

Note Notre sandwich est 2 fois moins salé, contient 2 fois plus de fibres et moitié moins de gras que ceux offerts dans les restaurants. Tout cela sans avoir à faire la file au service à l'auto!

Variante Jazzez votre sandwich du matin pressé en y ajoutant des bébés épinards frais, des tranches de tomate, de la salsa mexicaine…

En cas d'allergie aux produits laitiers, utilisez une boisson de soya nature et remplacez le fromage par un substitut de fromage sans produits laitiers (de type Daiya).

MINI-CRÊPES DANS UN MOULE À MUFFINS

Préparation **10 min** Cuisson **30 min** **4 portions** de 3 mini-crêpes **1,30 $** / portion

INGRÉDIENTS VEDETTES

œufs

lait

vanille

farine de blé entier

sirop d'érable

2 **œufs**

500 ml (2 tasses) de **lait**

5 ml (1 c. à thé) d'extrait de **vanille** pure

500 ml (2 tasses) de **farine** de blé entier

Sirop d'érable, au goût

GARNITURES (au choix)

Amandes tranchées

Brisures de chocolat

Bleuets surgelés

Framboises surgelées

Canneberges séchées

1. Préchauffer le four à 180 °C (350 °F). Placer la grille au centre du four.
2. Dans un grand bol, fouetter les œufs, le lait et la vanille. Incorporer la farine et bien mélanger pour obtenir une préparation lisse et homogène. Verser dans un moule à muffins en silicone ou un moule en métal préalablement beurré.
3. Enfoncer légèrement les garnitures choisies dans la pâte à crêpe.
4. Cuire au four 30 minutes ou jusqu'à ce que les crêpes soient gonflées et dorées.

Napper de sirop d'érable au moment de servir.

Se conserve 5 jours au réfrigérateur ou 2 mois au congélateur.

Valeurs nutritives
(par portion)

Calories	477
Protéines	18 g
Lipides	10 g
Glucides	77 g
Fibres	7 g
Sodium	100 mg

Astuce Faites-vous des réserves en congelant ces mini-crêpes. Pour servir, réchauffez au four à micro-ondes et nappez d'un filet de sirop d'érable. Pratique pour les matins de semaine!

En cas d'allergie au blé, remplacez la farine de blé entier par de la farine Nutri sans gluten.

RECETTE EXCLUSIVE
BAR À EAU

Préparation **1 min** | Repos **8 h** | **3 portions** de 250 ml (1 tasse) par recette | **1,30 $** / portion

INGRÉDIENTS VEDETTES

poire

menthe

melon miel

clémentines

cannelle

POIRE ET VANILLE

1 **poire** lavée en quartiers

1 **gousse de vanille** incisée au couteau sur le sens de la longueur

750 ml (3 tasses) d'**eau froide**

MELONS ET MENTHE

1 grande branche de **menthe fraîche** lavée

375 ml (1 1/2 tasse) de **melon miel** et de **cantaloup** en cubes (ou en boules)

750 ml (3 tasses) d'**eau froide**

CLÉMENTINES ET CANNELLE

3 **clémentines** pelées à vif, en tranches et sans les pépins (voir page 246 pour la méthode)

2 bâtons de **cannelle**

750 ml (3 tasses) d'**eau froide**

Dans une grande carafe ou un pichet, ajouter les ingrédients de la recette choisie et recouvrir d'eau. Laisser macérer 8 heures ou plus au réfrigérateur.

Se conserve 4 jours au réfrigérateur.

Astuce Vous pouvez aromatiser l'eau plus d'une fois en conservant les mêmes ingrédients.

Variante Donnez de la personnalité à votre eau avec des herbes fraîches (romarin, basilic, coriandre...), des fruits (citron, orange, fraises, framboises, pêche, ananas...) ou des épices (anis étoilé, gingembre frais, lavande...). Créez différentes combinaisons pour rendre l'eau un peu plus excitante !

Valeurs nutritives (par portion)

Bien qu'une faible partie des sucres et des vitamines et minéraux contenus dans les fruits soit diffusée dans l'eau, la valeur nutritive demeure négligeable.

Je suis émue de pouvoir dire que j'ai emmené manger Geneviève dans mon autre pays, le Chili. Ici, on est à Valparaiso. – Alex

ENCORE DES LÉGUMES, SVP !

CHAPITRE 2

Galettes de superhéros	**58**
Galettes tex-mex à la courge	**60**
Purée passe-partout à la courge	**62**
Sauce au fromage	**63**
Bok choy à l'orange	**64**
Asperges grillées au sésame	**66**
Crème de poireaux et salsa de pommes	**68**
Gaspacho	**70**
Croquettes de légumes	**72**
Frites de panais au cari	**74**
Bouchées de courgette	**76**

En route vers chez ma *tia* (tante) Marina, un arrêt à la *feria* de Buin s'impose. Des marchés comme celui-là, il y en a partout au Chili. - Alex

ENCORE DES LÉGUMES, SVP!

Ma fille mange des tomates au déjeuner. Oui, au déjeuner! J'ai cette chance. Quant à mon fils, c'est autant un maniaque de légumes que de jeux vidéo. Mais ça, c'est une autre histoire… Il goûte à tout.

La fille de Geneviève aussi goûte à tout et aime tout. Les moules, les escargots, les fromages qui puent… Elle aime ce que la plupart des enfants craignent. Mais parfois, son esprit de contradiction prend le dessus et elle décide de bouder un légume qu'elle aimait la veille. Changement de cap, du jour au lendemain. Heureusement, ça ne dure jamais bien, bien longtemps. Pourquoi? Parce que ma nutritionniste chouchou a décidé de faire à sa tête et a continué de les inclure au menu. C'est son truc et je m'en sers pour la viande qui n'est pas bien accueillie chez moi.

Geneviève assume qu'on n'est pas obligé de tout aimer, mais qu'on doit au moins tolérer la présence d'un aliment qu'on n'aime pas. C'est sa devise à table. Le champignon boudé attend sagement dans l'assiette. Et avec patience, persévérance et parfois plusieurs mois d'attente, il finit par trouver preneur. Sans bataille.

Pour les plus récalcitrants, n'ayons pas peur d'être espiègles aux fourneaux et pratiquons le camouflage. Qu'y a-t-il de mal à déguiser des légumes qui gagneraient à être découverts, aimés et dégustés? Cette astuce de fin finaud nous permet, outre le fait d'éviter les crises d'urticaire à chaque repas, d'intégrer au répertoire des aliments appréciés de nos cocos quelque chose qu'ils pensaient avoir en horreur. Quand on appréhende le festival des grimaces, des soupirs et des chichis juste à prononcer les mots *courgette*, *panais* ou *poireau*, vaut mieux jouer aux malins. Donnez-moi une raison au monde de ne pas taire leur présence dans une recette! Est-ce que vous prévenez la maisonnée de la farine et de la poudre à pâte présentes dans un gâteau? C'est le même principe, pour moi. Eh oui, Gen me donne son approbation. Bingo!

Si on décide de cacher des aliments dans une recette, on en offre toujours à côté, sans cachotterie. On travaille sur les deux fronts. Autrement dit, on ne met pas tous nos œufs dans le même panier.

On est toutes deux d'avis que c'est en multipliant les occasions de servir les légumes qu'on arrive à les apprivoiser, à leur faire une place dans notre cœur. C'est normal de ne pas tout aimer spontanément. Le coup de foudre existe, mais pas pour tout ce qu'on trouve à l'épicerie. Certains légumes nous ont à l'usure. C'est en variant la façon de les couper, les présenter, les assaisonner, les cuire qu'on leur donne une véritable chance. Ce n'est surtout pas en répétant comme un disque qui saute «Mange tes légumes!» qu'on va rendre l'expérience attrayante. On change de toune!

GALETTES DE SUPERHÉROS

Préparation **15 min** Cuisson **25 min** **24 portions**  **0,25 $** / portion

INGRÉDIENTS VEDETTES

carottes

courgette

champignons

farine de blé entier

flocons d'avoine à cuisson rapide

2 **carottes** non pelées coupées en tronçons

1 **courgette verte** (zucchini) pelée coupée en tronçons

3 ou 4 petits **champignons blancs** coupés en 4

2 **œufs**

180 ml (3/4 tasse) de **sucre**

60 ml (1/4 tasse) d'**huile de canola**

125 ml (1/2 tasse) de **compote de pommes** non sucrée

10 ml (2 c. à thé) d'**extrait de vanille** pure

500 ml (2 tasses) de **farine de blé entier**

375 ml (1 1/2 tasse) de **flocons d'avoine** à cuisson rapide (gruau rapide)

5 ml (1 c. à thé) de **poudre à pâte**

10 ml (2 c. à thé) de **cannelle** moulue

125 ml (1/2 tasse) de **pépites de chocolat** mi-sucré miniatures (voir astuce)

Valeurs nutritives
(par portion)

Calories	132
Protéines	3 g
Lipides	4 g
Glucides	21 g
Fibres	2 g
Sodium	25 mg

1. Préchauffer le four à 180 °C (350 °F). Placer la grille au centre du four. Tapisser deux plaques de cuisson de papier parchemin.

2. Au robot culinaire, hacher les carottes. Ajouter la courgette et les champignons, et mélanger jusqu'à ce que les légumes soient finement hachés. Ajouter les œufs, le sucre, l'huile, la compote et la vanille à même le récipient du robot. Mélanger de nouveau pour que la préparation soit homogène.

3. Dans un grand bol, mélanger à la fourchette la farine, l'avoine, la poudre à pâte, la cannelle et les pépites de chocolat.

4. Incorporer le mélange de légumes aux ingrédients secs. Mélanger à la fourchette.

5. À l'aide d'une cuillère à crème glacée, former 24 boules de pâte et les déposer sur les plaques de cuisson. Aplatir avec une fourchette pour former des galettes.

6. Cuire au four de 20 à 25 minutes ou jusqu'à ce que les galettes soient légèrement dorées. Laisser tiédir avant de servir.

   Se conserve 5 jours au réfrigérateur ou 2 mois au congélateur.

Astuce On utilise des pépites de chocolat miniatures pour qu'il y ait du chocolat dans toutes les bouchées sans avoir à en mettre beaucoup dans la recette. À la fois gourmand et santé!

Truc écolo Les vieux légumes sont les bienvenus dans cette recette. Les champignons un peu mous et les courgettes ratatinées font parfaitement l'affaire!

GALETTES TEX-MEX À LA COURGE

Préparation **10 min** Cuisson **23 min** **8 portions** de 2 galettes

1,10 $ / portion

INGRÉDIENTS VEDETTES

pois chiches

maïs surgelé

purée de courge

fromage

chapelure de blé entier

1 boîte de 540 ml (19 oz) de **pois chiches** rincés et égouttés

2 gousses d'**ail**

250 ml (1 tasse) de **maïs surgelé**, non décongelé

250 ml (1 tasse) de **purée de courge** (voir page 62)

250 ml (1 tasse) de **fromage râpé tex-mex** (mélange du commerce)

250 ml (1 tasse) de **chapelure** de blé entier à l'italienne

1 **œuf**

15 ml (1 c. à soupe) d'**épices tex-mex ou cajun** (mélange du commerce)

15 ml (1 c. à soupe) de **fines herbes** séchées (mélange à l'italienne ou de Provence)

Poivre et **sel**

1. Préchauffer le four à 200 °C (400 °F). Placer la grille au centre du four. Tapisser une plaque de cuisson de papier parchemin.

2. Au robot culinaire, réduire grossièrement en purée les pois chiches et l'ail.

3. Transvider dans un bol et ajouter les autres ingrédients. Poivrer généreusement et saler.

4. Diviser la pâte en 16 galettes. Calculer environ 60 ml (1/4 tasse) de préparation par galette. Déposer sur la plaque de cuisson.

5. Cuire au four 20 minutes. Si désiré, terminer la cuisson 2 ou 3 minutes sous le gril (broil) pour que les galettes soient bien croustillantes et dorées.

Servir les galettes avec de la mayo à l'ail (voir page 72).

Les galettes se conservent 5 jours au réfrigérateur ou 2 mois au congélateur.

Valeurs nutritives
(par portion)

Calories	270
Protéines	13 g
Lipides	9 g
Glucides	34 g
Fibres	5 g
Sodium	456 mg

PURÉE PASSE-PARTOUT À LA COURGE

Préparation **10 min** Cuisson **1 h 15 min** **12 portions** de 125 ml (1/2 tasse)

 **0,90 $** / portion

INGRÉDIENTS VEDETTES

courge Butternut

huile d'olive

1 **courge Butternut** d'environ 2,5 kg (5 lb)

5 ml (1 c. à thé) d'**huile d'olive**

1. Préchauffer le four à 180 °C (350 °F). Placer la grille au centre du four. Tapisser une plaque de cuisson de papier parchemin.

2. Couper la courge en 2 dans le sens de la longueur. À l'aide d'une cuillère, retirer les graines et les filaments.

3. À l'aide d'un pinceau de cuisine, badigeonner d'huile d'olive la chair de la courge.

4. Déposer la courge sur la plaque de cuisson, pelure vers le haut. Cuire au four de 1 heure à 1 heure 15 minutes ou jusqu'à ce que la pointe d'un couteau s'insère facilement dans la chair de la courge. Laisser tiédir avant de manipuler.

5. À l'aide d'une cuillère, retirer la chair de la courge et la déposer dans un grand bol ou un contenant hermétique.

   Se conserve 1 semaine au réfrigérateur ou 12 mois au congélateur.

Valeurs nutritives
(par portion)

Calories	88
Protéines	2 g
Lipides	1 g
Glucides	22 g
Fibres	4 g
Sodium	9 mg

Astuce Utilisez cette purée pour les recettes de galette tex-mex à la courge (voir page 60), de fondue à la courge (voir page 166) et de tarte à la courge (voir page 388).

SAUCE AU FROMAGE
(POUR APPRIVOISER LES BROCOLIS!)

Préparation **5 min**   Cuisson **3 min**   4 portions   **1,35 $** / portion

INGRÉDIENTS VEDETTES

lait

farine tout usage

moutarde en poudre

fromage cheddar

brocoli

375 ml (1 1/2 tasse) de **lait**

30 ml (2 c. à soupe) de **farine** tout usage non blanchie

2,5 ml (1/2 c. à thé) de **moutarde en poudre**

Poivre et **sel**

250 ml (1 tasse) de **fromage cheddar orange extra-fort** râpé

1 **brocoli** en fleurons cuits à la vapeur

1. Dans une grande tasse en pyrex (ou un bol à bec verseur allant au four à micro-ondes), fouetter le lait, la farine et la moutarde. Poivrer généreusement et ajouter une pincée de sel. Mélanger jusqu'à ce que la préparation soit homogène.

2. Cuire au four à micro-ondes 2 minutes. Remuer pour obtenir une consistance très lisse. Poursuivre la cuisson 1 ou 2 minutes ou jusqu'à épaississement et remuer de nouveau.

3. Incorporer le fromage et mélanger pour que la préparation soit homogène.

   Servir sur des fleurons de brocoli cuits à la vapeur.

   Se conserve 3 jours au réfrigérateur ou 1 mois au congélateur (la sauce seulement).

Note Une portion de notre sauce au fromage avec le brocoli contient près de 400 mg de calcium, soit 100 mg de plus qu'un verre de lait!

Valeurs nutritives
(par portion)

Calories	181
Protéines	12 g
Lipides	12 g
Glucides	9 g
Fibres	1 g
Sodium	309 mg

01/01/2017

RECETTE EXCLUSIVE
BOK CHOY À L'ORANGE

Préparation **3 min**   Cuisson **10 min**   **4 portions**    **0,95 $ / portion**

INGRÉDIENTS VEDETTES

huile végétale

mini bok choy

orange

gingembre

fleur de sel

5 ml (1 c. à thé) d'**huile végétale**

4 **mini bok choy** coupés en 2 sur la longueur

1 **orange** lavée et coupée en 2

Racine de **gingembre** congelé (voir astuce)

Fleur de sel

1. À l'aide d'un pinceau de cuisine, badigeonner d'huile un poêlon antiadhésif. Chauffer à feu moyen-vif, puis déposer les bok choy, côté intérieur vers le bas.

2. Cuire 5 minutes. Retourner, couvrir et poursuivre la cuisson 5 minutes.

3. À la fin de la cuisson, presser l'orange sur les bok choy. Déposer dans un plat de service, râper le gingembre gelé et saupoudrer d'une pincée de fleur de sel.

Se conserve 5 jours au réfrigérateur et ne se congèle pas.

Valeurs nutritives
(par portion)

Calories	14
Protéines	1 g
Lipides	1 g
Glucides	1 g
Fibres	0 g
Sodium	112 mg

Astuce Le gingembre se conserve plus longtemps au congélateur et lorsqu'on le râpe encore gelé, on obtient une fine «neige» plutôt qu'une purée.

ASPERGES GRILLÉES AU SÉSAME

Préparation **10 min** Cuisson **10 min** **4 portions**  **0,95 $** / portion

INGRÉDIENTS VEDETTES

asperges

huile de sésame

miel

graines de sésame

fleur de sel

5 ml (1 c. à thé) d'**huile d'olive**

450 g (1 lb) d'**asperges** lavées et parées

2,5 ml (1/2 c. à thé) d'**huile de sésame** grillé

5 ml (1 c. à thé) de **miel**

15 ml (1 c. à soupe) de **graines de sésame** grillées

Fleur de sel (ou sel de mer)

1. Dans un grand poêlon, chauffer l'huile d'olive à feu moyen. Ajouter les asperges et bien les enrober d'huile. En remuant à l'occasion, cuire de 7 à 10 minutes ou jusqu'à ce que les asperges soient légèrement dorées, mais encore fermes.

2. Ajouter l'huile de sésame et le miel, remuer et retirer immédiatement du feu. Disposer dans une assiette de service et garnir de graines de sésame et de fleur de sel.

Se conserve 3 jours au réfrigérateur et ne se congèle pas.

Valeurs nutritives
(par portion)

Calories	57
Protéines	3 g
Lipides	3 g
Glucides	7 g
Fibres	3 g
Sodium	42 mg

Recette inspirée par Catherine Parent de Boischatel. Merci!

CRÈME DE POIREAUX ET SALSA DE POMMES

Préparation **5 min** | Cuisson **25 min** | 8 portions | **1,45 $** / portion

INGRÉDIENTS VEDETTES

poireaux

bouillon de légumes

riz brun

pomme

graines de citrouille

Valeurs nutritives (par portion)

Calories	145
Protéines	5 g
Lipides	3 g
Glucides	26 g
Fibres	2 g
Sodium	90 mg

CRÈME DE POIREAUX

- 2 **blancs de poireaux** coupés en gros tronçons
- 4 **oignons jaunes** coupés en 4
- 4 gousses d'**ail** entières
- 1 L (4 tasses) de **bouillon de légumes** maison ou du commerce réduit en sodium
- 125 ml (1/2 tasse) de **riz brun** sec (voir astuce)
- 1 boîte de 370 ml (12 oz) de **lait évaporé** partiellement écrémé à 2 % m.g.
- **Poivre** et **sel**

SALSA DE POMMES

- 1 **pomme rouge** non pelée, sans le cœur, en très petits dés
- 60 ml (1/4 tasse) de **graines de citrouille** naturelles écalées
- 30 ml (2 c. à soupe) de **jus de citron**
- 15 ml (1 c. à soupe) d'**huile d'olive**
- 15 ml (1 c. à soupe) de **ciboulette** hachée finement
- **Poivre** et **sel**

CRÈME DE POIREAUX

1. Dans une grande casserole, mélanger les poireaux, les oignons, l'ail, le bouillon et le riz. Porter à ébullition à feu vif.

2. Réduire à feu moyen, couvrir et poursuivre la cuisson 20 minutes ou jusqu'à ce que le riz soit cuit.

3. Passer au mélangeur électrique (blender) pour réduire en purée. Incorporer le lait évaporé. Poivrer généreusement et ajouter une pincée de sel.

   Le potage se conserve 3 jours au réfrigérateur ou 3 mois au congélateur.

SALSA DE POMMES

1. Dans un bol moyen, mélanger les dés de pomme, les graines de citrouille, le jus de citron, l'huile et la ciboulette. Poivrer généreusement et ajouter une pincée de sel.

2. Garnir de salsa de pommes chaque portion de potage et servir aussitôt.

   La salsa se conserve 2 jours au réfrigérateur et ne se congèle pas.

Astuce Pourquoi ajouter du riz brun dans un potage ? Pour l'épaissir tout en ajoutant des fibres !

Variante Remplacez les pommes par des poires bien mûres : elles font très bon ménage avec le poireau.

En cas d'allergie aux produits laitiers, remplacez le lait évaporé par de la préparation crémeuse au soya (de type Belsoy).

RECETTE EXCLUSIVE
GASPACHO

Préparation **15 min** Cuisson **aucune** **6 portions**  **2,10 $** / portion

INGRÉDIENTS VEDETTES

tomates italiennes en conserve

concombre

céleri

poivron rouge

basilic

2 boîtes de 796 ml (28 oz) de **tomates italiennes** entières

1 **concombre anglais** pelé et épépiné

1 branche de **céleri** avec les feuilles

1 **poivron rouge** coupé en 4

1/2 **oignon rouge** coupé en 4

2 gousses d'**ail**

60 ml (1/4 tasse) de **persil plat frais**

125 ml (1/2 tasse) de **basilic frais**

7,5 ml (1/2 c. à soupe) de **vinaigre de vin rouge**

2,5 ml (1/2 c. à thé) de **sauce anglaise** (de type Worcestershire)

GARNITURES

15 ml (1 c. à soupe) d'**huile d'olive**

60 ml (1/4 tasse) de **basilic frais**

Poivre du moulin

Fleur de sel

1. Égoutter les tomates et réserver le jus dans un grand bol. Au robot culinaire, réduire en purée les tomates. Verser dans le bol.

2. Toujours au robot culinaire, hacher très finement le concombre, le céleri, le poivron, l'oignon, l'ail et les herbes. Procéder en deux temps selon la capacité de votre robot culinaire.

3. En laissant le robot tourner, intégrer le vinaigre et la sauce anglaise par l'ouverture qui se trouve sur le couvercle du robot pour bien mélanger.

4. Incorporer le mélange aux tomates. Bien mélanger.

5. Pour servir, poivrer généreusement et ajouter une pincée de fleur de sel. Arroser d'un filet d'huile et garnir de quelques feuilles de basilic grossièrement déchiquetées.

   Se conserve 5 jours au réfrigérateur et ne se congèle pas.

Note Le gaspacho est plus savoureux lorsqu'on le déguste à température ambiante.

Valeurs nutritives (par portion)

Calories	115
Protéines	3 g
Lipides	3 g
Glucides	18 g
Fibres	3 g
Sodium	180 mg

RECETTE EXCLUSIVE
CROQUETTES DE LÉGUMES

Préparation **15 min** | Cuisson **15 min** | **4 portions** de 2 croquettes

1,60 $ / portion

INGRÉDIENTS VEDETTES

carottes

pieds de brocoli

céleri-rave

œufs

fromage

2 grosses **carottes** non pelées coupées en 2 sur la longueur

2 **pieds de brocoli** coupés en 2 sur la longueur

1/2 **céleri-rave** pelé coupé en 4

Sel

2 **œufs**

125 ml (1/2 tasse) de **fromage** râpé au choix

125 ml (1/2 tasse) de **chapelure à l'italienne**

Poivre

5 ml (1 c. à thé) **d'huile d'olive**

MAYO À L'AIL

180 ml (3/4 tasse) de **yogourt grec nature**

60 ml (1/4 tasse) de **mayonnaise allégée**

1 gousse d'**ail** hachée finement

Poivre et **sel**

1. Au robot culinaire, en utilisant la lame ronde et en laissant le robot tourner, râper tous les légumes en les insérant par l'ouverture qui se trouve sur le couvercle du robot.

2. Étendre les légumes râpés sur un linge à vaisselle propre et saupoudrer de sel. Remuer pour bien distribuer le sel.

3. Former un baluchon pour emprisonner les légumes au centre du linge à vaisselle, puis tordre fermement pour égoutter un maximum de liquide.

4. Transvider dans un bol. Ajouter les œufs, le fromage et la chapelure italienne. Poivrer généreusement et mélanger.

5. Former des galettes avec environ 60 ml (1/4 tasse) de la préparation. Bien presser pour que les ingrédients adhèrent ensemble.

6. Badigeonner un grand poêlon d'huile à l'aide d'un pinceau de cuisine et chauffer à feu moyen. Déposer les croquettes et cuire 5 à 7 minutes de chaque côté ou jusqu'à ce qu'elles soient dorées.

7. Pendant la cuisson des croquettes, préparer la mayo à l'ail en mélangeant tous les ingrédients dans un petit bol. Poivrer généreusement et ajouter une pincée de sel.

Les croquettes se conservent 5 jours au réfrigérateur ou 2 mois au congélateur.

La mayo se conserve 7 jours au réfrigérateur et ne se congèle pas.

Valeurs nutritives (par portion)

Calories	235
Protéines	12 g
Lipides	10 g
Glucides	24 g
Fibres	3 g
Sodium	469 mg

Variante Plusieurs autres légumes se prêtent bien à cette recette. Panais, patates douces, pommes de terre ou même le pied d'un chou-fleur feront très bien l'affaire. Évitez les légumes gorgés d'eau tels que les poivrons, le concombre, le céleri, les tomates et les courgettes.

RECETTE EXCLUSIVE
FRITES DE PANAIS AU CARI

Préparation **5 min**   Cuisson **45 min**   **4 portions**   **1,05 $** / portion

INGRÉDIENTS VEDETTES

panais

huile d'olive

cari

sel

8 **panais** pelés (ou 450 g / 1 lb)

30 ml (2 c. à soupe) d'**huile d'olive**

10 ml (2 c. à thé) de **cari**

Sel

1. Préchauffer le four à 190 °C (375 °F). Placer la grille au centre du four. Tapisser une grande plaque de cuisson de papier parchemin.

2. Couper les panais en 2 sur le sens de la largeur, puis couper la partie la plus large en 4 et la partie la plus fine en 2 sur le sens de la longueur pour obtenir des bâtonnets de la même grosseur.

3. Dans un grand bol, mélanger l'huile et le cari. Ajouter ensuite les bâtonnets de panais. Mélanger pour bien enrober.

4. Disposer les bâtonnets sur la plaque de cuisson pour qu'ils ne se touchent pas. Saupoudrer de sel.

5. Cuire au four 45 minutes ou jusqu'à ce que les bâtonnets soient bien grillés.

   Se conserve 3 jours au réfrigérateur et ne se congèle pas.

Valeurs nutritives
(par portion)

Calories	148
Protéines	2 g
Lipides	7 g
Glucides	21 g
Fibres	4 g
Sodium	51 mg

Note À l'épicerie, vous trouverez le panais à côté des carottes. Cette racine blanche a un goût sucré qui plaît aux enfants, que ce soit en frites, en potage ou même en purée pour bébé!

Variante Les carottes se prêtent également très bien à cette recette. Pourquoi ne pas faire moitié-moitié?

12-31-2016

RECETTE EXCLUSIVE
BOUCHÉES DE COURGETTE

Préparation **15 min** Cuisson **8 min** 4 portions

1,10 $ / portion

INGRÉDIENTS VEDETTES

œufs

chapelure panko

parmesan

courgette

huile d'olive

2 **œufs**

125 ml (1/2 tasse) de **chapelure panko** (voir astuce)

60 ml (1/4 tasse) de **parmesan** râpé finement

Poivre et **sel**

1 **courgette** jaune ou verte en tranches de 0,5 cm (1/4 po) d'épaisseur

30 ml (2 c. à soupe) d'**huile d'olive**, divisée en deux

1. Dans un petit bol, fouetter les œufs à la fourchette.
2. Dans un autre petit bol, mélanger le panko et le parmesan. Poivrer généreusement et ajouter une pincée de sel.
3. Dans l'ordre, enrober chaque tranche de courgette dans l'œuf, puis dans le mélange de panko.
4. Préchauffer un poêlon antiadhésif à feu moyen-vif. Ajouter 15 ml (1 c. à soupe) d'huile et cuire la première moitié des courgettes. Retourner après 3 ou 4 minutes de cuisson lorsque l'un des côtés est bien doré.
5. Déposer les courgettes dans une assiette recouverte de papier absorbant (essuie-tout) pour absorber l'excédent d'huile.
6. Ajouter 15 ml (1 c. à soupe) d'huile dans le poêlon et cuire le reste des courgettes.
7. Saupoudrer d'une pincée de sel et servir immédiatement.

Cette recette ne se conserve pas bien, ni au réfrigérateur ni au congélateur, puisque la panure ramollit.

Valeurs nutritives
(par portion)

Calories	162
Protéines	7 g
Lipides	12 g
Glucides	8 g
Fibre	1 g
Sodium	144 mg

Note Tout aussi croustillante, notre version contient moitié moins de gras que les courgettes frites du resto.

Astuce Le panko est une chapelure de flocons de pain frais d'origine japonaise. Elle donne un résultat plus léger et croustillant que la chapelure de pain sec. Pour préparer du panko maison, passez au robot culinaire 6 tranches de pain blanc frais, sans la croûte. Étendez la chapelure sur une plaque de cuisson et laissez sécher une journée à température ambiante ou une heure dans un four préchauffé à 100 °C (200 °F). Se conserve 1 mois dans un contenant hermétique à température ambiante.

En cas d'allergie au blé, remplacez la chapelure panko par de la chapelure sans gluten.

Sortir des sentiers battus en suivant les graffitis à Valparaiso, ville portuaire, patrimoine mondial de l'Unesco. - Alex et Geneviève

À EMPORTER

CHAPITRE 3

Wrap crevettes et ciboulette	82
Baguette au porc et aux pommes	84
Sandwich aux œufs et à la ricotta	86
Tartinade aux noix de cajou	88
Soupe-repas à l'asiatique	90
Sandwichs roulés	92
Plat surgelé aux crevettes à l'asiatique	94
Chili à la lime	96
Tartinade de saumon	98
Concassé de pois chiches au citron	100
Trilogie de trempettes	102

Valparaiso, Chili.

À EMPORTER

Les lunchs... Tâche inéluctable détestée par les uns et détestée par les autres! Qu'on se le dise, Dieu que ça peut être plate de remplir une boîte à lunch! Comment puis-je prendre autant de plaisir à cuisiner tous les soirs à la maison et en même temps avoir autant de difficulté avec les lunchs? Comment voir cette étape autrement qu'une corvée?

Gen-ma-partenaire en a rapidement fait une activité... osons dire agréable, en impliquant sa fille. Je l'ai donc copiée. Pour éviter les désenchantements, Geneviève questionne toujours Maude, qui partage ainsi la responsabilité de ce repas à emporter. Elle lui demande d'abord ce qu'elle a envie de manger. Ensuite, elles le préparent ensemble. Je copie. Elles prennent de l'avance et concoctent des salades de riz ou de pâtes le dimanche pour les premiers lunchs de la semaine. Je copie. Maude adore les lunchs «en pièces détachées» qui se mangent avec les doigts, comme un buffet miniature. J'ai copié et découvert enfin pourquoi ma fille ne touchait jamais à ses repas «tout mélangés». Petite victoire!

Voici un exemple à toute épreuve pour les lunchs-puzzles, comme je les appelle désormais, et que j'ai aussi copiés de Gen et Maude : lanières de poulet grillé (restants du souper), cubes de fromage, craquelins et tomates cerises. Ou encore, houmous avec mini-pitas, raisins et plusieurs bâtonnets de crudités. Pourquoi une solution si simple ne m'était jamais venue à l'esprit? Je pourrais vous entretenir sur toutes mes nouvelles combinaisons jusqu'à vous endormir tant je suis devenue experte en la matière! Cette solution m'a délivrée du sentiment d'échec quotidien.

Un autre truc simplissime est de cuisiner pour deux enfants imaginaires. Sérieuse suggestion de ma pourtant très rationnelle nutritionniste. Grâce à mes nouveaux enfants invisibles, j'ai doublé l'achat des portions de poisson, de viande, et j'ai des restes qui s'en vont directement dans les plats pour les lunchs... de mon fils qui, lui, vit très bien avec un petit pois qui touche un grain de riz! Alléluia!

De l'idée de Geneviève d'impliquer sa fille, j'ai finalement copié trois derniers trucs, et non les moins jouissifs: mes enfants vident leur boîte à lunch en rentrant de l'école et rangent les plats eux-mêmes dans le lave-vaisselle. Par ailleurs, les boîtes à lunch ne rampent plus seules en juin, à la fin de l'année, envahies de colonies de bactéries, car elles plongent dans la machine à laver toutes les fins de semaine.

Je mentirais si je disais que je me suis totalement réconciliée avec les lunchs, mais je suis tout de même passée de sous-douée à pas mal moins découragée!

WRAP CREVETTES ET CIBOULETTE

Préparation **5 min**   Cuisson **aucune**   **1 portion**    **4,75 $** / portion

INGRÉDIENTS VEDETTES

tortilla aux tomates séchées

fromage à la crème à la ciboulette

crevettes nordiques

poivron

mâche

1 **tortilla** aux tomates séchées

30 ml (2 c. à soupe) de **fromage à la crème** à la ciboulette (de type fouetté)

125 ml (1/2 tasse) ou 60 g (2 oz) de **crevettes nordiques** décongelées

1/4 de **poivron jaune** en lanières

125 ml (1/2 tasse) de **mâche** (ou autre laitue)

Poivre

1. Déposer la tortilla sur un comptoir propre et la tartiner de fromage à la crème.
2. Garnir de crevettes, de poivron et de mâche. Poivrer généreusement.
3. Replier un côté du wrap et rouler pour former un cylindre.
4. Emballer d'une pellicule de plastique et garder au frais jusqu'au repas.

   Se conserve 2 jours au réfrigérateur et ne se congèle pas.

Valeurs nutritives
(par portion)

Calories	385
Protéines	22 g
Lipides	15 g
Glucides	40 g
Fibres	2 g
Sodium	899 mg

Astuce Les crevettes nordiques sont toujours vendues déjà cuites. Pour plus de fraîcheur, optez pour les crevettes surgelées. Pour les décongeler, passez-les sous l'eau chaude quelques secondes, puis épongez-les à l'aide d'un papier absorbant (essuie-tout).

Variante Remplacez les crevettes par un reste de saumon cuit.

BAGUETTE AU PORC ET AUX POMMES

Préparation **5 min** Cuisson **aucune** **4 portion**  **4,15 $** / portion

INGRÉDIENTS VEDETTES

baguette de blé entier

moutarde à l'ancienne

filet de porc

pommes

fromage suisse

1 pain **baguette de blé entier**

60 ml (1/4 tasse) de **moutarde à l'ancienne** (ou moutarde de Meaux)

500 ml (2 tasses) ou environ 300 g (10 oz) de **filet de porc** cuit et tranché finement

2 **pommes rouges** en tranches minces

4 tranches de **fromage suisse**

1. Trancher le pain en deux sur toute la longueur et tartiner de moutarde.
2. Garnir de porc et de pommes, puis couvrir de fromage. Bien sceller les pommes entre le porc et le fromage pour prévenir leur brunissement.
3. Refermer le sandwich et couper en 4 portions.
4. Emballer chaque portion d'une pellicule de plastique et garder au frais jusqu'au repas.

Se conserve 2 jours au réfrigérateur et ne se congèle pas.

Valeurs nutritives
(par portion)

Calories	449
Protéines	35g
Lipides	12g
Glucides	50g
Fibres	4g
Sodium	644mg

Astuce Les tranches de filet de porc sont une excellente solution de rechange à la viande froide du commerce qui, elle, comporte une quantité importante de sodium. De plus, le filet de porc ne contient pas de nitrites, un agent de conservation pointé du doigt par le Fonds mondial de recherche contre le cancer.

Variante Remplacez le porc par des poitrines de poulet grillées et coupées en lanières.

SANDWICH AUX ŒUFS ET À LA RICOTTA

Préparation **5 min** Cuisson **aucune** **4 portions** **1,60 $ / portion**

INGRÉDIENTS VEDETTES

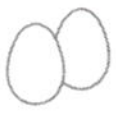

œufs

ricotta

aneth

concombres

pain de seigle

4 **œufs** cuits durs

125 ml (1/2 tasse) de **ricotta allégée** à 5 % m.g.

30 ml (2 c. à soupe) d'**aneth frais**

Poivre et **sel**

4 **concombres libanais** tranchés en biseau

Feuilles de **laitue**

8 tranches de **pain de seigle**

1. Dans un bol, piler les œufs à la fourchette, puis ajouter la ricotta et l'aneth. Poivrer généreusement, ajouter une pincée de sel et mélanger.

2. Répartir la garniture sur 4 tranches de pain de seigle. Garnir de tranches de concombre et de laitue. Refermer les sandwichs avec les autres tranches de pain.

3. Emballer les sandwichs dans une pellicule de plastique et garder au frais jusqu'au repas.

   Se conserve 2 jours au réfrigérateur et ne se congèle pas.

Valeurs nutritives
(par portion)

Calories	311
Protéines	16 g
Lipides	10 g
Glucides	39 g
Fibres	5 g
Sodium	804 mg

Note Notre sandwich aux œufs à la ricotta est plus de 3 fois moins gras que la version classique à base de mayonnaise.

Variante Servez au brunch en «open sandwich» (sandwich ouvert) en utilisant une seule tranche de pain et en plaçant les tranches de concombre entre le pain et la préparation d'œuf. Chic!

TARTINADE AUX NOIX DE CAJOU

Préparation **10 min**   Cuisson **aucune**   **6 portions**

1,55 $ / portion

INGRÉDIENTS VEDETTES

échalote française

ail

noix de cajou

moutarde de Dijon

citron

1 petite **échalote française**

1 gousse d'**ail**

500 ml (2 tasses) de **noix de cajou** naturelles

125 ml (1/2 tasse) d'**eau**

7,5 ml (1/2 c. à soupe) de **moutarde de Dijon**

5 ml (1 c. à thé) de **fines herbes** séchées à l'italienne (mélange du commerce)

Jus de 1/2 **citron**

15 ml (1 c. à soupe) de **levure alimentaire** (facultatif, voir note)

Poivre et **sel**

1. Au robot culinaire, hacher l'échalote française et l'ail. Ajouter les noix de cajou et mélanger de nouveau.
2. Incorporer l'eau, la moutarde, les fines herbes, le jus de citron et la levure alimentaire, si désiré. Poivrer généreusement et ajouter une pincée de sel. Mélanger pour obtenir une texture lisse et crémeuse.

Servir avec des craquelins ou dans un sandwich.

Se conserve 1 mois au réfrigérateur et ne se congèle pas.

Valeurs nutritives
(par portion)

Calories	267
Protéines	9g
Lipides	20g
Glucides	18g
Fibres	2g
Sodium	62mg

Astuce Les noix de cajou font partie des noix les moins grasses. En plus, elles contiennent des gras mono-insaturés, bons pour la santé du cœur. À l'épicerie, choisissez des noix de cajou qui n'ont pas été rôties dans l'huile et dont la liste des ingrédients se limite... aux noix de cajou! Pour éviter qu'elles rancissent, conservez-les au réfrigérateur ou au congélateur dans un contenant hermétique.

Note La levure alimentaire est très populaire chez les végétaliens. On la trouve dans les magasins d'aliments naturels et dans certaines épiceries. Elle est riche en vitamine B12, une vitamine souvent insuffisante dans l'alimentation des personnes végétaliennes. Avec ses notes de noisette et de fromage, elle est délicieuse saupoudrée sur les salades ou comme assaisonnement pour le maïs soufflé.

SOUPE-REPAS À L'ASIATIQUE

Préparation **15 min**   Cuisson **10 min**   4 portions

2,00 $ / portion

INGRÉDIENTS VEDETTES

légumes en julienne

bouillon de poulet

lime

nouilles udon

poulet cuit

500 ml (2 tasses) de **légumes** au choix

1 contenant de 900 ml (4 tasses) de **bouillon de poulet** réduit en sodium

30 ml (2 c. à soupe) de **sauce de poisson** (nam pla)

Jus de 1 **lime**

5 ml (1 c. à thé) de **pâte de cari thaï** (facultatif)

2 paquets de **nouilles udon** précuites (voir astuce)

250 ml (1 tasse) de **poulet** cuit en dés (ou de filet de porc cuit en dés, de crevettes nordiques, ou d'un reste de rôti de bœuf émincé)

1. Préchauffer les thermos en les remplissant d'eau bouillante et en refermant le couvercle.
2. Couper les légumes en julienne.
3. Dans une casserole moyenne, verser le bouillon de poulet, la sauce de poisson et le jus de lime. Ajouter la pâte de cari, si désiré. Ne pas saler, car la sauce de poisson est déjà très salée. Porter à ébullition à feu vif et laisser mijoter 5 minutes.
4. Vider l'eau des thermos. Répartir les nouilles dans chaque thermos. Ajouter 125 ml (1/2 tasse) de légumes au choix et 60 ml (1/4 tasse) de poulet.
5. Remplir chaque thermos de bouillon très chaud et refermer. Le bouillon doit être le plus chaud possible pour que la soupe soit encore chaude à l'heure du lunch. Consommer la journée même.

La soupe hors thermos se conserve 3 jours au réfrigérateur. Pour servir, réchauffer 3 minutes au four à micro-ondes.

Valeurs nutritives
(par portion)

Calories	237
Protéines	16g
Lipides	2g
Glucides	38g
Fibres	4g
Sodium	1311mg

Astuce Les nouilles udon sont des nouilles de blé japonaises. Rondes et beaucoup plus épaisses qu'un spaghetti, elles sont aussi excellentes dans un sauté asiatique. On les trouve précuites en petit sachet sous vide dans le rayon des produits asiatiques de la plupart des épiceries.

Variante Plusieurs choix de légumes s'offrent à vous pour garnir votre soupe : poivrons colorés en julienne, courgettes (zucchinis) en fines tranches, carottes râpées, champignons en fines tranches, pousses de bambou (en conserve), fèves germées, oignons verts émincés, pois mange-tout coupés en biseau, chou nappa émincé...

RECETTE EXCLUSIVE
SANDWICHS ROULÉS

Préparation **10 min** Cuisson **aucune** 3 portions  3,45 $ / portion

INGRÉDIENTS VEDETTES

tranches de porc, de bœuf ou de dinde

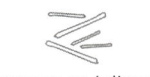
légumes en julienne

bébés épinards

fromage en tranches

vinaigrette

Valeurs nutritives
(par portion)

Calories	282
Protéines	31g
Lipides	14g
Glucides	6g
Fibres	1g
Sodium	480mg

ROULÉ AU PORC

1 tranche de **rôti de porc** cuit d'environ 0,5 cm (1/4 po) d'épaisseur

10 ml (2 c. à thé) de **moutarde de Dijon**

Garnitures au goût : **pomme** en lamelles, **cheddar** en bâtonnets, petits **cornichons sûrs** en tranches fines

ROULÉ AU BŒUF

1 tranche de **rôti de bœuf** cuit d'environ 0,5 cm (1/4 po) d'épaisseur

1 tranche de **fromage suisse**

Quelques gouttes de **vinaigrette de type ranch**

Garnitures au goût : **poivron jaune** en julienne, **carotte** râpée, **concombre** en bâtonnets

ROULÉ DE DINDE

1 **escalope de dinde** cuite (ou de poulet) d'environ 0,5 cm (1/4 po) d'épaisseur

Quelques gouttes de **vinaigrette au sésame**

Garnitures au goût : **mangue** en fines lamelles, **bébés épinards**, **fèves germées**, **poivron rouge** en julienne

1. Sur une extrémité de la tranche de viande, déposer les garnitures. Replier la tranche de viande pour emprisonner les garnitures, puis rouler.

2. Déposer les roulades côte à côte dans un plat hermétique.

3. Multiplier la recette selon le nombre de roulés désiré.

   Se conserve 3 jours au réfrigérateur et ne se congèle pas.

Astuce Surprenez vos enfants en emprisonnant leurs ingrédients préférés dans de fines tranches de viande cuite. Ces petits rouleaux à grignoter avec les doigts feront grande impression… et vous adorerez leur facilité de préparation.

RECETTE EXCLUSIVE
PLAT SURGELÉ AUX CREVETTES À L'ASIATIQUE

Préparation **10 min** Cuisson **4 min** **10 portions**  **4,80 $** / portion

INGRÉDIENTS VEDETTES

sauce hoisin

riz basmati

poivrons

edamames

crevettes

180 ml (3/4 tasse) de **sauce hoisin**

80 ml (1/3 tasse) de **sauce aux huîtres**

Jus de 2 **limes**

15 ml (1 c. à soupe) de **gingembre frais** râpé (facultatif)

2 L (8 tasses) de **riz basmati** cuit

2 **poivrons rouges** en petits dés

2 **poivrons orange** en petits dés

750 ml (3 tasses) d'**edamames** surgelés, non décongelés

375 ml (1 1/2 tasse) de **noix de cajou** naturelles hachées grossièrement

650 g (1 1/4 lb) de grosses **crevettes** crues surgelées décortiquées non décongelées issues d'aquaculture durable

1. Dans un bol moyen, fouetter la sauce hoisin, la sauce aux huîtres, le jus de lime et le gingembre. Diviser la sauce également dans dix plats allant au congélateur.

2. Répartir le riz, les légumes, les noix et les crevettes sur la sauce. Congeler les plats.

3. Au moment de servir, chauffer le plat congelé 5 minutes au four à micro-ondes ou jusqu'à ce que les ingrédients soient bien chauds.

Se conserve 3 mois au congélateur ou 3 jours au réfrigérateur une fois cuit.

Astuce En seulement 10 minutes de préparation, vous obtenez 10 lunchs au congélo qui vous attendent pour les semaines à venir. À faire rougir le rayon des surgelés!

Note Pour gagner du temps, préparez cette recette avec du riz basmati précuit. Recherchez la mention «riz express» sur l'emballage.

En cas d'allergie au soya, remplacez la sauce hoisin par 125 ml (1/2 tasse) de mélasse et 15 ml (1 c. à soupe) de vinaigre de riz, 7,5 ml (1/2 c. à soupe) d'ail en purée et 7,5 ml (1/2 c. à soupe) d'huile de sésame grillé. Remplacez les edamames par des pois verts surgelés.

Valeurs nutritives
(par portion)

Calories	480
Protéines	27 g
Lipides	14 g
Glucides	63 g
Fibres	5 g
Sodium	686 mg

RECETTE EXCLUSIVE
CHILI À LA LIME
(À LA MIJOTEUSE)

Préparation : **5 min**   Cuisson **6 h**   **8 portions**   **3,75 $** / portion

INGRÉDIENTS VEDETTES

bœuf haché extra-maigre

légumes surgelés pour sauce à spaghetti

tomates en dés

légumineuses

assaisonnement au chili

Valeurs nutritives
(par portion)

Calories	376
Protéines	12 g
Lipides	8 g
Glucides	28 g
Fibres	7 g
Sodium	363 mg

---

675 g (1 1/3 lb) de **bœuf haché extra-maigre**

1 sac de 750 g (1 1/2 lb) de **légumes surgelés pour sauce à spaghetti** (un mélange de carottes, céleri, poivrons et oignons de type Arctic Gardens)

1 boîte de 796 ml (28 oz) de **tomates en dés** bien égouttées

1 boîte de 540 ml (19 oz) de **légumineuses mélangées** rincées et égouttées

2 boîtes de 156 ml (5 1/2 oz) chaque de **pâte de tomate**

45 ml (3 c. à soupe) d'**assaisonnement au chili** (ou assaisonnement à la mexicaine)

5 ml (1 c. à thé) de **purée de piment chipotle** (de type Tabasco Chipotle)

Le zeste et le jus de 1 **lime**

Poivre et **sel**

GARNITURES (au goût)

2 **limes** en quartiers

Fromage râpé tex-mex (mélange du commerce)

Oignons verts hachés

Avocat en tranches

Yogourt grec nature

---

1. Dans la mijoteuse, déposer la viande, les légumes, les tomates, les légumineuses, la pâte de tomate, l'assaisonnement au chili, le chipotle, le zeste et le jus de lime. Poivrer généreusement et ajouter une pincée de sel. Bien mélanger.

2. Couvrir et cuire à faible intensité 6 heures.

   Au moment de servir, garnir chaque portion au goût.

   Se conserve 4 jours au réfrigérateur ou 3 mois au congélateur (sans les garnitures).

Note Ce chili est idéal pour les lunchs puisqu'il s'emporte bien dans un thermos.

Astuce Pour une version moins piquante, réduire la quantité d'assaisonnement au chili à 30 ml (2 c. à soupe).

Variante Servez le chili dans un pain à hot-dog chaud et garnissez de fromage râpé et d'oignons verts hachés.

RECETTE EXCLUSIVE
TARTINADE DE SAUMON

| Préparation **15 min** | Cuisson **aucune** | **6 portions** |  **1,80 $** / portion |

INGRÉDIENTS VEDETTES

fromage à la crème allégé

tofu mi-ferme

saumon en conserve

aneth

câpres

250 g (1/2 lb) de **fromage à la crème allégé** à température ambiante

250 g (1/2 lb) de **tofu mi-ferme**

2 boîtes de 120 g (4 oz) chaque de **saumon** sans arêtes et sans la peau

30 ml (2 c. à soupe) d'**aneth frais** haché finement

30 ml (2 c. à soupe) de **câpres** hachées finement

1/2 **échalote française** (ou 30 ml / 2 c. à soupe) hachée finement

Poivre et **sel**

1. Dans un bol, fouetter au batteur électrique (mixette) le fromage à la crème et le tofu pour obtenir une texture lisse.

2. Ajouter le saumon, l'aneth, les câpres et l'échalote. Poivrer généreusement et ajouter une pincée de sel. Fouetter de nouveau pour bien incorporer les ingrédients.

3. Servir la tartinade en sandwich sur un pain multigrains garni de fines tranches de concombre et de laitue.

   Se conserve 3 jours au réfrigérateur et ne se congèle pas.

Valeurs nutritives
(par portion)

Calories	170
Protéines	15 g
Lipides	11 g
Glucides	5 g
Fibres	0 g
Sodium	308 mg

Astuce Une fois hors de son emballage, conservez le reste de tofu dans un contenant hermétique rempli d'eau. En changeant l'eau tous les jours, le tofu se gardera 3 ou 4 jours. Si une pellicule gélatineuse se forme sur le tofu, il n'est plus bon. Vous pouvez aussi congeler le tofu ferme et mi-ferme pour 2 mois. Épongez le tofu pour absorber un maximum de liquide et emballez-le dans un sac hermétique.

Variante Cette tartinade peut être servie sur des craquelins ou des chips de pain pita pour le lunch comme à l'apéro.

RECETTE EXCLUSIVE
CONCASSÉ DE POIS CHICHES AU CITRON

Préparation **10 min** | Cuisson **aucune** | **4 portions** | **1,60 $ / portion**

INGRÉDIENTS VEDETTES

poivrons jaunes et rouges

céleri

coriandre

pois chiches

citron

1/2 **poivron jaune** coupé en 2

1 **poivron rouge** coupé en 4

2 branches de **céleri** coupées en 2 (avec les feuilles)

2 **oignons verts** entiers

60 ml (1/4 tasse) de **coriandre fraîche** légèrement tassée

1 boîte de 540 ml (19 oz) de **pois chiches** rincés et égouttés

Jus de 1/2 **citron**

30 ml (2 c. à soupe) d'**huile d'olive**

Poivre et **sel**

1. Au robot culinaire, hacher finement les poivrons, le céleri, l'oignon vert et la coriandre. Au besoin, racler les parois du récipient du robot à l'aide d'une spatule de plastique.

2. Ajouter les pois chiches, le jus de citron et l'huile. Pulser à quelques reprises pour concasser les pois chiches sans les réduire en purée.

3. Verser dans un plat hermétique. Poivrer généreusement et ajouter une pincée de sel. Bien mélanger.

Servir sur un croûton de pain baguette ou des craquelins.

Se conserve 3 jours au réfrigérateur et ne se congèle pas.

Valeurs nutritives
(par portion)

Calories	200
Protéines	7 g
Lipides	9 g
Glucides	24 g
Fibres	5 g
Sodium	246 mg

Variante Cette garniture peut aussi être servie en salade en remplaçant le pain par de la semoule (couscous).

RECETTE EXCLUSIVE
TRILOGIE DE TREMPETTES

 0,40 $ / portion    0,20 $ / portion    0,45 $ / portion

INGRÉDIENTS VEDETTES

cœurs d'artichaut

poivrons grillés marinés

ail

oignon jaune

betteraves

fromage feta

yogourt grec nature

menthe

TREMPETTE AUX ARTICHAUTS

10 portions de 30 ml (2 c. à soupe)
Préparation **10 min**
Cuisson **aucune**

4 **cœurs d'artichaut** en conserve égouttés

125 ml (1/2 tasse) de **poivrons grillés marinés**

1 gousse d'**ail**

180 ml (3/4 tasse) de **yogourt grec nature**

Poivre et **sel**

1. Au robot culinaire, réduire en purée lisse les cœurs d'artichaut, les poivrons et l'ail.

2. Ajouter le yogourt, poivrer généreusement et ajouter une pincée de sel. Mélanger de nouveau pour obtenir une texture lisse et homogène.

Les trempettes se conservent 7 jours au réfrigérateur et ne se congèlent pas.

Valeurs nutritives
(par portion)

Calories	19
Protéines	2 g
Lipides	1 g
Glucides	2 g
Fibres	1 g
Sodium	76 mg

TREMPETTE À L'OIGNON

10 portions de 30 ml (2 c. à soupe)
Préparation **10 min**
Cuisson **10 min**

5 ml (1 c. à thé) d'**huile de canola**

1 petit **oignon jaune** haché

5 ml (1 c. à thé) de **sucre**

180 ml (3/4 tasse) de **yogourt grec nature**

60 ml (1/4 tasse) de **mayonnaise allégée**

2,5 ml (1/2 c. à thé) de **sauce anglaise** (de type Worcestershire)

2,5 ml (1/2 c. à thé) de **moutarde en poudre**

Poivre et **sel**

1. Dans un poêlon, chauffer l'huile à feu moyen. Cuire les oignons 5 minutes. Saupoudrer le sucre, mélanger et poursuivre la cuisson 5 minutes. Transvider dans un bol et laisser tiédir avant d'intégrer le reste des ingrédients.

Valeurs nutritives
(par portion)

Calories	44
Protéines	2 g
Lipides	3 g
Glucides	2 g
Fibres	0 g
Sodium	57 mg

TREMPETTE BETTERAVES ET FETA

10 portions de 30 ml (2 c. à soupe)
Préparation **10 min**
Cuisson **1 min**

1 boîte de 540 ml (19 oz) de **betteraves** entières égouttées

1 gousse d'**ail**

125 ml (1/2 tasse) de **fromage feta**

60 ml (1/4 tasse) de **yogourt grec nature**

80 ml (1/3 tasse) de **menthe fraîche** hachée

Poivre du moulin

1. Au robot culinaire, hacher très finement les betteraves et l'ail. Ajouter le fromage et le yogourt, puis réduire en purée. Poivrer et mélanger de nouveau. Verser dans un bol de service allant au four à micro-ondes. Chauffez 1 minute pour bien incorporer le fromage, puis réfrigérer.

Pour servir, garnir de feta et menthe fraîche.

Valeurs nutritives
(par portion)

Calories	33
Protéines	2 g
Lipides	2 g
Glucides	3 g
Fibres	1 g
Sodium	105 mg

Sur la *Panamericana*, l'autoroute qui traverse le Chili du nord au sud, on s'est arrêtées au kiosque de fruits et légumes d'une marchande. C'est sa corde à linge. - Geneviève

VOUS ÊTES CAPABLES!

CHAPITRE 4

Croquettes de riz au saumon	**108**
Végé-burgers aux haricots noirs	**110**
Poulet à la vinaigrette	**112**
Poisson cajun	**114**
Chou-fleur pop corn	**116**
Sauce tomate boostée	**117**
Cannellonis gratinés	**118**
Casserole de poulet à l'espagnole	**120**
Riz « frit » à l'asiatique	**122**
Poulet à la moutarde et à l'érable	**124**
Strata au chorizo	**126**
Hot chicken de survie	**128**
Fettucini Alberto	**130**
Potage au poisson et chips de pappadum	**132**
Omelette passe-partout	**134**
Boulettes de poulet et chorizo	**136**
Grelots grillés	**136**
Poulet teriyaki	**138**
Papillotes de poulet au cari	**140**
Pollo estofado	**142**
Cazuela de pollo	**144**
Poulet au four	**146**
Soupe chunky au poulet	**148**
Bouillon de poulet maison	**150**

En route vers mon restaurant préféré de Santiago, Chili. - Alex

VOUS ÊTES CAPABLES!

Moi, Alex D., Verseau ascendant Party, maman de deux, je suis une ED. Une Éternelle Débutante. Et fière de l'être.

Je cuisine comme les Chiliennes. Comme cuisinait ma maman. Je fais un très bon repas avec un minimum d'étapes, zéro aliment transformé et peu d'assemblage. C'est aussi la façon O'Gleman de cuisiner. Geneviève l'a acquise alors qu'elle venait de déménager en appartement pour se rendre compte que cuisiner ne serait dorénavant plus un passe-temps, mais une nécessité. Avec son horaire chargé d'étudiante qui travaille en même temps qu'elle apprend ses formules de chimie, il fallait des solutions rapides! C'est là qu'elle s'est mise à improviser avec moins que rien. Des petites recettes pas compliquées avec peu d'ingrédients. Il y avait l'omelette passe-partout, le poisson cajun et la croquette de riz, qu'elle prépare encore aujourd'hui. C'est en les réussissant qu'elle a gagné la confiance nécessaire pour s'attaquer à des plats plus élaborés. Son adage : c'est en cuisinant qu'on apprend à cuisiner. Alors aussi bien commencer par des petites faciles! C'est la ED qui parle...

La recette la plus facile n'est pas pour autant beige et plate. Nous avons le souci de varier les couleurs de nos aliments, et de placer le tout avec un minimum de délicatesse dans nos assiettes. La présentation fait toute la différence. Une pincée de fleur de sel, un filet d'une bonne huile d'olive, un peu d'herbes fraîches... et la plus simple des recettes prend ses airs de grands soirs. Une fois le repas préparé, nous disposons le tout sur la table dans de jolies assiettes de service, sur de beaux couverts, des napperons colorés ou une belle nappe. Agir ainsi est l'équivalent de prendre soin de notre tenue le matin et de la façon dont on se présente à nos collègues.

Ma maman m'a transmis cette certitude que dans la fraîcheur se trouvent les saveurs et que cuisiner n'est pas une corvée. Aussi bien dire que Geneviève et elle se sont connues dans une autre vie! Gen-ma-partenaire a le génie de réduire toutes les étapes de préparation d'une recette un peu plus élaborée pour la ramener au niveau ED, mon niveau. Celui qu'on est plusieurs à apprécier et dans lequel on peut demeurer avant de gagner en confiance et d'oser des recettes plus complexes. La cuisine simplifiée est celle qu'on privilégie. Celle qu'on pratique. Dans ce chapitre, ceux qui se sont toujours sentis intimidés aux fourneaux seront soulagés d'apprendre que *simple* peut rimer avec *exquis*.

01/2017

CROQUETTES DE RIZ AU SAUMON

Préparation **15 min** | Cuisson **20 min** | **6 portions** de 2 croquettes | **1,80 $** / portion

INGRÉDIENTS VEDETTES

légumes au choix

riz brun

saumon en conserve

fromage

chapelure à l'italienne

Valeurs nutritives
(par portion)

Calories	319
Protéines	20 g
Lipides	14 g
Glucides	26 g
Fibres	2 g
Sodium	360 mg

5 ml (1 c. à thé) d'**huile**

375 ml (1 1/2 tasse) de **légumes** hachés au choix (oignons, poivrons, courgettes, champignons, carottes, céleri)

500 ml (2 tasses) de **riz brun** précuit

375 ml (1 1/2 tasse) de **saumon** cuit ou 2 petites boîtes de 100 g (3 1/2 oz)

250 ml (1 tasse) de **fromage** râpé au choix (emmenthal, suisse, Jalsberg, gouda...)

125 ml (1/2 tasse) de **chapelure à l'italienne**

2 **œufs**

MAYONNAISE CITRONNÉE (facultatif)

60 ml (1/4 tasse) de **mayonnaise allégée** du commerce

60 ml (1/4 tasse) de **yogourt grec nature**

Jus de 1 **citron**

ADD CILANTRO TO PATTIES

1. Préchauffer le four à 190 °C (375 °F). Placer la grille au centre du four. Tapisser une plaque de cuisson de papier parchemin.

2. Dans un poêlon, verser l'huile et faire dorer les légumes. Cette étape permet de faire évaporer l'eau qu'ils contiennent pour obtenir des croquettes plus fermes.

3. Dans un grand bol, mélanger tous les ingrédients avec les légumes cuits. Former des croquettes et déposer sur la plaque de cuisson.

4. Cuire au four 20 minutes ou jusqu'à ce que les croquettes soient dorées.

5. Pendant ce temps, préparer la mayonnaise citronnée, si désiré. Dans un bol, mélanger tous les ingrédients pour obtenir un mélange homogène.

Servir avec une salade verte.

Les croquettes se conservent 3 jours au réfrigérateur ou 2 mois au congélateur. La mayonnaise se conserve 7 jours au réfrigérateur et ne se congèle pas.

Astuce Cette recette se double ou se triple et se congèle facilement. Profitez-en pour faire des réserves.

Variante Ces croquettes peuvent se servir en burger. Déposez-les sur un pain au sésame garni d'une tranche de tomate, de laitue et de mayonnaise citronnée.

VÉGÉ-BURGERS AUX HARICOTS NOIRS

Préparation **10 min**   Cuisson **15 min**   4 portions   **1,05 $** / portion

INGRÉDIENTS VEDETTES

haricots noirs

graines de lin moulues

flocons d'avoine à cuisson rapide

pâte de miso

pains à hamburger

1 boîte de 540 ml (19 oz) de **haricots noirs** rincés et égouttés

1 **échalote française** hachée très finement

1 gousse d'**ail** hachée finement

60 ml (1/4 tasse) de **graines de lin** moulues

60 ml (1/4 tasse) de **flocons d'avoine** à cuisson rapide (gruau rapide)

60 ml (1/4 tasse) d'**eau**

15 ml (1 c. à soupe) d'**assaisonnement au chili** (ou assaisonnement à la mexicaine)

15 ml (1 c. à soupe) de **pâte de miso** (voir note)

Poivre et **sel**

5 ml (1 c. à thé) d'**huile de canola**

4 **pains à hamburger**

GARNITURES (au goût)

Feuilles de **laitue**

Tomate en tranches

Oignon en fines rondelles

Fromage en tranches

Mayonnaise

Moutarde

1. Dans un grand bol, écraser les haricots noirs avec les doigts. Ne pas utiliser le robot culinaire afin de conserver une texture grossière semblable à la viande hachée. Ajouter le reste des ingrédients, poivrer généreusement et ajouter une pincée de sel. Bien mélanger. Diviser la préparation en 4 et façonner des galettes.

2. À l'aide d'un pinceau de cuisine, badigeonner d'huile un grand poêlon. Chauffer à feu moyen et cuire les galettes 7 ou 8 minutes de chaque côté ou jusqu'à ce que la pointe d'un couteau insérée au centre des galettes en ressorte chaude et que l'extérieur soit croustillant et doré.

3. Servir les galettes dans les pains à hamburger. Garnir au goût.

   Les galettes sans garniture se conservent 5 jours au réfrigérateur ou 3 mois au congélateur.

Variante Dans cette recette, vous pouvez remplacer la pâte de miso par la même quantité d'épices à steak ou de sauce Worcestershire (sauce anglaise).

Note Le miso est une pâte fermentée japonaise fabriquée à partir de fèves de soya. On le trouve dans la plupart des épiceries au comptoir réfrigéré de la section des produits biologiques ou naturels. Il se conserve très longtemps (plusieurs mois, voire deux ans). Utilisez le miso pour aromatiser vos soupes, vos bouillons, vos sauces et même vos vinaigrettes, en remplacement de la sauce soya. La substitution dépend de la recette et de vos goûts, mais sachez que le miso est tout aussi goûteux tout en étant 2 fois moins salé que la sauce soya.

Valeurs nutritives
(par portion)

Calories	388
Protéines	18 g
Lipides	9 g
Glucides	64 g
Fibres	12 g
Sodium	438 mg

POULET À LA VINAIGRETTE

Préparation **10 min**   Cuisson **15 min**   8 portions    **2,35 $** / portion

INGRÉDIENTS VEDETTES

moutarde de Dijon

vinaigre de vin blanc

sucre

huile d'olive

poitrines de poulet

Valeurs nutritives
(par portion)

Calories	143
Protéines	28 g
Lipides	3 g
Glucides	0 g
Fibres	0 g
Sodium	69 mg

VINAIGRETTE PASSE-PARTOUT

30 ml (2 c. à soupe) de **moutarde de Dijon**

30 ml (2 c. à soupe) de **vinaigre de vin blanc**

30 ml (2 c. à soupe) d'**eau**

5 ml (1 c. à thé) de **sucre** blanc

2,5 ml (1/2 c. à thé) de **fines herbes** séchées (à l'italienne)

1 pincée de **flocons de piments forts** (facultatif)

Poivre et **sel**

125 ml (1/2 tasse) d'**huile d'olive**

POULET À LA VINAIGRETTE

1 kg (2 lb) de **poitrines de poulet** sans la peau, désossées et coupées en 2 sur l'épaisseur (environ 4 poitrines)

125 ml (1/2 tasse) de **vinaigrette passe-partout**

VINAIGRETTE PASSE-PARTOUT

1. Dans un pot Mason de 750 ml (3 tasses), mélanger tous les ingrédients à l'exception de l'huile. Fermer le pot et bien agiter.

2. Ajouter l'huile, refermer et agiter vigoureusement pour créer une émulsion.

La vinaigrette se conserve 1 mois au réfrigérateur et ne se congèle pas.

POULET À LA VINAIGRETTE

1. Dans un grand bol, enrober les poitrines de poulet de 125 ml (1/2 tasse) de vinaigrette. Conserver le reste au réfrigérateur pour un usage futur.

2. Dans un grand poêlon antiadhésif, griller les poitrines de poulet à feu moyen-vif 7 minutes de chaque côté ou jusqu'à ce que le poulet soit bien cuit.

Servir avec la salade de céleri d'Alex (voir page 248) et du riz brun.

Le poulet se conserve 3 jours au réfrigérateur ou 4 mois au congélateur.

Astuce Vous pouvez faire mariner le poulet la veille. Le résultat sera encore meilleur!

Variante Vous pouvez aussi utiliser des hauts de cuisses de poulet sans la peau et désossés. Il n'est pas nécessaire de les couper en 2 sur le sens de l'épaisseur.

Astuce Pour bien faire griller les poitrines de poulet, il est important de ne pas surcharger le poêlon. Faites cuire les poitrines en deux temps ou dans deux poêlons différents.

Note Notre vinaigrette coûte 3 fois moins cher qu'une vinaigrette commerciale et contient 2 fois moins de gras.

POISSON CAJUN

Préparation **5 min** | Cuisson **10 min** | **4 portions** | **1,90 $** / portion

INGRÉDIENTS VEDETTES

farine tout usage

assaisonnement cajun

filets de morue

huile d'olive

citron

60 ml (1/4 tasse) de **farine** tout usage

30 ml (2 c. à soupe) d'**assaisonnements cajun**, tex-mex ou à la mexicaine (mélange du commerce)

450 g (1 lb) à 625 g (1 1/4 lb) de **filets de morue** issue de pêche durable

45 ml (3 c. à soupe) d'**huile d'olive**

Sel

Quartiers de **citron** (facultatif)

1. Dans un grand sac hermétique (pour congélation), mélanger la farine et les épices.

2. Bien éponger les filets de poisson avec un papier absorbant (essuie-tout). Tailler les filets en cubes d'environ 2,5 cm (1 po) et les déposer dans le sac. Fermer et secouer pour bien enrober les morceaux de poisson.

3. Chauffer un poêlon antiadhésif à feu moyen-vif. Lorsque le poêlon est très chaud, ajouter l'huile et déposer le poisson. Cuire 4 ou 5 minutes de chaque côté ou jusqu'à ce que les morceaux soient croustillants et dorés. Retourner délicatement et éviter de manipuler pendant la cuisson.

4. Au moment de servir, saupoudrer d'une pincée de sel et arroser de jus de citron, si désiré.

   Accompagner de chou-fleur pop corn (voir page 116).

   Se conserve 3 jours au réfrigérateur ou 4 mois au congélateur.

Valeurs nutritives
(par portion)

Calories	215
Protéines	21 g
Lipides	6 g
Glucides	8 g
Fibres	2 g
Sodium	145 mg

Astuce Saviez-vous que, globalement, une espèce de poisson sur trois est menacée d'extinction et que la moitié parvient tout juste à se renouveler? À l'épicerie, recherchez les «éco-étiquettes» qui indiquent que le poisson est issu de la pêche durable.

Variante Pour cette recette, tout autre poisson blanc issu de la pêche durable fera l'affaire. Faites votre choix selon les rabais du moment chez votre poissonnier ou au supermarché.

CHOU-FLEUR POP CORN

Préparation **5 min** Cuisson **15 min** 4 portions  0,75 $/portion

INGRÉDIENTS VEDETTES

chou-fleur

huile d'olive

ail

sel

1 **chou-fleur** d'environ 750 g (1 1/2 lb)

45 ml (3 c. à soupe) d'**huile d'olive**

2 gousses d'**ail** en purée (ou hachées très finement)

Sel

1. Placer la grille du four à la deuxième position à partir du haut.

2. Couper le chou-fleur en fleurons de la grosseur d'une bille (ou d'un grain de maïs soufflé).

3. Dans un grand bol, mélanger le chou-fleur, l'huile et l'ail. Déposer sur une plaque de cuisson (ne pas couvrir de papier parchemin).

4. Cuire 10 minutes sous le gril (broil). Remuer les fleurons de chou-fleur et cuire 5 minutes de plus ou jusqu'à ce que les fleurons soient dorés. Retirer du four et saupoudrer de sel. Déguster avec les doigts, comme du pop corn!

Se conserve 3 jours au réfrigérateur et ne se congèle pas.

Astuce Pour préparer le chou-fleur pop corn, n'hésitez pas à demander l'aide des enfants. Ils peuvent détacher les fleurons avec leurs doigts, sans avoir à utiliser de couteau.

Truc écolo Ne jetez pas les tiges de chou-fleur : congelez-les dans un sac hermétique en attendant de les intégrer à un potage.

Variante Pour ajouter un petit goût de BBQ, saupoudrez les fleurons de chou-fleur de paprika fumé.

Valeurs nutritives
(par portion)

Calories	125
Protéines	4 g
Lipides	9 g
Glucides	10 g
Fibres	4 g
Sodium	56 mg

SAUCE TOMATE BOOSTÉE

Préparation **20 min** — Cuisson **30 min** — **12 portions** de 180 ml (3/4 tasse)

1,10 $ / portion

INGRÉDIENTS VEDETTES

oignon rouge

courgette et poivrons

champignons blancs

poireau

tomates broyées

- 1 gros **oignon rouge**
- 1 **courgette jaune ou verte** (zucchini)
- 1 barquette de 240 g (8 oz) de **champignons blancs**
- 1 blanc de **poireau**
- 2 **poivrons rouges**
- 10 ml (2 c. à thé) d'**huile d'olive**, divisée en 2
- 3 gousses d'**ail**
- 1 bouquet de **basilic frais**
- 2 boîtes de 796 ml (28 oz) de **tomates broyées**
- 15 ml (1 c. à soupe) de **sucre**
- 15 ml (1 c. à soupe) de **fines herbes** séchées (mélange à l'italienne)
- **Poivre** et **sel**

1. Hacher grossièrement tous les légumes. Réserver le poireau et les poivrons.
2. Dans un grand poêlon antiadhésif, chauffer 5 ml (1 c. à thé) d'huile et dorer l'oignon, la courgette et les champignons 10 minutes à feu vif en remuant de temps en temps.
3. Transvider les légumes dans le récipient du robot culinaire, réduire en purée la plus lisse possible, puis transvider dans un grand bol.
4. Chauffer le reste de l'huile dans le poêlon ayant servi à la cuisson des légumes. Dorer le poireau, les poivrons et l'ail 10 minutes à feu vif en remuant de temps en temps.
5. Transvider les légumes dans le récipient du robot culinaire, ajouter le basilic et réduire en purée la plus fine possible, puis transvider dans le grand bol contenant les oignons, champignons et courgettes.
6. Ajouter les tomates broyées, le sucre et les herbes. Poivrer généreusement, ajouter une pincée de sel et bien mélanger.
7. Diviser la sauce en trois parts égales de 750 ml (3 tasses). Réserver une part pour préparer les cannellonis (voir page 118) et congeler le reste dans des sacs hermétiques, à plat.
8. Pour servir, réchauffer la sauce et servir avec des pâtes ou utiliser la sauce pour préparer la casserole de poulet à l'espagnole (voir page 120).

Se conserve 5 jours au réfrigérateur ou 6 mois au congélateur.

Valeurs nutritives
(par portion)

Calories	76
Protéines	4 g
Lipides	1 g
Glucides	15 g
Fibres	4 g
Sodium	200 mg

Astuce Cette sauce contient 4 fois plus de fibres, 3 fois moins de sel et 2 fois moins de gras qu'une sauce tomate en pot du commerce.

Variante Pour une version végétarienne de la sauce bolognaise, ajoutez un paquet de sans-viande à l'italienne à l'étape 6 de la recette.

CANNELLONIS GRATINÉS

Préparation **10 min** Cuisson **20 min** **6 portions** de 2 cannellonis

3,50 $ / portion

INGRÉDIENTS VEDETTES

tofu mi-ferme

ricotta allégée

fromage

œufs

lasagnes fraîches

- 300 g (10 1/2 oz) de **tofu mi-ferme**, émietté
- 300 g (10 1/2 oz) de **ricotta allégée** à 5 % m.g.
- 750 ml (3 tasses) de **fromage râpé à l'italienne** (mélange du commerce)
- 2 **œufs**
- 15 ml (1 c. à soupe) de **fines herbes** séchées (mélange à l'italienne)
- 1 pincée de **piment de Cayenne**
- **Poivre** et **sel**
- 750 ml (3 tasses) de **sauce tomate boostée** (voir page 117)
- 6 feuilles de **lasagnes** fraîches coupées en 2

1. Préchauffer le four à 180 °C (350 °F). Placer la grille au centre du four.

2. Dans un grand bol, mélanger le tofu, la ricotta, 250 ml (1 tasse) de fromage râpé et les œufs. Ajouter les fines herbes et le piment de Cayenne, poivrer généreusement et ajouter une pincée de sel. Bien mélanger.

3. Étendre 250 ml (1 tasse) de sauce tomate au fond d'un grand plat de cuisson rectangulaire de 22 cm sur 33 cm (9 po sur 13 po).

4. Sur une demi-feuille de lasagne, déposer 3 généreuses cuillères à soupe du mélange de ricotta. Rouler pour imiter un cannelloni et placer dans le plat de cuisson. Répéter avec le reste de la préparation pour chaque demi-feuille de lasagne.

5. Couvrir de sauce et garnir de 500 ml (2 tasses) de fromage râpé, puis cuire au four 20 minutes.

   Servir avec une salade verte, si désiré.

   Se conserve 3 jours au réfrigérateur ou 3 mois au congélateur.

Valeurs nutritives
(par portion)

Calories	464
Protéines	34 g
Lipides	19 g
Glucides	48 g
Fibres	5 g
Sodium	590 mg

CASSEROLE DE POULET À L'ESPAGNOLE

Préparation **10 min**   Cuisson **30 min**   6 portions    **4,90 $** / portion

INGRÉDIENTS VEDETTES

pommes de terre grelots

chorizo

poitrines de poulet

paprika fumé

sauce tomate boostée

680 g (1 1/3 lb) de **pommes de terre grelots** coupées en 2

250 g (1/2 lb) de **chorizo** doux ou piquant, en tranches de 1 cm (3/8 po)

875 g (1 3/4 lb) de **poitrines de poulet** désossées sans la peau, coupées en gros cubes de 2,5 cm (1 po) (ou 3 grosses poitrines)

30 ml (2 c. à soupe) d'**huile d'olive**

10 ml (2 c. à thé) de **paprika fumé doux**

10 ml (2 c. à thé) d'**origan** séché

Poivre et **sel**

750 ml (3 tasses) de **sauce tomate boostée** (voir page 117)

1. Préchauffer le four à 190 °C (375 °F). Placer la grille au centre du four.
2. Déposer les pommes de terre, le chorizo et le poulet dans une rôtissoire. Verser l'huile, puis ajouter le paprika et l'origan. Poivrer généreusement et ajouter une pincée de sel. Mélanger avec les doigts pour bien enrober les ingrédients.
3. Cuire au four 20 minutes. Ajouter la sauce, remuer légèrement et poursuivre la cuisson 10 minutes ou jusqu'à ce que le poulet soit bien cuit.

Servir avec une salade verte.

Se conserve 2 jours au réfrigérateur ou 6 mois au congélateur.

Valeurs nutritives (par portion)

Calories	464
Protéines	44 g
Lipides	19 g
Glucides	29 g
Fibres	5 g
Sodium	610 mg

Astuce Dans le thermos, les restes seront parfaits pour les lunchs du lendemain.

Variante Cette recette est tout aussi délicieuse avec des hauts de cuisses de poulet désossés sans la peau.

Note Le chorizo est un saucisson qui provient de la péninsule ibérique (péninsule qui regroupe le Portugal, l'Espagne et la France). Il est normalement préparé à partir de viande de porc ou d'un mélange de porc et de bœuf. On y ajoute du sel et du pimentón, une variété de paprika qui donne sa couleur caractéristique «rouille». Le chorizo est très salé puisque le sel est essentiel à sa maturation et à sa conservation. Choisissez un chorizo sans nitrite ayant la liste des ingrédients la plus courte et dont la quantité de sel est la plus faible possible.

RIZ «FRIT» À L'ASIATIQUE

Préparation **15 min**   Cuisson **25 min**   6 portions   **1,25 $** / portion

INGRÉDIENTS VEDETTES

riz basmati

légumes au choix

œufs

sauce hoisin

sauce aux huîtres

- 250 ml (1 tasse) de **riz basmati**
- 500 ml (2 tasses) d'**eau**
- 15 ml (1 c. à soupe) d'**huile**
- 1 L (4 tasses) de **légumes** au choix, en petits dés
- 250 ml (1 tasse) d'**edamames** (voir page 286)
- 4 **œufs**
- 60 ml (1/4 tasse) de **sauce hoisin**
- 60 ml (1/4 tasse) de **sauce aux huîtres**
- **Sauce piquante** (de type Sriracha), au goût (facultatif)
- Quartiers de **lime** (facultatif)

1. Dans une casserole, verser le riz et l'eau. Chauffer à feu vif, porter à ébullition à découvert, puis couvrir et réduire à feu doux. Cuire 15 minutes, retirer du feu et réserver.

2. Dans un poêlon antiadhésif à haut rebord (de type wok), chauffer l'huile et ajouter les légumes et les edamames. Faire sauter à feu vif 10 minutes ou jusqu'à ce que les légumes soient dorés. Remuer régulièrement durant la cuisson.

3. Réduire à feu moyen, former un puits au centre des légumes et y casser les œufs. Remuer les œufs et lorsqu'ils commencent à figer, les incorporer aux légumes. Ajouter la sauce hoisin et la sauce aux huîtres, puis mélanger.

4. Incorporer le riz et servir dans des bols. Laisser chaque personne ajouter de la sauce piquante au goût. Accompagner de quartiers de lime, si désiré.

Se conserve 4 jours au réfrigérateur et ne se congèle pas.

Valeurs nutritives (par portion)

Calories	286
Protéines	12 g
Lipides	9 g
Glucides	41 g
Fibres	3 g
Sodium	562 mg

Note La sauce hoisin, à base de patate douce, et la sauce aux huîtres, à base d'huîtres fermentées, sont deux condiments disponibles dans le rayon des produits asiatiques de la plupart des épiceries.

Variante Variez cette recette selon ce qu'il y a dans le frigo: oignon rouge, céleri, poivrons de différentes couleurs, carottes râpées, champignons hachés, petits pois surgelés, bok choy, courgette verte ou jaune…

En cas d'allergie au soya, remplacez la sauce hoisin par 60 ml (1/4 tasse) de mélasse, 7,5 ml (1/2 c. à soupe) de vinaigre de riz, 1 ml (1/4 c. à thé) d'ail en purée et 1 ml (1/4 c. à thé) d'huile de sésame grillé.

POULET À LA MOUTARDE ET À L'ÉRABLE

Préparation **5 min** Cuisson **15 min** **4 portions**  **2,40 $** / portion

INGRÉDIENTS VEDETTES

hauts de cuisses de poulet

moutarde à l'ancienne

sirop d'érable

poivre et sel

625 g (1 1/4 lb) de **hauts de cuisses de poulet** désossés sans la peau

30 ml (2 c. à soupe) de **moutarde à l'ancienne** (ou moutarde de Meaux)

30 ml (2 c. à soupe) de **sirop d'érable**

Poivre et **sel**

1. Dans un grand bol, déposer le poulet, puis ajouter la moutarde et le sirop d'érable. Mélanger pour bien enrober. Poivrer généreusement et ajouter une pincée de sel.

2. Chauffer un poêlon antiadhésif à feu moyen-vif. Déposer les morceaux de poulet et cuire de 5 à 7 minutes de chaque côté ou jusqu'à ce que le poulet soit bien doré. Éviter de manipuler pendant la cuisson et ne pas surcharger le poêlon. Procéder par étapes si nécessaire ou utiliser 2 poêlons simultanément.

Servir dans un grand plat et déposer au centre de la table avec des pommes de terre grelots et des haricots verts cuits à la vapeur.

Se conserve 3 jours au réfrigérateur ou 3 mois au congélateur.

Valeurs nutritives
(par portion)

Calories	237
Protéines	30 g
Lipides	8 g
Glucides	8 g
Fibres	0 g
Sodium	396 mg

Astuce Le haut de cuisse de poulet contient plus de gras que la poitrine, mais c'est aussi une partie plus savoureuse et plus juteuse. Une portion de 100 g (3 1/2 oz) de poitrine de poulet grillée (désossée, sans la peau) contient 4 g de gras. La même portion de haut de cuisse de poulet grillé (désossé, sans la peau) contient 8 g de gras. Mais avant de paniquer, mieux vaut poursuivre les comparaisons. Avec du bœuf haché maigre, vous obtenez 17 g de gras par 100 g (3 1/2 oz) et avec des saucisses italiennes, vous grimpez à 27 g de gras par 100 g (3 1/2 oz). Quand on compare, on se console!

Variante Aussi délicieux en sandwich avec des tranches de pomme et des feuilles d'épinard ou en salade avec des noix et du céleri haché.

STRATA AU CHORIZO

Préparation **10 min** Cuisson **45 min** 8 portions **1,90 $** / portion

INGRÉDIENTS VEDETTES

cubes de pain sec

chorizo

fromage

œufs

mélange laitier pour cuisson

2 L (8 tasses) de cubes de **pain sec**

100 g (3 1/2 oz) de **chorizo** en petits dés (voir page 120)

500 ml (2 tasses) de **fromage râpé à l'italienne** (mélange du commerce)

2 **oignons verts** hachés

10 **œufs**

375 ml (1 1/2 tasse) de **mélange laitier pour cuisson** à 5 % m.g. (voir note)

Poivre

1. Préchauffer le four à 180 °C (350 °F). Placer la grille au centre du four.

2. Dans un grand bol, mélanger le pain, le chorizo, le fromage et les oignons verts. Transvider le mélange dans un plat de cuisson rectangulaire de 8 po sur 12 po (20 cm sur 30 cm). Bien étaler les ingrédients.

3. Dans un grand bol, fouetter les œufs. Ajouter le mélange laitier pour cuisson, poivrer généreusement. Bien fouetter. Verser uniformément la préparation d'œufs dans le plat de cuisson.

4. Cuire au four 45 minutes ou jusqu'à ce que la pointe d'un couteau insérée au centre de la strata ressorte chaude et que le dessus de la strata soit doré.

Servir avec une salade verte.

Se conserve 3 jours au réfrigérateur et ne se congèle pas.

Valeurs nutritives (par portion)

Calories	427
Protéines	25 g
Lipides	21 g
Glucides	38 g
Fibres	2 g
Sodium	545 mg

Truc écolo Ne jetez pas votre pain rassis : cette recette est idéale pour lui donner une seconde vie et éviter le gaspillage.

Variante Vous n'avez pas de chorizo? Remplacez-le par un autre saucisson sec, du prosciutto haché ou des cubes de jambon.

Note Le mélange laitier pour cuisson à 5 % de matières grasses ressemble à la crème 35 %, tout en étant beaucoup moins gras. Il peut être utilisé dans toutes les recettes nécessitant de la crème, sauf la crème fouettée. Vous le trouverez en berlingot dans le comptoir réfrigéré de l'épicerie, aux côtés de la crème.

HOT CHICKEN DE SURVIE

Préparation **10 min**   Cuisson **20 min**   4 portions    **2,95 $** / portion

INGRÉDIENTS VEDETTES

beurre

oignon jaune

bouillon de bœuf

pain

poulet cuit

SAUCE À HOT CHICKEN MAISON

30 ml (2 c. à soupe) de **beurre** ou d'huile

1 **oignon jaune** tranché

60 ml (1/4 tasse) de **fécule de maïs**

500 ml (2 tasses) de **bouillon de bœuf** réduit en sodium

2,5 ml (1/2 c. à thé) de **poudre d'ail**

Poivre et **sel**

POUR SERVIR

8 tranches de **pain** blanc (ou de blé entier)

3 boîtes de 150 g (5 oz) de **blanc de poulet** égoutté (ou 500 ml (2 tasses) d'un restant de poulet cuit)

2 boîtes de 400 ml (13 oz) de **petits pois** réchauffés

1. Dans une casserole, faire fondre le beurre, ajouter l'oignon. Cuire à feu moyen-vif 10 minutes en remuant de temps en temps ou jusqu'à ce que l'oignon soit doré.

2. Dans un bol, à l'aide d'un fouet, bien dissoudre la fécule de maïs dans le bouillon froid, puis verser dans la casserole. Porter à ébullition en remuant continuellement.

3. Ajouter la poudre d'ail, poivrer généreusement et ajouter une pincée de sel.

4. Lorsque la sauce a épaissi, transvider dans le mélangeur électrique (blender) et mixer pour obtenir une texture lisse. Ajuster les assaisonnements.

5. Pour assembler le hot chicken, déposer 4 tranches de pain dans des assiettes, garnir de poulet et de la moitié de la sauce. Ajouter la deuxième tranche de pain, le reste de la sauce et les petits pois. Servir immédiatement.

La sauce se conserve 5 jours au réfrigérateur ou 6 mois au congélateur.

Valeurs nutritives
(par portion)

Calories	385
Protéines	19 g
Lipides	9 g
Glucides	55 g
Fibres	6 g
Sodium	954 mg

Astuce La sauce à hot chicken en conserve compte de nombreux agents de conservation et une quantité importante de sel. Notre sauce maison contient seulement 5 ingrédients et notre hot chicken est presque 2 fois moins salé que la version classique du restaurant.

FETTUCINI ALBERTO
(LE COUSIN D'ALFREDO!)

Préparation **10 min** Cuisson **30 min** **4 portions** **3,45 $ / portion**

INGRÉDIENTS VEDETTES

chou-fleur

bouillon de poulet

fettucinis

lait évaporé non sucré

fromage

1 **chou-fleur** d'environ 615 g (1 1/3 lb) en bouquets

500 ml (2 tasses) de **bouillon de poulet** maison (ou du commerce réduit en sodium)

300 g (10 1/2 oz) de **fettucinis** ou linguinis

1 boîte de 370 ml (12 oz) de **lait évaporé** non sucré à 2 % m.g.

60 ml (1/4 tasse) de **farine** tout usage non blanchie

1 pincée de **piment de Cayenne**

Poivre et **sel**

250 ml (1 tasse) de **fromage râpé à l'italienne** (mélange du commerce)

1. Dans une grande casserole, déposer le chou-fleur et le bouillon. Porter à ébullition et réduire à feu moyen. Cuire 20 minutes ou jusqu'à ce que le chou-fleur soit très tendre. Ne pas égoutter.

2. Pendant ce temps, cuire les fettucinis dans l'eau bouillante selon la méthode inscrite sur l'emballage. Égoutter et réserver.

3. Au mélangeur électrique (blender), réduire en purée lisse le chou-fleur et le bouillon.

4. Ajouter le lait évaporé, la farine et la pincée de Cayenne. Poivrer généreusement et ajouter une pincée de sel. Mélanger de nouveau, puis verser la sauce dans la casserole.

5. Chauffer à feu moyen jusqu'à épaississement. Remuer de temps en temps. Ajouter le fromage et retirer du feu. Bien mélanger pour faire fondre le fromage.

6. Incorporer les fettucinis dans la sauce et mélanger pour enrober.

Servir accompagné d'une salade verte, si désiré.

Se conserve 3 jours au réfrigérateur ou 2 mois au congélateur.

Valeurs nutritives
(par portion)

Calories	385
Protéines	24 g
Lipides	12 g
Glucides	48 g
Fibres	5 g
Sodium	407 mg

Note Notre version contient 6 fois plus de protéines, 3 fois moins de sodium et la moitié moins de gras qu'une sauce Alfredo commerciale vendue en pot.

POTAGE AU POISSON ET CHIPS DE PAPPADUMS

Préparation **15 min** Cuisson **25 min** **6 portions**  **2,10 $** / portion

INGRÉDIENTS VEDETTES

panais

poireau

pommes de terre

bouillon de légumes

filets de poisson blanc

1 **oignon jaune** coupé en 8

1 **panais** pelé en rondelles

1 blanc de **poireau** en rondelles

2 **pommes de terre** pelées en gros cubes

1 L (4 tasses) de **bouillon de légumes** du commerce réduit en sodium

250 g (1/2 lb) de **filets de poisson blanc** issu de pêche durable, coupés en morceaux (tilapia, morue, aiglefin ou flétan)

1 boîte de 370 ml (13 oz) de **lait évaporé** non sucré

Poivre et **sel**

4 à 6 **pappadums** nature (voir astuce)

1. Dans une grande casserole, mélanger l'oignon, le panais, le poireau, les pommes de terre et le bouillon. Porter à ébullition, couvrir et cuire à feu moyen 20 minutes ou jusqu'à ce que les légumes soient tendres. Retirer du feu.

2. Ajouter le poisson, mélanger, couvrir et laisser pocher 5 minutes.

3. Au mélangeur électrique (blender), réduire en purée lisse. Verser le lait, poivrer généreusement et ajouter une pincée de sel.

4. Placer les pappadums un à la fois au four à micro-ondes (directement sur le plateau rotatif) et cuire 20 secondes ou jusqu'à ce qu'ils soient secs, gonflés et croustillants. Casser avec les doigts et servir avec le potage.

Se conserve 3 jours au réfrigérateur ou 3 mois au congélateur.

Valeurs nutritives
(par portion)

Calories	217
Protéines	15 g
Lipides	5 g
Glucides	30 g
Fibres	3 g
Sodium	388 mg

Astuce Les pappadums sont des chips d'origine indienne faites de farine de lentilles ou de pois chiches. On les trouve dans la section des produits ethniques dans la plupart des épiceries. Ils contiennent 2 fois plus de fibres et 20 fois moins de gras que les chips de pomme de terre et leur allure boursouflée après le passage au four à micro-ondes impressionnera les enfants !

Note Avec 15 grammes de protéines, cette soupe constitue un repas complet.

En cas d'allergie aux produits laitiers, remplacez le lait évaporé non sucré par 1 boîte de 250 ml (1 tasse) de préparation crémeuse au soya (de type Belsoy).

OMELETTE PASSE-PARTOUT

Préparation **5 min** Cuisson **10 min** **4 portions** 0,95 $ / portion

INGRÉDIENTS VEDETTES

œufs

lait

poivre et sel

beurre

fromage

6 **œufs**

30 ml (2 c. à soupe) de **lait**

Poivre et **sel**

5 ml (1 c. à thé) de **beurre**

250 ml (1 tasse) de **fromage** râpé au choix

1. Dans un grand bol, fouetter vigoureusement les œufs et le lait afin d'incorporer le maximum d'air dans la préparation. Poivrer généreusement et ajouter une pincée de sel.

2. Dans un grand poêlon antiadhésif allant au four, faire fondre le beurre à feu moyen.

3. Verser la préparation dans le poêlon et remuer avec une spatule en caoutchouc.

4. Lorsque les œufs commencent à cuire et à se solidifier, cesser de remuer et garnir de fromage.

5. Terminer la cuisson au four sous le gril (*broil*) 2 ou 3 minutes ou jusqu'à ce que l'omelette soit gonflée et le fromage doré.

   Servir immédiatement au centre de la table.

   Se conserve 3 jours au réfrigérateur et ne se congèle pas.

Valeurs nutritives
(par portion)

Calories	225
Protéines	18 g
Lipides	17 g
Glucides	1 g
Fibres	0 g
Sodium	357 mg

Astuce Utilisez le fromage de votre choix : cheddar, emmenthal, gruyère, gouda... Optez pour un fromage déjà râpé du commerce, question de gagner du temps.

Variante Pour une touche « cabane à sucre », versez un filet de sirop d'érable sur l'omelette au moment de servir.

En cas d'allergie aux produits laitiers, utilisez un substitut de fromage sans produits laitiers et de la boisson de soya nature.

BOULETTES DE POULET ET CHORIZO

Préparation **15 min**   Cuisson **25 min**   **4 portions**   **1,25 $ / portion**

INGRÉDIENTS VEDETTES

oignon jaune

chorizo

chapelure de blé entier à l'italienne

poitrines de poulet désossées sans la peau

pommes de terre grelots

Valeurs nutritives
(par portion)

Calories	219
Protéines	10 g
Lipides	7 g
Glucides	28 g
Fibres	2 g
Sodium	288 mg

BOULETTES DE POULET ET CHORIZO

1 **oignon jaune** coupé en 4

4 gousses d'**ail**

150 g (1/3 lb) de **chorizo** doux ou piquant (voir page 120)

1 **œuf**

250 ml (1 tasse) de **chapelure de blé entier à l'italienne**

Poivre du moulin

450 g (1 lb) de **poitrines de poulet** désossées sans la peau, coupées en gros cubes

GRELOTS GRILLÉS

450 g (1 lb) de **pommes de terre grelots** coupées en 2

15 ml (1 c. à soupe) d'**huile d'olive**

15 ml (1 c. à soupe) de **moutarde de Dijon**

Poivre et **sel**

---

1. Préchauffer le four à 180 °C (350 °F). Placer la grille au centre du four. Tapisser deux plaques de cuisson de papier parchemin.

BOULETTES DE POULET ET CHORIZO

2. Au robot culinaire, hacher finement l'oignon, l'ail et le chorizo. Incorporer l'œuf, la chapelure et poivrer généreusement. Ajouter ensuite le poulet et mélanger de nouveau pour hacher grossièrement.

3. Former 24 boulettes de la taille d'une balle de ping-pong et les déposer sur la plaque de cuisson.

4. Cuire au four de 20 à 25 minutes ou jusqu'à ce que le poulet soit cuit et que les boulettes soient bien dorées.

   Si désiré, accompagner les boulettes d'une mayo à l'ail (voir page 72).

   Les boulettes se conservent 3 jours au réfrigérateur ou 4 mois au congélateur.

GRELOTS GRILLÉS

5. Dans un grand bol, bien mélanger tous les ingrédients. Répartir les pommes de terre sur la deuxième plaque de cuisson. Cuire au four de 20 à 25 minutes ou jusqu'à ce que la chair des pommes de terre soit tendre.

   Se conserve 3 jours au réfrigérateur ou 3 mois au congélateur.

POULET TERIYAKI
(À LA MIJOTEUSE)

Préparation **10 min** Cuisson **4 h** **12 portions**  **3,55 $** / portion

INGRÉDIENTS VEDETTES

hauts de cuisses ou poitrines de poulet

jus d'orange

miel

sauce soya

vinaigre de riz

3 kg (6 lb) de **poulet** désossé sans la peau, gras visible retiré, coupé en gros cubes (hauts de cuisses ou poitrines)

125 ml (1/2 tasse) de **jus d'orange**

125 ml (1/2 tasse) de **miel**

60 ml (1/4 tasse) de **sauce soya** réduite en sodium

60 ml (1/4 tasse) de **vinaigre de riz**

GARNITURES

250 g (1/2 lb) de **nouilles de riz** larges

1 sac de 340 g (12 oz) de **carottes** râpées (du commerce)

500 ml (2 tasses) de **fèves germées**

500 ml (2 tasses) de **chou chinois** ou **bok choy** émincé

1. Placer les morceaux de poulet dans la mijoteuse. Ajouter le jus d'orange, le miel, la sauce soya et le vinaigre de riz, puis remuer.

2. Cuire 4 heures à faible intensité ou jusqu'à ce que le poulet s'effiloche facilement à la fourchette.

3. Pour servir, dans un grand bol, placer les nouilles de riz, les carottes, les fèves germées et le chou chinois, puis couvrir d'eau bouillante. Laisser reposer jusqu'à ce que les nouilles soient tendres. Égoutter à l'aide d'une passoire.

    Servir dans des bols et garnir de poulet teriyaki.

    Congeler le poulet restant en portions de 1 L (4 tasses) dans des grands sacs hermétiques. Le poulet se conserve 4 jours au réfrigérateur ou 3 mois au congélateur.

Valeurs nutritives
(par portion)

Calories	348
Protéines	44 g
Lipides	11 g
Glucides	16 g
Fibres	0 g
Sodium	490 mg

Astuce Avoir une réserve de poulet teriyaki au congélateur, c'est pratique. Vous aurez ainsi un plat savoureux prêt en moins de 15 minutes pour les soirées pressées.

Variante Le poulet teriyaki peut être servi froid en sandwich ou même sur une salade de bok choy émincé garnie de suprêmes d'orange, de poivrons en julienne et de fèves germées. Arrosez d'un filet d'huile d'olive et de jus de citron pressé. Poivrez généreusement et ajoutez une pincée de sel.

PAPILLOTES DE POULET AU CARI

Préparation **10 min** Cuisson **15 min** 4 portions

 **2,90 $** / portion

INGRÉDIENTS VEDETTES

yogourt grec nature

farine tout usage

miel

cari

poitrines de poulet

250 ml (1 tasse) de **yogourt grec nature**

30 ml (2 c. à soupe) de **farine** tout usage non blanchie

30 ml (2 c. à soupe) de **miel**

10 ml (2 c. à thé) de **cari**

10 ml (2 c. à thé) de **paprika**

5 ml (1 c. à thé) de **curcuma**

5 ml (1 c. à thé) de **gingembre** moulu

450 g (1 lb) de **poitrines de poulet** sans la peau et les os, coupées en lanières

Poivre et **sel**

1. Préchauffer le four à 220 °C (425 °F). Placer la grille au centre du four. Tailler 4 grands morceaux de papier parchemin d'environ 30 cm sur 25 cm (12 po sur 10 po) chacun.

2. Dans un bol moyen, mélanger tous les ingrédients sauf le poulet. Poivrer généreusement et ajouter une pincée de sel. Ajouter les lanières de poulet et les enrober de la sauce.

3. Diviser le poulet également sur chaque morceau de papier parchemin. Plier le papier en deux et replier fermement les bords sur eux-mêmes de façon à former une demi-lune. La chaleur et la vapeur ne doivent pas s'échapper de la papillote pendant la cuisson.

4. Cuire au four 15 minutes.

   Servir avec une salade verte et des pains naan chauds qu'on trempe dans la sauce.

   Se conserve 3 jours au réfrigérateur ou 4 mois au congélateur.

Valeurs nutritives
(par portion)

Calories	232
Protéines	34 g
Lipides	3 g
Glucides	16 g
Fibres	1 g
Sodium	126 mg

Astuce La cuisson en papillote est rapide et santé, puisqu'il n'y a pas de gras ajouté pour la cuisson. De plus, vous n'aurez pas de poêlon à laver!

POLLO ESTOFADO

Préparation **15 min** Cuisson **1 h 45** **6 portions** **1,50 $** / portion

INGRÉDIENTS VEDETTES

morceaux de poulet

tomates fraîches

bouillon de poulet

jus d'orange

branche de thym frais

15 ml (1 c. à soupe) d'**huile**

1 kg (2 lb) de morceaux de **poulet** sans la peau, avec les os (cuisses, hauts de cuisses, poitrines avec dos ou poulet entier coupé en morceaux)

4 **tomates** fraîches

1 **oignon**

2 gousses d'**ail**

250 ml (1 tasse) de **bouillon de poulet** du commerce réduit en sodium

250 ml (1 tasse) de **jus d'orange**

1 branche de **thym frais**

1 feuille de **laurier** séché

Poivre et **sel**

Coriandre fraîche hachée (facultatif)

1. Préchauffer le four à 180 °C (350 °F). Placer la grille au centre du four.
2. Dans une cocotte ou une grande casserole allant au four, chauffer l'huile à feu moyen-vif et dorer les morceaux de poulet de tous les côtés.
3. Pendant ce temps, au mélangeur électrique (blender), réduire en purée les tomates, l'oignon et l'ail avec le bouillon et le jus. Verser sur le poulet, puis ajouter le thym et le laurier. Poivrer généreusement et ajouter une pincée de sel.
4. Couvrir et cuire au four 1 heure 30 minutes ou jusqu'à ce que le poulet se détache facilement de l'os.

Servir sur du riz et garnir de coriandre, si désiré.

Se conserve 3 jours au réfrigérateur ou 4 mois au congélateur.

Valeurs nutritives
(par portion)

Calories	193
Protéines	20 g
Lipides	7 g
Glucides	11 g
Fibres	2 g
Sodium	244 mg

Note En français, «pollo estofado» signifie «poulet à l'étouffée», tout simplement!

Astuce La cuisson de cette recette peut aussi se faire sur la cuisinière à feu moyen-vif.

CAZUELA DE POLLO

Préparation **15 min**   Cuisson **45 min**   6 portions    **3,60 $ / portion**

INGRÉDIENTS VEDETTES

poulet entier

courge Butternut

épis de maïs

riz blanc

choux de Bruxelles

1 **poulet** entier sans la peau coupé en 6 (poitrines, hauts de cuisses et pilons)

2 L (8 tasses) d'**eau**

5 ml (1 c. à thé) d'**origan** séché (ou d'herbes de Provence)

6 **pommes de terre** pelées

1/2 **courge Butternut** pelée coupée en 6

3 **épis de maïs** épluchés, coupés en 2

3 **carottes** coupées en bâtonnets

30 ml (2 c. à soupe) de **riz blanc**

500 ml (2 tasses) de **haricots verts** coupés sur la longueur

500 ml (2 tasses) de **choux de Bruxelles**

1 **poivron rouge** coupé en lanières

Poivre et **sel**

Coriandre fraîche hachée, au goût (facultatif)

1. Déposer le poulet dans une grande casserole. Ajouter l'eau et les herbes. Couvrir et amener à ébullition à feu vif.

2. Ajouter les pommes de terre, la courge, le maïs, les carottes et le riz. Poursuivre la cuisson à feu vif.

3. Lorsque les pommes de terres sont tendres, ajouter les haricots, les choux de Bruxelles et le poivron. Poivrer généreusement et ajouter une pincée de sel.

4. Poursuivre la cuisson à feu vif 10 minutes ou jusqu'à ce que le poulet se détache facilement de l'os.

5. Servir dans de grands bols en répartissant également les morceaux de poulet et les légumes. Garnir de coriandre, si désiré.

Se conserve 3 jours au réfrigérateur ou 3 mois au congélateur.

Note En français, «cazuela de pollo» signifie «casserole de poulet».

Astuce Ce type de plat peut facilement être adapté aux goûts de tous. Ajoutez-y vos légumes favoris ou ce que vous avez sous la main : navet, patate douce, chou-fleur, chou vert, fenouil, pommes de terre grelot, bok choy, pois mange-tout… Il suffit d'ajouter les légumes demandant plus de cuisson à l'étape 2 et ceux cuisant plus rapidement à l'étape 3.

Valeurs nutritives
(par portion)

Calories	342
Protéines	28 g
Lipides	6 g
Glucides	42 g
Fibres	5 g
Sodium	156 mg

POULET AU FOUR

Préparation **5 min** Cuisson **1 h 30** 8 portions

 **3,90 $** / portion

INGRÉDIENTS VEDETTES

carottes

céleri

poulets entiers

oignons

paprika fumé

4 **carottes** lavées non pelées

4 branches de **céleri** lavées

2 **poulets** entiers d'environ 2 kg (4 lb) chacun

2 **oignons** non pelés coupés en 4

30 ml (2 c. à soupe) de **paprika fumé**

15 ml (1 c. à soupe) de **fines herbes** séchées (mélange à l'italienne ou de Provence)

15 ml (1 c. à soupe) d'**huile d'olive**

30 ml (2 c. à soupe) d'**eau**

1. Préchauffer le four à 180 °C (350 °F). Placer la grille au centre du four.

2. Couper les extrémités des carottes et des céleris.

3. Dans le fond d'une rôtissoire, corder les carottes et les céleris pour former un radeau et y déposer les poulets entiers. Au préalable, retirer les sacs d'abats de l'intérieur des poulets, s'il y a lieu. Placer les morceaux d'oignons à l'intérieur des poulets.

4. Dans un petit bol, mélanger le paprika fumé, les fines herbes, l'huile et l'eau.

5. À l'aide d'un pinceau de cuisine, badigeonner les poulets du mélange.

6. Cuire au four 1 heure 30 minutes ou jusqu'à ce que la chair du poulet se détache bien de l'os de la cuisse. Laisser tiédir avant de désosser.

Le poulet cuit se conserve 4 jours au réfrigérateur ou 3 mois au congélateur. Réserver les légumes et la carcasse des poulets pour préparer un bouillon de poulet maison (voir page 150).

Valeurs nutritives
(par portion)

Calories	360
Protéines	48 g
Lipides	14 g
Glucides	7 g
Fibres	2 g
Sodium	193 mg

Astuce Nos poulets rôtis sont 2 fois moins gras et 5 fois moins salés que ceux vendus déjà cuits à l'épicerie.

SOUPE CHUNKY AU POULET

Préparation **10 min**   Cuisson **15 min**   **6 portions**    **2,30 $** / portion

INGRÉDIENTS VEDETTES

bouillon de poulet

céleri

carotte

tagliatelles aux œufs

poulet cuit

- 1,5 L (6 tasses) de **bouillon de poulet** maison (voir page 150)
- 1 L (4 tasses) d'**eau**
- 1 branche de **céleri** émincé
- 1 **carotte** émincée
- 1 pincée de **piment de Cayenne**
- **Poivre** et **sel**
- 150 g (1/3 lb) de **tagliatelles aux œufs** (ou autres nouilles au choix)
- 500 ml (2 tasses) de **poulet** cuit haché grossièrement (voir page 146)

1. Dans une grande casserole, mélanger le bouillon, l'eau, le céleri et la carotte. Ajouter le piment de Cayenne. Poivrer généreusement et ajouter une pincée de sel. Porter à ébullition à feu vif.

2. Ajouter les nouilles et cuire 10 minutes ou jusqu'à ce que les pâtes soient al dente.

3. Ajouter le poulet et ajuster les assaisonnements au goût.

Se conserve 3 jours au réfrigérateur ou 2 mois au congélateur.

Valeurs nutritives
(par portion)

Calories	206
Protéines	19 g
Lipides	2 g
Glucides	24 g
Fibres	1 g
Sodium	130 mg

Note Notre version contient 2 fois plus de protéines et 2 fois moins de gras que la soupe chunky commerciale en boîte. Elle est également près de 8 fois moins salée.

Astuce Si vous n'avez pas le temps de préparer un bouillon maison, tournez-vous vers les bouillons vendus en format Tetra Pak réduits en sodium ou sans sel ajouté.

Variante Un mélange de légumes surgelés pour soupe peut aussi très bien vous dépanner pour réaliser cette recette.

En cas d'allergie aux œufs, remplacez les nouilles par des pâtes de blé.

BOUILLON DE POULET MAISON

Préparation **3 min** Cuisson **2 h** **8 portions** de 250 ml (1 tasse)  **0,20 $** / portion

INGRÉDIENTS VEDETTES

carcasses de poulet

céleri et carottes

feuilles de laurier

grains de poivre

graines de moutarde

2 **carcasses de poulet** (avec la peau et les os) et les **jus de cuisson** (voir page 146)

Restes de **légumes** (carottes, céleris, oignons) du poulet au four

2 feuilles de **laurier**

15 ml (1 c. à soupe) de grains de **poivre noir** (non moulus)

15 ml (1 c. à soupe) de **graines de moutarde**

Eau

Sel (facultatif)

1. Dans une grande casserole, déposer les carcasses de poulet et les jus de cuisson. Ajouter les légumes, les feuilles de laurier, les grains de poivre et les graines de moutarde. Recouvrir d'eau. Porter à ébullition à feu vif. Réduire le feu à moyen-doux et laisser mijoter 2 heures.

2. Laisser tiédir avant de filtrer le bouillon dans un tamis recouvert d'un linge propre ou d'un coton à fromage. Saler, si désiré.

   Se conserve 4 jours au réfrigérateur ou 6 mois au congélateur.

   Utiliser pour préparer la soupe chunky au poulet (voir page 148).

Valeurs nutritives (par portion)

Calories	34
Protéines	1 g
Lipides	1 g
Glucides	4 g
Fibres	0 g
Sodium	51 mg

Note Notre recette est 19 fois moins salée que le bouillon régulier du commerce et pourtant, elle ne manque pas de goût!

Astuce Si désiré, congelez le bouillon en portions individuelles de 250 à 500 ml (1 à 2 tasses).

Truc écolo C'est à la fois écologique, économique et santé de préparer son bouillon maison à partir de carcasses de volaille.

À LA MODE DE CHEZ NOUS

CHAPITRE 5

Boulettes à l'italienne	**156**
Macaroni «avec pas de viande»	**158**
Bœuf aux légumes à la mijoteuse	**160**
Poulet à la king	**162**
Cigares au chou	**164**
Fondue à la courge	**166**
Petits pains maison au fromage	**168**
Sauce bolognaise à la mijoteuse	**170**
Mini-lasagnes	**172**
Gigot d'agneau aux pommes	**174**
Pilons de dinde à la gelée de pomme	**176**
Tourtière de millet	**178**
Fèves «au lard» à la mijoteuse	**180**
Porc citronné à la pancetta	**182**
Boulettes suédoises	**184**
Pappardelles au bœuf effiloché	**186**
Rôti de palette au four	**188**
Trempettes à fondue chinoise	**189**
Fondue chinoise	**190**
La soupe du lendemain	**192**
Sous-marins à la viande à fondue	**194**
Soupe au bœuf et à l'orge	**196**

Mes petits Québéco-Chiliens dans le centre-ville de Santiago, la capitale du Chili, où je suis née. - Alex

Petite marche dans le quartier Lastarria, Santiago.

À LA MODE DE CHEZ NOUS

Geneviève a été élevée avec des rôtis de palette, des vol-au-vent, du poulet à la king, du macaroni à la viande et de la sauce bolognaise. Je suis née au Chili et j'ai grandi à Sainte-Foy dans une microsociété chilienne. Voilà pourquoi je ne connaissais que le nom de ces plats-là dans ma jeunesse, alors que les souvenirs d'enfance de Gen en sont remplis. Du bon gros réconfort, comme elle les appelle. Elle sourit en coin quand je grimace parce que je ne comprends pas l'intérêt d'un vol-au-vent. On n'a pas les mêmes repères ni les mêmes références culturelles. Mais on partage un amour aussi intense pour notre patrimoine culinaire. La transmission des racines à nos papoutes est primordiale.

Je l'avoue (avec un sac brun sur la tête), la plupart des recettes de ce chapitre ont été un mystère pour moi au départ. Geneviève ne disait rien, convaincue qu'elle parviendrait à me faire succomber. Vrai que je finis toujours par lui faire confiance. Mais vrai surtout que le vol-au-vent peu ragoûtant à mes yeux, une fois passé dans son collimateur, s'est transformé, modernisé et est devenu un petit bateau croquant et appétissant... et non «smouchi» comme sur les photos d'antan.

Dans ce chapitre, nous vous proposons des recettes allégées et simplifiées. Adaptées à notre vie effrénée. Pas des recettes à mille étapes qui prennent des heures et des kilos de lard salé. Des recettes réalistes pour un soir de semaine. Une sauce bolo qui ne prend que 15 minutes de notre temps, la mijoteuse faisant tout le reste. Des boulettes qui se congèlent, un rôti qui se transforme en une variété de plats. Des recettes sans viande aussi. C'est la cuisine de chez nous, dont on est fières, à la sauce futée.

Je les ai à présent toutes adoptées, ces recettes. Tout comme les bancs de neige, le verglas et les voitures qui ne démarrent pas lorsqu'il fait trop froid. On l'aime, notre Québec! Une petite fondue chinoise santé et réconfortante peut maintenant m'attendre le temps que passe la tempête et je trouve l'expérience adorable. C'est l'équivalent du *pisco sour* chilien désaltérant le temps que passe la canicule dans mon autre chez-nous. Quand on prend le pays, on prend le forfait complet et on le chérit!

BOULETTES À L'ITALIENNE

Préparation **15 min**   Cuisson **20 min**   **6 portions** de 4 boulettes    **2,25 $** / portion

INGRÉDIENTS VEDETTES

tofu extra-ferme

porc haché maigre

chapelure à l'italienne

parmesan

tomates broyées

Valeurs nutritives
(par portion)

Calories	280
Protéines	20 g
Lipides	12 g
Glucides	26 g
Fibres	5 g
Sodium	640 mg

1/4 d'**oignon jaune**

2 gousses d'**ail**

225 g (1/2 lb) de **tofu extra-ferme** égoutté

225 g (1/2 lb) de **porc haché** maigre

1 **œuf**

125 ml (1/2 tasse) de **chapelure à l'italienne**

125 ml (1/2 tasse) de **fromage parmesan** fraîchement râpé

15 ml (1 c. à soupe) de **fines herbes** séchées

1 pincée de **flocons de piment fort** (facultatif)

Poivre et **sel**

5 ml (1 c. à thé) d'**huile d'olive**

SAUCE TOMATE

1 boîte de 796 ml (28 oz) de **tomates broyées**

250 ml (1 tasse) d'**eau**

1 gousse d'**ail** écrasée

15 ml (1 c. à soupe) de **fines herbes** séchées

7,5 ml (1/2 c. à soupe) de **sucre**

1. Au robot culinaire, hacher finement l'oignon et l'ail. Ajouter le tofu et mélanger pour réduire en grains très fins.

2. Ajouter le porc, l'œuf, la chapelure, le fromage, les fines herbes et le piment fort, si désiré. Poivrer généreusement et saler. Mélanger de nouveau pour bien intégrer tous les ingrédients. Former des boulettes de la taille d'une balle de ping-pong.

3. À l'aide d'un pinceau de cuisine, badigeonner d'huile un poêlon antiadhésif, dorer les boulettes à feu moyen 15 minutes en remuant souvent pour que toute la surface des boulettes soit dorée.

4. Pendant ce temps, dans une grande casserole, mélanger les tomates, l'eau, l'ail, les fines herbes et le sucre. Poivrer généreusement et ajouter une pincée de sel. Porter à ébullition à feu moyen-vif et laisser mijoter 20 minutes à feu doux.

Pour servir, napper les boulettes de sauce et accompagner de pâtes, si désiré.

Les boulettes se conservent 4 jours au réfrigérateur ou 3 mois au congélateur, et la sauce se conserve 5 jours au réfrigérateur ou 6 mois au congélateur.

Astuce Vous pouvez aussi faire cuire les boulettes dans un four préchauffé à 180 °C (350 °F) de 20 à 25 minutes ou jusqu'à ce qu'elles soient dorées. Pratique lorsque vous doublez la recette!

Variante Servez les boulettes en sous-marin à l'italienne. Déposez les boulettes dans un pain long et nappez de sauce. Garnissez de fromage provolone et faites gratiner au four sous le gril (broil).

En cas d'allergie au blé, utilisez de la chapelure sans gluten et servez les boulettes et la sauce sur un nid de riz ou de pâtes sans gluten.

MACARONI «AVEC PAS DE VIANDE»

Préparation **10 min**   Cuisson **30 min**   8 portions

2,80 $ / portion

INGRÉDIENTS VEDETTES

sans-viande haché à l'italienne

tomates en dés

bouillon de légumes

macaroni

fromage

1 **oignon** haché

2 branches de **céleri** hachées

2 **poivrons** hachés (1 vert et 1 jaune ou orange)

1 paquet de 340 g (3/4 lb) de **sans-viande haché à l'italienne** (voir astuce)

1 boîte de 796 ml (28 oz) de **tomates en dés** avec le jus

1 boîte de 900 ml (32 oz) de **bouillon de légumes**

7,5 ml (1/2 c. à soupe) de **fines herbes** séchées (mélange à l'italienne ou de Provence)

Poivre et **sel**

1 boîte de 450 g (1 lb) de **macaroni** (ou autre pâte courte)

500 ml (2 tasses) de **fromage râpé à l'italienne** (mélange du commerce)

1. Dans une grande casserole, mélanger les légumes, le sans-viande, les tomates et leur jus, le bouillon et les fines herbes. Poivrer généreusement et ajouter une pincée de sel. Porter à ébullition à feu vif.

2. Lorsque la préparation bout à gros bouillons, ajouter les macaronis et bien mélanger.

3. Couvrir et cuire à feu moyen-doux 25 minutes ou jusqu'à ce que les macaronis soient cuits, mais encore fermes. Remuer à quelques reprises pour éviter que les pâtes collent au fond de la casserole.

4. Retirer du feu, ajouter le fromage et bien mélanger pour le faire fondre, puis servir.

   Se conserve 4 jours au réfrigérateur ou 3 mois au congélateur.

Astuce De la viande… sans viande? Oui, vous avez bien lu! On trouve sur le marché une solution de rechange végé à la viande hachée : le sans-viande. Fait à partir d'un mélange de protéines de soya et de légumes, il remplace très bien la viande hachée dans les recettes. Il est 13 fois moins gras que le bœuf haché extra-maigre, en plus d'être une bonne source de fibres. Comme il est vendu au même prix que le bœuf haché, pourquoi ne pas l'essayer ? À défaut d'avoir du sans-viande haché à l'italienne, préparez la recette avec du sans-viande nature et doublez la quantité de fines herbes séchées.

Valeurs nutritives
(par portion)

Calories	410
Protéines	25 g
Lipides	10 g
Glucides	58 g
Fibres	5 g
Sodium	677 mg

BŒUF AUX LÉGUMES
(À LA MIJOTEUSE)

Préparation **10 min** Cuisson **8 h** 8 portions  **4,40 $** / portion

INGRÉDIENTS VEDETTES

cubes de bœuf à ragoût

farine Nutri

légumes surgelés pour la mijoteuse

prosciutto

bouillon de bœuf

Valeurs nutritives
(par portion)

Calories	425
Protéines	55 g
Lipides	13 g
Glucides	14 g
Fibres	3 g
Sodium	316 mg

2 kg (4 lb) de **cubes de bœuf à ragoût**

60 ml (1/4 tasse) de **farine Nutri** (voir page 386)

1 sac de 750 g (24 oz) de **légumes surgelés pour la mijoteuse** (de type Arctic Gardens, contenant de gros morceaux de carottes, céleris, pommes de terre, champignons et oignons)

60 g (2 oz) de **prosciutto** haché (4 tranches minces)

125 ml (1/2 tasse) de **vin rouge**

125 ml (1/2 tasse) de **bouillon de bœuf** du commerce réduit en sodium

60 ml (1/4 tasse) de **pâte de tomate** (voir truc écolo)

2 gousses d'**ail** pelées et écrasées

3 branches de **thym frais**

3 feuilles de laurier

Poivre

1. Éponger les cubes de bœuf à l'aide d'un papier absorbant (essuie-tout), puis les déposer dans la mijoteuse.

2. Saupoudrer de farine les cubes de bœuf. Bien mélanger pour enrober complètement la viande de la farine.

3. Ajouter les légumes, le prosciutto, le vin, le bouillon, la pâte de tomate, l'ail, le thym, le laurier et poivrer généreusement. Mélanger.

4. Cuire 8 heures à intensité élevée.

Servir avec une miche de pain frais.

Se conserve 4 jours au réfrigérateur ou 3 mois au congélateur.

Truc écolo Évitez le gaspillage en utilisant de la pâte de tomate en tube. Elle se conserve plusieurs mois au réfrigérateur, selon la marque. Vous pouvez aussi congeler vos surplus de pâte de tomate en formant un boudin avec de la pellicule plastique.

Note À la fin de la cuisson, les légumes seront très tendres. Si vous le désirez, vous pouvez les écraser à la fourchette et les mélanger ensuite à la sauce.

En cas d'allergie au blé, utilisez la farine Nutri sans gluten et assurez-vous que votre bouillon de bœuf du commerce n'en contienne pas.

POULET À LA KING

Préparation **10 min** Cuisson **20 min** **6 portions** de 2 coupes de pain, avec sauce  **3,45 $** / portion

INGRÉDIENTS VEDETTES

poulet

céleri et carotte

bouillon de poulet

lait

farine tout usage

500 ml (2 tasses) de **poulet cuit** en dés (ou 625 g (1 1/4 lb) de poitrine de poulet cru en dés)

1 **carotte** en dés

1 branche de **céleri** en dés

1/2 **oignon** haché

250 ml (1 tasse) de **petits pois** surgelés, non décongelés

1 L (4 tasses) de **bouillon de poulet** maison (ou du commerce réduit en sodium)

250 ml (1 tasse) de **lait**

125 ml (1/2 tasse) de **farine** tout usage non blanchie

1 pincée de **piment de Cayenne**

Poivre et **sel**

VOL-AU-VENT ALLÉGÉS (COUPES DE PAIN)

12 tranches minces de **pain** de blé entier

30 ml (2 c. à soupe) d'**huile de canola**

1. Préchauffer le four à 190 °C (375 °F) pour la cuisson des vol-au-vent. Placer la grille au centre du four.

2. Dans une grande casserole, déposer le poulet, les légumes et le bouillon. Porter à ébullition à feu vif. Réduire à feu moyen et laisser mijoter 15 minutes ou jusqu'à ce que les carottes soient cuites.

3. Dans une grande tasse à mesurer (ou autre bol à bec verseur), fouetter le lait et la farine jusqu'à ce que la farine soit complètement délayée. Verser dans la casserole.

4. Réduire à feu moyen-doux et remuer jusqu'à ce que la préparation épaississe. Ajouter le piment de Cayenne. Poivrer généreusement et ajouter une pincée de sel.

La sauce se conserve 3 jours au réfrigérateur ou 2 mois au congélateur.

VOL-AU-VENT ALLÉGÉS (COUPES DE PAIN)

1. Pendant que la sauce mijote, déposer une tranche de pain dans le fond de chaque cavité d'un moule à muffins, et presser pour former une coupe.

2. À l'aide d'un pinceau de cuisine, badigeonner l'intérieur de la coupe d'huile de canola. Cuire au four de 15 à 20 minutes ou jusqu'à ce que le pain soit bien doré et croustillant.

3. Démouler et déposer les coupes de pain dans les assiettes. Garnir de sauce à la king et servir immédiatement.

Note Notre sauce à la king est 2 fois moins grasse que la version originale en conserve. Nos vol-au-vent allégés sont pour leur part 13 fois moins gras que les vol-au-vent du commerce faits à partir de pâte feuilletée.

Variante Le poulet à la king peut aussi être servi dans un bol accompagné de pain baguette grillé. C'est de cette façon qu'il était servi lorsqu'il a été inventé à la fin du 19e siècle pour M. et Mme King, les propriétaires d'un hôtel de Brooklyn.

Valeurs nutritives
(par portion)

Calories	351
Protéines	30 g
Lipides	4 g
Glucides	46 g
Fibres	7 g
Sodium	497 mg

CIGARES AU CHOU

Préparation **20 min** Cuisson **2 h** 8 portions **1,80 $ / portion**

INGRÉDIENTS VEDETTES

tofu extra-ferme

veau haché

riz brun

chou de Savoie

tomates broyées

1 **oignon** coupé en 4

4 gousses d'**ail**

1 morceau de 60 g (2 oz) de **fromage parmesan**

225 g (1/2 lb) de **tofu extra-ferme** en gros cubes

450 g (1 lb) de **veau** haché

125 ml (1/2 tasse) de **riz brun** sec (non cuit)

1 **œuf**

1 pincée de **piment fort en flocons**

30 ml (2 c. à soupe) de **fines herbes** séchées

Poivre et **sel**

10 grandes feuilles de **chou de Savoie** (environ 1 chou)

SAUCE TOMATE

1 boîte de 796 ml (28 oz) de **tomates broyées**

30 ml (2 c. à soupe) de **fines herbes** séchées

15 ml (1 c. à soupe) de **sucre**

Poivre et **sel**

1/2 boîte de 796 ml (28 oz) d'**eau** (ou environ 400 ml)

1. Préchauffer le four à 180 °C (350 °F). Placer la grille au centre du four. Porter à ébullition une grande casserole d'eau.

2. Au robot culinaire, hacher l'oignon et l'ail. Ajouter le parmesan et le tofu, et mélanger jusqu'à ce qu'ils soient bien égrainés.

3. Dans un bol moyen, déposer le veau, le riz et l'œuf. Incorporer le mélange de tofu. Ajouter les épices, poivrer généreusement et ajouter une pincée de sel. Bien mélanger à la fourchette ou avec les mains.

4. Blanchir les feuilles de chou en les plongeant 1 minute dans l'eau bouillante. Égoutter et bien éponger à l'aide d'un linge propre.

5. Farcir chaque feuille avec environ 125 ml (1/2 tasse) de préparation de veau. Rouler la feuille de chou en commençant par ramener le bas (la tige), puis en rabattant les côtés de la feuille sur la farce. Terminer en roulant la feuille pour former une pochette.

6. Corder les cigares au chou dans un grand plat allant au four.

7. Directement dans la boîte de tomates, ajouter les fines herbes et le sucre. Poivrer généreusement et ajouter une pincée de sel. Bien mélanger et verser sur les cigares.

8. Ajouter une moitié de boîte d'eau et verser également sur les cigares.

9. Couvrir de papier d'aluminium et cuire au four 2 heures.

Servir avec une salade verte.

Se conserve 3 jours au réfrigérateur ou 2 mois au congélateur.

Valeurs nutritives
(par portion)

Calories	223
Protéines	20 g
Lipides	8 g
Glucides	23 g
Fibres	4 g
Sodium	337 mg

FONDUE À LA COURGE

Préparation **5 min** Cuisson **10 min** **4 portions** **1,30 $ / portion**

INGRÉDIENTS VEDETTES

lait

ail

farine tout usage

purée de courge

fromage emmenthal

375 ml (1 1/2 tasse) de **lait**

1 gousse d'**ail** hachée

30 ml (2 c. à soupe) de **farine** tout usage non blanchie

125 ml (1/2 tasse) de **purée de courge** (voir page 62)

250 ml (1 tasse) de **fromage emmenthal** râpé

5 ml (1 c. à thé) de **fines herbes** séchées (mélange à l'italienne ou de Provence)

1 pincée de **piment de Cayenne** moulu

Poivre et **sel**

1. Dans une casserole moyenne, hors du feu, fouetter le lait, l'ail et la farine.

2. Chauffer à feu moyen-vif en fouettant jusqu'à épaississement.

3. Réduire à feu doux et intégrer la purée de courge, le fromage, les herbes et le piment de Cayenne. Poivrer généreusement et ajouter une pincée de sel.

4. Transvider dans un plat à fondue au fromage (caquelon) avec brûleur.

   Servir avec des petits pains maison au fromage (voir page 168) et des cubes de pomme.

   Se conserve 3 jours au réfrigérateur ou 3 mois au congélateur.

Valeurs nutritives (par portion)

Calories	186
Protéines	12 g
Lipides	9 g
Glucides	5 g
Fibres	1 g
Sodium	145 mg

Note Notre fondue à la courge contient 5 fois moins de gras et 4 fois moins de sel que la fondue au fromage classique.

En cas d'allergie au blé, utilisez de la farine Nutri sans gluten.

PETITS PAINS MAISON AU FROMAGE

Préparation **15 min** | Cuisson **40 min** | **4 portions**

1,40 $ / portion

INGRÉDIENTS VEDETTES

farine Brodie

yogourt nature

fromage emmenthal

fines herbes

huile d'olive

500 ml (2 tasses) de **farine Brodie** (voir astuce)

250 ml (1 tasse) de **yogourt nature**

250 ml (1 tasse) de **fromage emmenthal** râpé

7,5 ml (1/2 c. à soupe) de **fines herbes** séchées (mélange à l'italienne ou de Provence)

7,5 ml (1/2 c. à soupe) d'**huile d'olive**

1. Préchauffer le four à 180 °C (350 °F). Placer la grille au centre du four. Fariner légèrement une plaque de cuisson allant au four.

2. Dans un grand bol, mélanger la farine, le yogourt, le fromage et les fines herbes. Mélanger d'abord à la fourchette et pétrir ensuite avec les mains quelques minutes pour intégrer toute la farine.

3. Former une grosse boule, puis diviser la pâte en 4 parts égales. Former une boule avec chaque part et au couteau, tailler une croix sur le dessus des boules de pâte. Badigeonner chaque pain d'huile à l'aide d'un pinceau de cuisine. Placer les boules de pâte sur la plaque de cuisson.

4. Cuire au four de 30 à 40 minutes ou jusqu'à ce que le dessus des pains soit doré.

   Laisser tiédir avant de servir avec la fondue à la courge (voir page 166).

   Se conserve 1 semaine au réfrigérateur ou 3 mois au congélateur.

Valeurs nutritives
(par portion)

Calories	364
Protéines	17 g
Lipides	2 g
Glucides	47 g
Fibres	2 g
Sodium	752 mg

Astuce La farine Brodie est une farine dite «préparée». Chaque tasse (250 ml) contient 7,5 ml (1 1/2 c. à thé) de poudre à pâte et 1 ml (1/4 c. à thé) de sel. Il n'est donc pas nécessaire d'ajouter de la poudre à pâte ou du sel dans votre recette lorsque vous utilisez cette farine. La farine Brodie permet de cuisiner des produits de boulangerie ou des pâtisseries rapidement, mais surtout très simplement!

SAUCE BOLOGNAISE
(À LA MIJOTEUSE)

Préparation **15 min** Cuisson **8 h** 8 portions  **3,20 $** / portion

INGRÉDIENTS VEDETTES

tofu extra-ferme

saucisses italiennes

bœuf haché extra-maigre

légumes surgelés

tomates broyées

450 g (1 lb) de **tofu extra-ferme**

450 g (1 lb) de **saucisses italiennes piquantes**

450 g (1 lb) de **bœuf haché extra-maigre**

750 g (24 oz) de **légumes surgelés pour sauce à spaghetti** (de type Arctic Gardens contenant un mélange de carottes, céleri, poivrons et oignons en petits dés)

2 boîtes de 796 ml (28 oz) de **tomates broyées**

1 boîte de 156 ml (5 1/2 oz) de **pâte de tomate**

30 ml (2 c. à soupe) de **fines herbes** séchées (mélange à l'italienne ou de Provence)

Poivre et **sel**

1. Avec les doigts, égrainer le tofu directement dans la mijoteuse jusqu'à l'obtention de morceaux de la grosseur de grains de riz. Si désiré, utiliser le robot culinaire pour égrainer le tofu plus finement et rapidement.

2. Retirer les boyaux des saucisses et garder seulement la chair. Déposer dans la mijoteuse.

3. Incorporer le reste des ingrédients, poivrer généreusement, ajouter une pincée de sel et bien mélanger.

4. Cuire 8 heures à intensité élevée.

   Servir avec des pâtes de blé entier.

   Se conserve 3 jours au réfrigérateur ou 4 mois au congélateur.

Valeurs nutritives
(par portion)

Calories	433
Protéines	36 g
Lipides	24 g
Glucides	29 g
Fibres	7 g
Sodium	1091 mg

Astuce On économise environ 3 $ en remplaçant 450 g (1 lb) de bœuf haché par 450 g (1 lb) de tofu.

En cas d'allergie au soya, remplacez le tofu par une boîte de lentilles rincées et égouttées.

MINI-LASAGNES

Préparation **20 min** Cuisson **20 min** **6 portions** de 2 mini-lasagnes

 **2,30 $** / portion

INGRÉDIENTS VEDETTES

pâtes won-ton

sauce bolognaise

fromage

24 **pâtes won-ton** (de type Wong Wing, voir note)

750 ml (3 tasses) de **sauce bolognaise à la mijoteuse** (voir page 170) ou d'une autre sauce bolognaise maison

375 ml (1 1/2 tasse) de **fromage râpé à l'italienne** (mélange du commerce)

1. Préchauffer le four à 180 °C (350 °F). Placer la grille au centre du four.

2. Pour chaque mini-lasagne, enfoncer 1 pâte won-ton dans le trou d'un moule à muffins (en silicone de préférence, voir astuce).

3. Ajouter 30 ml (2 c. à soupe) de sauce bolognaise et 30 ml (2 c. à soupe) de fromage sur chaque pâte. Couvrir d'une autre pâte won-ton et bien presser.

4. Déposer 15 ml (1 c. à soupe) de sauce bolognaise sur chaque pâte et bien replier les coins vers l'intérieur. Couvrir de nouveau de 15 ml (1 c. à soupe) de sauce et garnir du reste de fromage.

5. Cuire au four de 15 à 20 minutes ou jusqu'à ce que le fromage soit doré.

    Servir avec une salade verte.

    Se conserve 3 jours au réfrigérateur ou 3 mois au congélateur.

Valeurs nutritives
(par portion)

Calories	381
Protéines	30 g
Lipides	21 g
Glucides	31 g
Fibres	4 g
Sodium	804 mg

Astuce L'utilisation d'un moule en silicone est préférable pour faire cette recette. Ainsi, les pâtes won-ton demeurent bien tendres à la cuisson.

Variante Remplacez l'étage de fromage râpé au centre des mini-lasagnes par de la ricotta.

Note Les pâtes won-ton sont disponibles dans la section des produits surgelés de la plupart des épiceries. Un paquet de 450 g (1 lb) contient environ 70 feuilles. Les pâtes non utilisées se recongèlent sans problème.

GIGOT D'AGNEAU AUX POMMES

Préparation **15 min** Cuisson **4 h** **8 portions**

 **3,95 $** / portion

INGRÉDIENTS VEDETTES

gigot d'agneau

jus de pomme pur

moutarde de Dijon

pommes

herbes de Provence

1 **gigot d'agneau** de 2 kg à 2,5 kg (4 à 5 lb)

375 ml (1 1/2 tasse) de **jus de pomme** pur

60 ml (1/4 tasse) de **moutarde de Dijon**

5 ou 6 **pommes Cortland** pelées, sans le cœur et tranchées

15 ml (1 c. à soupe) d'**herbes de Provence**

Poivre et **sel**

1. Préchauffer le four à 180 °C (350 °F). Placer la grille à la position du bas.

2. Déposer le gigot dans une cocotte ou une rôtissoire avec couvercle. Verser le jus de pomme au fond de la cocotte. À l'aide d'un pinceau de cuisine, badigeonner le gigot de moutarde.

3. Déposer les morceaux de pomme sur le gigot et autour. Saupoudrer d'herbes, poivrer généreusement et ajouter une pincée de sel.

4. Couvrir et cuire au four 4 heures. Arroser la viande à quelques reprises pendant la cuisson. À la sortie du four, désosser le gigot et diviser en portions.

Servir le gigot d'agneau avec des pommes de terre grelots et des petits pois verts.

Se conserve 3 jours au réfrigérateur ou 6 mois au congélateur.

Valeurs nutritives
(par portion)

Calories	429
Protéines	36 g
Lipides	23 g
Glucides	16 g
Fibres	1 g
Sodium	251 mg

Astuce Qui a dit que recevoir était compliqué? Vous saurez impressionner vos convives avec cette recette qui se prépare en un rien de temps.

Variante Cette recette peut être préparée avec une même quantité d'épaule de porc, sans la couenne. La méthode de cuisson demeure la même.

PILONS DE DINDE À LA GELÉE DE POMME

Préparation **15 min**   Cuisson **2 h**   **8 portions**   **3,40 $** / portion

INGRÉDIENTS VEDETTES

oignons

pilons de dinde

canneberges surgelées

gelée de pomme

jus de pomme pur

4 **oignons jaunes** en rondelles

4 **pilons de dinde** d'environ 625 g (1 1/4 lb) chacun, sans la peau

500 ml (2 tasses) de **canneberges surgelées**, non décongelées

250 ml (1 tasse) de **gelée de pomme**

250 ml (1 tasse) de **jus de pomme** pur non sucré

2 gousses d'**ail** hachées

10 ml (2 c. à thé) de **fines herbes** séchées

Poivre et **sel**

Gelée de pomme supplémentaire pour badigeonner à la fin de la cuisson (facultatif)

1. Préchauffer le four à 180 °C (350 °F). Placer la grille au centre du four.

2. Dans le fond d'une rôtissoire, répartir les oignons, puis les pilons et ajouter les canneberges autour de la viande.

3. Dans un bol moyen, faire fondre la gelée de pomme 2 minutes au four à micro-ondes. Ajouter le jus de pomme, l'ail et les fines herbes. Poivrer généreusement et ajouter une pincée de sel. Bien fouetter, puis verser sur les pilons. Couvrir la rôtissoire avec du papier d'aluminium.

4. Cuire au four 2 heures ou jusqu'à ce que la viande se détache facilement de l'os. Arroser la dinde à quelques reprises pendant la cuisson.

5. À la fin de la cuisson, retirer le papier d'aluminium et, si désiré, badigeonner le dessus des pilons de gelée de pomme. Poursuivre la cuisson 10 minutes.

Servir avec une purée de pommes de terre et des haricots verts.

Se conserve 3 jours au réfrigérateur ou 4 mois au congélateur.

Valeurs nutritives (par portion)

Calories	450
Protéines	42 g
Lipides	9 g
Glucides	36 g
Fibres	2 g
Sodium	170 mg

Astuce Un pilon sert un grand appétit ou deux petits. Comme la recette se divise et se multiplie sans problème, elle est parfaite pour un souper en tête-à-tête ou pour recevoir toute la parenté!

Variante À défaut d'avoir des pilons de dinde, utilisez des cuisses ou des poitrines de dinde.

TOURTIÈRE DE MILLET

Préparation **25 min** Cuisson **60 min** 8 portions

 **0,80 $** / portion

INGRÉDIENTS VEDETTES

millet

oignon jaune

sauce soya

farine de blé entier

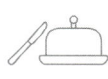
beurre

GARNITURE AU MILLET

250 ml (1 tasse) de **millet** (voir astuce)

375 ml (1 1/2 tasse) **d'eau**

5 ml (1 c. à thé) d'**huile de canola**

1/2 **oignon jaune** haché très finement

1 gousse d'**ail** hachée très finement

1/2 branche de **céleri** hachée très finement

4 **champignons** blancs hachés très finement

45 ml (3 c. à soupe) de **sauce soya**

5 ml (1 c. à thé) de **moutarde sèche**

2,5 ml (1/2 c. à thé) de **piment de la Jamaïque** (allspice)

Poivre et **sel**

Valeurs nutritives
(par portion)

Calories	269
Protéines	6 g
Lipides	14 g
Glucides	30 g
Fibres	3 g
Sodium	326 mg

1. Préchauffer le four à 180 °C (350 °F). Placer la grille au centre du four.

2. Rincer le millet dans un tamis fin et le déposer dans une casserole moyenne. Ajouter l'eau. Porter à ébullition à découvert à feu vif. Couvrir et cuire 15 minutes à feu moyen-doux. Retirer du feu et laisser reposer 10 minutes. Réserver.

3. À l'aide d'un pinceau de cuisine, badigeonner d'huile un grand poêlon antiadhésif. Chauffer à feu moyen-vif. Ajouter l'oignon, l'ail, le céleri et les champignons. Cuire 7 minutes ou jusqu'à ce que les légumes soient tendres.

4. Pendant la cuisson des légumes, préparer la pâte. Déposer la farine dans le robot culinaire. En laissant le robot tourner, ajouter le beurre, un cube à la fois.

5. Toujours en laissant le robot tourner, verser 15 ml (1 c. à soupe) à la fois d'eau glacée jusqu'à la formation d'une boule de pâte. Laisser tourner le robot une trentaine de secondes entre chaque cuillerée d'eau. Retirer la pâte du robot.

6. Enfariner un comptoir propre. À l'aide d'un rouleau à pâtisserie, abaisser la pâte en formant un disque beaucoup plus grand que l'assiette à tarte. Recouvrir l'assiette avec l'abaisse de pâte en laissant les rebords dépasser.

7. Lorsque les légumes sont prêts, ajouter le millet cuit, la sauce soya, la moutarde sèche et les épices. Poivrer généreusement et ajouter une pincée de sel. Bien mélanger et poursuivre la cuisson 2 ou 3 minutes.

8. Répartir la préparation de millet dans la pâte. Replier la pâte sur le millet. Retirer les excédents de pâte pour qu'il n'y ait pas de superposition.

PÂTE BRISÉE

500 ml (2 tasses) de **farine** de blé entier

125 ml (1/2 tasse) de **beurre** froid en cubes

75 ml (5 c. à soupe) d'**eau** glacée

Farine pour le plan de travail

1 **œuf** battu (facultatif, pour la dorure)

9. À l'aide d'un pinceau de cuisine, badigeonner la pâte d'œuf battu (facultatif).
10. Cuire au four 45 minutes ou jusqu'à ce que la pâte soit dorée.

    Si désiré, démouler la tourtière et la déposer sur une planche en bois. Tailler en pointes et servir avec du ketchup.

    Se conserve 3 jours au réfrigérateur ou 3 mois au congélateur.

Astuce Le millet est une toute petite céréale dorée, plus petite encore que le quinoa, et dont la valeur nutritive ressemble beaucoup à celle du riz.

Note Notre tourtière revisitée est 3 fois plus riche en fibres et 5 fois moins salée qu'une tourtière traditionnelle.

12-31-2016

FÈVES «AU LARD»
(À LA MIJOTEUSE)

Préparation **5 min**   Cuisson **8 à 10 h**   **8 portions**   **1,50 $ / portion**

INGRÉDIENTS VEDETTES

haricots blancs

pâte de tomate

pancetta

mélasse verte

sirop d'érable

1 kg (2 lb) de petits **haricots blancs secs**

1 **oignon** haché

1 boîte de 156 ml (5 1/2 oz) de **pâte de tomate**

250 g (1/2 lb) de **pancetta** en dés

30 ml (2 c. à soupe) de **moutarde de Dijon**

125 ml (1/2 tasse) de **mélasse verte** (mélasse *blackstrap*)

125 ml (1/2 tasse) de **sirop d'érable**

2 L (8 tasses) d'**eau**

Poivre et **sel**

1. Bien rincer les haricots dans une passoire avant de les déposer dans la mijoteuse. Ajouter tous les autres ingrédients et l'eau. Mélanger.

2. Couvrir la mijoteuse et cuire à intensité élevée de 8 à 10 heures, selon la puissance de la mijoteuse. *6 HRS*

Se conserve 5 jours au réfrigérateur ou 3 mois au congélateur.

Valeurs nutritives
(par portion)

Calories	267
Protéines	15 g
Lipides	4 g
Glucides	46 g
Fibres	7 g
Sodium	291 mg

Astuce Votre mijoteuse possède un mode réchaud? Faites-la travailler pendant que vous dormez! Préparez cette recette la veille au soir et le mode réchaud s'activera après la cuisson. Les fèves seront prêtes au petit matin et vous vous réveillerez avec la douce odeur des fèves d'antan.

PORC CITRONNÉ À LA PANCETTA

Préparation **10 min** Cuisson **3 h** 4 portions **2,10 $** / portion

INGRÉDIENTS VEDETTES

épaule de porc

vin blanc

bouillon de poulet

oignons rouges

pancetta

- 1 **épaule de porc** de 2,5 kg (5 lb), la couenne et le gras visible retirés
- 125 ml (1/2 tasse) de **vin blanc** (ou de bouillon de poulet)
- 125 ml (1/2 tasse) de **bouillon de poulet**
- 2 **oignons rouges** moyens hachés grossièrement
- 175 g (5 1/2 oz) de **pancetta** en dés
- Jus de 1/2 **citron**
- 2 branches de **thym**
- 2 feuilles de **laurier**
- **Poivre**

1. Préchauffer le four à 180 °C (350 °F). Placer la grille au centre du four.
2. Déposer l'épaule de porc dans une cocotte. Il n'est pas nécessaire de saisir la pièce de viande avant la cuisson.
3. Ajouter le reste des ingrédients, couvrir et cuire au four 3 heures ou jusqu'à ce que le porc s'effiloche à la fourchette. S'assurer de déposer la pancetta dans le bouillon et non sur le porc pour éviter qu'elle brûle.

Servir avec une salade verte et des pommes de terre grelots.

Se conserve 4 jours au réfrigérateur ou 3 mois au congélateur.

Valeurs nutritives
(par portion)

Calories	330
Protéines	36 g
Lipides	18 g
Glucides	3 g
Fibres	1 g
Sodium	480 mg

Astuce N'ajoutez pas de sel à cette recette : la pancetta est déjà bien salée.

BOULETTES SUÉDOISES

Préparation **15 min** Cuisson **20 min** **6 portions** de 4 boulettes

1,60 $ / portion

INGRÉDIENTS VEDETTES

pain de seigle

bouillon de poulet

yogourt grec nature

dinde hachée

crème à cuisson

Valeurs nutritives
(par portion)

Calories	256
Protéines	20 g
Lipides	10 g
Glucides	20 g
Fibres	2 g
Sodium	593 mg

BOULETTES

5 ml (1 c. à thé) d'**huile**

6 tranches de **pain de seigle** sans la croûte

125 ml (1/2 tasse) de **bouillon de poulet** du commerce réduit en sodium

60 ml (1/4 tasse) de **yogourt grec nature**

1 **œuf**

2,5 ml (1/2 c. à thé) de **piment de la Jamaïque** (allspice)

1 ml (1/4 c. à thé) de noix de **muscade** fraîchement râpée

Poivre et **sel**

450 g (1 lb) de **dinde** hachée

SAUCE

30 ml (2 c. à soupe) de **fécule de maïs**

375 ml (1 1/2 tasse) de **bouillon de poulet** réduit en sodium

60 ml (1/4 tasse) de **crème à cuisson** à 15 % m.g.

Poivre et **sel**

Aneth frais (facultatif)

1. Préchauffer le four à 200 °C (400 °F). Placer la grille au centre du four. Tapisser une plaque à cuisson de papier d'aluminium et, à l'aide d'un pinceau de cuisine, badigeonner d'huile.

2. Dans un grand bol, émietter le pain en petits morceaux. Ajouter le bouillon et écraser le pain à l'aide d'une fourchette.

3. Incorporer le yogourt, l'œuf, le piment de la Jamaïque et la muscade. Poivrer généreusement et ajouter une pincée de sel. Bien mélanger. Il ne doit pas y avoir de morceaux de pain visibles à cette étape.

4. Ajouter la dinde et mélanger avec les mains.

5. Former des petites boulettes de la taille d'une balle de ping-pong et les déposer sur la plaque de cuisson.

6. Cuire au four 20 minutes, ou jusqu'à ce que les boulettes soient dorées. Ne pas retourner pendant la cuisson.

7. Pendant ce temps, fouetter la fécule de maïs dans le bouillon froid jusqu'à dissolution complète.

8. Verser dans un poêlon, chauffer à feu moyen-vif et porter à ébullition en remuant. Verser la crème, poivrer généreusement et ajouter une pincée de sel.

9. Laisser mijoter jusqu'à épaississement. Au moment de servir, enrober les boulettes de sauce et garnir d'aneth, si désiré.

Accompagner de pommes de terre grelots, d'une salade verte et de sauce aux canneberges.

Se conserve 4 jours au réfrigérateur ou 2 mois au congélateur.

PAPPARDELLES AU BŒUF EFFILOCHÉ

Préparation **10 min**   Cuisson **15 min**   **4 portions**   **2,30 $ / portion**

INGRÉDIENTS VEDETTES

pappardelles

légumes au choix

bouillon de bœuf

bœuf effiloché

parmesan

1 paquet de 250 g (1/2 lb) de **pappardelles** (nouilles très larges)

5 ml (1 c. à thé) de **beurre**

5 ml (1 c. à thé) d'**huile d'olive**

500 ml (2 tasses) de **légumes** au choix: champignons tranchés, petits pois surgelés, poivrons en cubes, carottes finement tranchées, petits fleurons de brocoli, pois mange-tout, oignon haché

10 ml (2 c. à thé) de **fécule de maïs**

375 ml (1 1/2 tasse) de **bouillon de bœuf**

375 ml (1 1/2 tasse) de **bœuf effiloché** (voir page 188)

Poivre

Fromage parmesan fraîchement râpé, au goût

1. Cuire les pâtes dans l'eau bouillante jusqu'à ce qu'elles soient al dente, égoutter et réserver.
2. Dans un poêlon antiadhésif, chauffer le beurre et l'huile à feu moyen-vif. Faire revenir les légumes choisis jusqu'à ce qu'ils soient tendres et dorés.
3. Délayer la fécule de maïs dans le bouillon à l'aide d'un petit fouet.
4. Verser dans le poêlon, ajouter le bœuf et remuer jusqu'à épaississement.
5. Ajouter les pappardelles et mélanger pour enrober.

   Servir dans des bols, poivrer et garnir de fromage parmesan.

   Se conserve 3 jours au réfrigérateur ou 1 mois au congélateur.

Valeurs nutritives
(par portion)

Calories	404
Protéines	29 g
Lipides	7 g
Glucides	55 g
Fibres	4 g
Sodium	472 mg

RÔTI DE PALETTE AU FOUR

Préparation **10 min** Cuisson **3 h 30** **15 portions**  **3,60 $** / portion

INGRÉDIENTS VEDETTES

oignons rouges

rôti de bas de palette de bœuf

moutarde de Dijon

sauce anglaise

épices à steak

3 **oignons rouges** en rondelles

3 kg (6 lb) de **rôti de bas de palette de bœuf**

30 ml (2 c. à soupe) de **moutarde de Dijon**

30 ml (2 c. à soupe) d'**eau**

30 ml (2 c. à soupe) d'**herbes de Provence**

15 ml (1 c. à soupe) de **sauce anglaise** (de type Worcestershire)

15 ml (1 c. à soupe) d'**épices à steak**

1. Préchauffer le four à 180 °C (350 °F). Placer la grille au centre du four.
2. Couvrir de rondelles d'oignons le fond d'une rôtissoire et y déposer le rôti.
3. Dans un petit bol, former une pâte avec le reste des ingrédients et l'étendre uniformément sur la viande. Couvrir de papier d'aluminium.
4. Cuire au four de 3 heures à 3 heures 30 minutes ou jusqu'à ce que la viande se défasse facilement à la fourchette.

Servir avec des pommes de terre grelots et des haricots verts cuits à la vapeur.

Utiliser pour préparer les pappardelles de la page 186 ou la soupe au bœuf et à l'orge de la page 196.

Se conserve 3 jours au réfrigérateur ou 6 mois au congélateur.

Valeurs nutritives
(par portion)

Calories	312
Protéines	42 g
Lipides	14 g
Glucides	3 g
Fibres	1 g
Sodium	203 mg

TREMPETTES À FONDUE CHINOISE

Préparation **5 min** | Cuisson **aucune** | **6 portions** par recette |  **0,40 $** / portion

INGRÉDIENTS VEDETTES

- mayonnaise allégée
- yogourt grec nature
- assaisonnements au choix

BASE

80 ml (1/3 tasse) de **mayonnaise allégée**

160 ml (2/3 tasse) de **yogourt grec nature**

Dans un petit bol, mélanger la mayonnaise et le yogourt. Ajouter tous les ingrédients de la variante choisie et bien mélanger.

Se conserve 5 jours au réfrigérateur et ne se congèle pas.

Photo page 191

CLASSIQUE

30 ml (2 c. à soupe) de **pâte de tomate**

30 ml (2 c. à soupe) de **lait**

15 ml (1 c. à soupe) de **miel**

15 ml (1 c. à soupe) de **persil plat frais** haché très finement (facultatif)

Sauce piquante, au goût (facultatif)

Poivre et **sel**

MIEL ET DIJON

45 ml (3 c. à soupe) de **miel**

15 ml (1 c. à soupe) de **moutarde à l'ancienne** (ou de Meaux)

15 ml (1 c. à soupe) de **moutarde de Dijon**

Poivre

CAJUN

10 ml (2 c. à thé) d'**épices cajun** (mélange du commerce)

2,5 ml (1/2 c. à thé) de **sauce piquante au chipotle** (de type Tabasco)

Poivre

AU CARI

10 ml (2 c. à thé) de **cari** en poudre

1 **oignon vert** haché finement

Poivre

Valeurs nutritives (par portion)

Calories	69
Protéines	3 g
Lipides	4 g
Glucides	6 g
Fibres	1 g
Sodium	140 mg

FONDUE CHINOISE

Préparation **10 min** Cuisson **30 min** 6 portions  **4,60 $** / portion

INGRÉDIENTS VEDETTES

bouillon de bœuf

vin rouge

pâte de miso

pâte de tomate

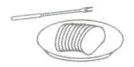
viande à fondue chinoise

Valeurs nutritives
(par portion)

Calories	260
Protéines	27 g
Lipides	5 g
Glucides	20 g
Fibres	3 g
Sodium	164 mg

BOUILLON

7,5 ml (1/2 c. à table) d'**huile de canola**

2 **oignons jaunes** hachés finement

1 L (4 tasses) de **bouillon de bœuf** maison ou du commerce réduit en sodium

250 ml (1 tasse) de **vin rouge**

250 ml (1 tasse) d'**eau**

2 gousses d'**ail** hachées finement

30 ml (2 c. à soupe) de **pâte de miso** (voir page 110)

30 ml (2 c. à soupe) de **pâte de tomate**

15 ml (1 c. à soupe) de **miel**

7,5 ml (1/2 c. à soupe) de **fines herbes** séchées (mélange à l'italienne ou de Provence)

Poivre du moulin

ACCOMPAGNEMENTS

625 g (1 1/4 lb) de **viande à fondue chinoise** (tranches très minces)

1 tête de **brocoli** en petits bouquets

2 **poivrons** en gros cubes

1 paquet de **champignons** blancs coupés en 2

Cubes de **fromage suisse** (pour emprisonner au centre de la viande)

---

1. Dans une grande casserole, chauffer l'huile à feu moyen-vif. Ajouter les oignons et les attendrir 5 minutes. Ajouter le reste des ingrédients. Poivrer généreusement. Porter à ébullition à feu vif. Réduire à feu moyen et laisser mijoter 20 minutes. Transvider dans un caquelon à fondue et placer au centre de la table.

2. Répartir la viande crue dans un plat de service. Placer les légumes dans des petits bols. Pendant le repas, chaque convive se sert en plongeant tour à tour des tranches de viande ou des morceaux de légumes dans le bouillon à l'aide de fourchettes à fondue.

Servir avec les trempettes de la page 189.

Le bouillon se conserve 5 jours au réfrigérateur ou 3 mois au congélateur.

LA SOUPE DU LENDEMAIN

Préparation **5 min** Cuisson **10 min** **4 portions**  **0,65 $** / portion

INGRÉDIENTS VEDETTES

reste de bouillon à fondue

eau

œufs

épinards

parmesan

Reste de **bouillon à fondue** (voir page 190)

1,5 L (6 tasses) d'**eau** (ou plus si le bouillon est trop concentré)

2 **œufs**

500 ml (2 tasses) d'**épinards** frais hachés

Parmesan fraîchement râpé, au goût

1. Dans une grande casserole, porter à ébullition à feu vif le reste de bouillon à fondue et l'eau.

2. Pendant ce temps, battre les œufs dans un bol moyen. Verser dans le bouillon en ébullition en remuant légèrement afin de créer des filaments.

3. Ajouter les épinards et poursuivre la cuisson 2 ou 3 minutes. Goûter à la soupe : si elle est trop salée, ajouter un peu d'eau pour diluer davantage le bouillon.

4. Au moment de servir, saupoudrer chaque portion de parmesan. Accompagner de craquelins, si désiré.

Se conserve 3 jours au réfrigérateur ou 2 mois au congélateur.

Valeurs nutritives (par portion)

Calories	117
Protéines	7 g
Lipides	5 g
Glucides	7 g
Fibres	1 g
Sodium	200 mg

Astuce S'il reste des légumes préparés pour accompagner la fondue, coupez-les en petits morceaux et ajoutez-les à la soupe quelques minutes avant les épinards pour qu'ils soient tendres.

Variante Remplacez les épinards par des feuilles de chou frisé (kale) finement hachées.

En cas d'allergie aux œufs, remplacez-les par des petites nouilles et cuisez-les selon les indications inscrites sur l'emballage.

SOUS-MARINS À LA VIANDE À FONDUE

Préparation **10 min** Cuisson **5 min** **4 portions**  **3,00 $** / portion

INGRÉDIENTS VEDETTES

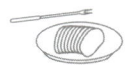
viande à fondue

pain sous-marin de blé entier

fromage suisse

laitue

tomate

300 à 350 g (2/3 à 3/4 lb) de **viande à fondue** cuite dans le bouillon (voir astuce)

4 **pains à sous-marin** de blé entier

8 tranches de **fromage suisse**

Garnitures, au choix: feuilles de laitue, tranches de tomate, poivrons colorés en julienne, carottes râpées, oignons verts émincés...

Sauce BBQ du commerce (facultatif) ou **trempette pour fondue** (voir page 189)

1. Bien égoutter la viande cuite dans le bouillon à fondue.
2. Ouvrir les pains en deux dans le sens de la longueur et les déposer sur une plaque de cuisson, intérieur vers le haut.
3. Répartir la viande sur chaque pain. Garnir ensuite de fromage.
4. Passer sous le gril (*broil*) quelques minutes, jusqu'à ce que le fromage soit bien fondu et doré. Garnir au goût et servir aussitôt.

Cette recette ne se conserve pas bien, ni au réfrigérateur ni au congélateur. Toutefois, elle est si rapide et si simple à préparer que vous pouvez la réaliser en un tournemain.

Valeurs nutritives
(par portion)

Calories	407
Protéines	33 g
Lipides	16 g
Glucides	34 g
Fibres	3 g
Sodium	639 mg

Astuce Lorsque vous faites de la fondue chinoise (page 190), prévoyez 300 g (2/3 lb) de plus de viande à fondue afin de préparer ces sous-marins. À la fin du repas, plongez cette quantité supplémentaire de viande dans le bouillon et remuez pour éviter que les tranches collent ensemble. Faites cuire 2 minutes, retirez du bouillon et déposez sur du papier absorbant (essuie-tout). La viande cuite se conserve 2 jours au réfrigérateur ou 1 mois au congélateur.

Variante Si vous n'avez pas fait de fondue, vous pouvez tout de même réaliser cette recette en utilisant de la viande à fondue que vous assaisonnez d'épices à steak. Faites cuire la viande à la poêle avant de l'ajouter au sous-marin.

SOUPE AU BŒUF ET À L'ORGE

Préparation **10 min**   Cuisson **35 min**   6 portions   **2,05 $** / portion

INGRÉDIENTS VEDETTES

bouillon de bœuf

légumes surgelés pour sauce à spaghetti

orge perlé

tomates en dés

bœuf effiloché

1 L (4 tasses) de **bouillon de bœuf** du commerce réduit en sodium

1 L (4 tasses) d'**eau**

750 ml (3 tasses) de **mélange de légumes surgelés pour sauce à spaghetti** (mélange du commerce)

250 ml (1 tasse) d'**orge perlé** (voir note)

1 boîte de 796 ml (28 oz) de **tomates en dés** avec le jus

500 ml (2 tasses) de **bœuf effiloché** (voir page 188)

Poivre et **sel**

1. Dans une grande casserole, mélanger le bouillon, l'eau, les légumes et l'orge. Porter à ébullition à feu vif, puis réduire à feu moyen et laisser mijoter 30 minutes ou jusqu'à ce que l'orge soit tendre.

2. Ajouter les tomates et le bœuf et poursuivre la cuisson 5 minutes. Poivrer généreusement et ajouter une pincée de sel. Cette soupe-repas est très consistante. Si désiré, ajouter plus de bouillon.

Se conserve 1 semaine au réfrigérateur ou 3 mois au congélateur.

Valeurs nutritives
(par portion)

Calories	272
Protéines	20 g
Lipides	5 g
Glucides	35 g
Fibres	8 g
Sodium	475 mg

Astuce Les mélanges de légumes pour sauce à spaghetti contiennent des carottes, des oignons, des poivrons et du céleri lavés, parés et coupés pour vous. Pratique!

Note Saviez-vous que l'orge perlé contient 6 fois plus de fibres que le riz? Voilà un produit céréalier qu'on gagnerait à cuisiner plus souvent!

Truc écolo Les soupes sont idéales pour passer les légumes qui traînent depuis quelque temps dans le frigo. Remplacez les légumes surgelés par des légumes «frais» en dés pour éviter qu'ils ne finissent à la poubelle.

Amor! Comme on dit en espagnol. Maude qui découvre les plages du Pacifique chilien. - Geneviève

RAPIDO!

CHAPITRE 6

Rouleaux printaniers	202
Boulettes de poisson à l'asiatique	204
Fajitas au poulet	206
Crème de champignons	208
Guédille tex-mex	210
Pâtes au pesto maison	212
Crème de tomate sans produits laitiers	214
Pâtes crémeuses au thon	216
Grilled cheese rico rico	218
Papillotes de saumon au miso	220
Papillotes de légumes au sésame	222
Salade de quartiers de lune	223
Saumon aux épices à steak	224
Brochettes de poulet au sésame	226
Riz au lait de coco	228

Plage de Concon, Chili.

RAPIDO !

Les p'tites recettes qui nous font sentir king! Ç'aurait pu être le titre de ce chapitre. Les p'tites vites, ce sont ces recettes qui nous donnent envie de cuisiner plus souvent. Ce sont celles qui donnent le goût de se faire une bine sur l'épaule parce que toute la famille les aime et qu'on pourrait les faire les yeux fermés.

La semaine, on n'est pas dans la course à obstacles. Pas même dans le marathon. On est dans le sprint olympique. *Ultrarapide* rime avec *stratégique*. Et avec sauve-qui-peut!

On a tous besoin de souffler. Oui, il faut mettre quelque chose d'alléchant sur la table. Et non, on ne peut pas se faire livrer un plat chaque soir, ni se contenter d'un bol de céréales pour le souper. Avant les enfants, peut-être. Maintenant, ça ne fait plus partie de l'équation. On veut que notre marmaille grandisse avec des plats maison. On veut qu'ils trouvent leur réconfort dans notre recette de pâtes crémeuses au thon, et non dans une boîte de carton!

Ces recettes, on les fait lorsqu'on n'a pas envie de cuisiner. Oui, ça nous arrive. Même si Gen en a fait son métier, même si elle a des idées à revendre et que moi je peux manger les mêmes six recettes pendant six mois sans me tanner. Même si nous sommes toutes deux à l'aise devant les fourneaux, il nous arrive de ne plus avoir de jus. C'est dans ces moments qu'on sort de notre manche (ou plutôt de notre tablier!) les p'tites vites, qu'on cuisine sur le pilote automatique. Un saumon aux épices à steak : plus enfantin, tu meurs. Une guédille au poulet : super simple. Des brochettes de poulet au sésame et riz au lait de coco : plus long à écrire qu'à faire.

Nous ne sommes pas des *superwomen*, et nous n'avons pas envie de le devenir. C'est inintéressant. Ce qu'on veut, ce sont des recettes qui rendent tout le reste possible. Qui laissent du temps pour jouer avec les enfants. Du temps pour s'écraser sur le sofa. Du temps pour rire.

Ce sont des recettes pour paresseux, si ça vous chante. Cependant, pour nous, ce sont des solutions nécessaires à l'atteinte d'un équilibre mental pour les jours de course folle!

ROULEAUX PRINTANIERS

Préparation **20 min**   Cuisson **aucune**   **4 portions** de 2 rouleaux    **2,60 $** /portion

INGRÉDIENTS VEDETTES

feuilles de riz

menthe et coriandre

poivron rouge

concombre

poulet cuit

8 **feuilles de riz**

8 feuilles de **laitue Boston**

125 ml (1/2 tasse) de **menthe fraîche**

125 ml (1/2 tasse) de **coriandre fraîche**

125 ml (1/2 tasse) de **carotte** râpée

1/2 **poivron rouge** en julienne

1/2 **concombre** en julienne

375 ml (1 1/2 tasse) de **poulet** cuit (ou de crevettes nordiques cuites)

SAUCE D'ACCOMPAGNEMENT

125 ml (1/2 tasse) de **yogourt nature**

30 ml (2 c. à soupe) de **sauce hoisin**

15 ml (1 c. à soupe) de **miel**

1. Passer une feuille de riz sous l'eau tiède pour la ramollir. Égoutter et déposer sur un linge propre humide.
2. Placer une feuille de laitue au centre de la feuille de riz. Déposer ensuite un peu de chaque garniture sur la feuille de laitue.
3. Rouler la feuille de riz comme un cigare, en repliant d'abord les côtés. Répéter l'opération avec les autres feuilles de riz.
4. Pour préparer la sauce d'accompagnement, mélanger dans un bol le yogourt, la sauce hoisin et le miel.
5. Au repas, tremper le rouleau dans la sauce et déguster.

   Se conserve 2 jours au réfrigérateur emballé d'une pellicule de plastique et ne se congèle pas.

Valeurs nutritives
(par portion)

Calories	161
Protéines	21 g
Lipides	2 g
Glucides	14 g
Fibres	2 g
Sodium	202 mg

Truc écolo Profitez-en pour passer les restes! Vermicelles, riz, quinoa, rôti de bœuf ou de porc seront délicieux dans ces rouleaux.

Variante Variez les garnitures des rouleaux printaniers selon vos goûts : lanières de mangue, pousses de radis, fèves germées, chou rouge émincé…

En cas d'allergie aux produits laitiers, servez les rouleaux avec de la sauce soya ou une sauce chili thaïe sucrée du commerce.

BOULETTES DE POISSON À L'ASIATIQUE

Préparation **10 min**　　Cuisson **20 min**　　**6 portions** de 6 boulettes　　**1,85 $ / portion**

INGRÉDIENTS VEDETTES

gingembre

oignon jaune

poivron rouge

crevettes

tilapia

- 1 gousse d'**ail**
- 1 morceau de **gingembre** frais de 2,5 cm (1 po) de côté, non pelé
- 1/4 d'un petit **oignon jaune** (ou 1 échalote française)
- 1/4 de **poivron rouge**
- 225 g (1/2 lb) de **crevettes nordiques** cuites
- 450 g (1 lb) de **tilapia** cru (ou autre poisson blanc)
- 1 **œuf**
- 150 ml (2/3 tasse) de **chapelure** nature
- 1 pincée de **flocons de piment fort**
- **Poivre** et **sel**

1. Préchauffer le four à 180 °C (350 °F). Tapisser une plaque de cuisson de papier parchemin.
2. Au robot, hacher finement l'ail, le gingembre, l'oignon et le poivron.
3. Ajouter les crevettes, le tilapia, l'œuf, la chapelure et le piment. Poivrer généreusement et ajouter une pincée de sel. Actionner le robot jusqu'à la formation d'une boule.
4. Avec les mains, façonner des boulettes de la grosseur d'une cerise.
5. Déposer sur la plaque et cuire au four 20 minutes ou jusqu'à ce que les boulettes soient dorées. Ne pas retourner pendant la cuisson.

Si désiré, servir en soupe asiatique : déposer les boulettes dans un bol. Recouvrir de juliennes de carottes et de courgettes (zucchinis). Couvrir de bouillon de poulet chaud assaisonné à l'asiatique (voir note). Garnir de coriandre fraîche et déguster.

On peut aussi servir les boulettes à l'apéro avec de la sauce chili sucrée thaïe.

Se conserve 4 jours au réfrigérateur ou 3 mois au congélateur.

Valeurs nutritives (par portion)

Calories	109
Protéines	17 g
Lipides	2 g
Glucides	5 g
Fibres	1 g
Sodium	188 mg

Note Pour préparer un bouillon de poulet assaisonné à l'asiatique, faites chauffer 1 litre (4 tasses) de bouillon de poulet du commerce, 30 ml (2 c. à soupe) de sauce de poisson (nam pla) et le jus d'une lime. Ajoutez 2,5 ml (1/2 c. à thé) de pâte de cari thaïe si désiré.

Astuce Vous trouverez dans les magasins d'articles de cuisine des râpes semblables à des économes (ou épluche-carottes) pouvant former des spaghettis de légumes. Un petit gadget à moins de 10 $ qui fera jaser les enfants !

FAJITAS AU POULET

Préparation **15 min** Cuisson **15 min** **4 portions**

3,50 $ / portion

INGRÉDIENTS VEDETTES

poitrines de poulet désossées

assaisonnement au chili

poivrons colorés

salsa mexicaine

tortillas de blé entier

Valeurs nutritives
(par portion)

Calories	386
Protéines	32 g
Lipides	10 g
Glucides	40 g
Fibres	6 g
Sodium	499 mg

450 g (1 lb) de **poitrines de poulet** en lanières

15 ml (1 c. à soupe) d'**assaisonnement au chili** (ou assaisonnement à la mexicaine)

15 ml (1 c. à soupe) de **paprika fumé**

Poivre et **sel**

15 ml (1 c. à soupe) d'**huile**, divisée en 2

2 **poivrons** en lanières

1 **oignon rouge** en lanières

80 ml (1/3 tasse) de **salsa mexicaine** du commerce

4 **tortillas** de blé entier

GARNITURES (au choix)

Salsa mexicaine

Guacamole

Yogourt grec nature

Laitue ciselée

Fromage cheddar râpé

Coriandre fraîche

Quartiers de **lime**

1. Dans un bol, mélanger le poulet avec l'assaisonnement au chili et le paprika. Poivrer généreusement et saler.

2. À l'aide d'un pinceau de cuisine, badigeonner un poêlon antiadhésif de 7,5 ml (1/2 c. à soupe) d'huile et cuire le poulet de 5 à 7 minutes à feu moyen-vif, ou jusqu'à ce que les lanières soient bien dorées. Retirer le poulet et réserver dans un bol propre.

3. Verser le reste de l'huile dans le poêlon et faire revenir les poivrons et les oignons à feu moyen-vif de 5 à 7 minutes, ou jusqu'à ce que les légumes soient tendres et légèrement dorés.

4. Ajouter le poulet cuit et la salsa, puis mélanger.

5. Placer le poêlon au centre de la table, avec les garnitures. Assembler les fajitas en déposant le poulet, les légumes et les garnitures sur une tortilla avant de la rouler comme un cigare.

La garniture de poulet se conserve 3 jours au réfrigérateur ou 3 mois au congélateur.

Astuce Emballez les tortillas dans un papier d'aluminium et placez-les au four à 100 °C (200 °F) pendant que vous faites cuire le poulet. Elles seront chaudes et plus souples au moment de les garnir.

Variante Remplacez le poulet par des lanières de bœuf, de porc ou des crevettes surgelées.

CRÈME DE CHAMPIGNONS

Préparation **10 min**   Cuisson **20 min**   6 portions   **1,50 $** / portion

INGRÉDIENTS VEDETTES

oignon jaune

champignons

haricots blancs

bouillon de légumes

préparation crémeuse au soya

30 ml (2 c. à soupe) d'**huile d'olive**

1 **oignon jaune** tranché

2 barquettes de 227 g (8 oz) de **champignons blancs** tranchés

1 conserve de 540 ml (19 oz) de **haricots blancs**, rincés et égouttés

1 contenant de 900 ml (32 oz) de **bouillon de légumes** du commerce, réduit en sodium

1 contenant de 250 ml (1 tasse) de **préparation crémeuse au soya** (de type Belsoy, voir page 216)

Poivre et **sel**

GARNITURES (facultatif)

Croûtons maison

Ciboulette ciselée

1. Dans une grande casserole, chauffer l'huile à feu moyen-vif. Déposer l'oignon et les champignons. Cuire sans remuer pour permettre aux légumes de bien dorer.

2. Lorsque les oignons et les champignons sont bien dorés, incorporer les haricots blancs et le bouillon. Porter à ébullition à feu vif et laisser mijoter 10 minutes.

3. Au mélangeur électrique (blender), réduire en purée lisse. Verser dans la casserole. Ajouter la préparation au soya. Poivrer généreusement et saler. Bien mélanger. Garnir de croûtons et de ciboulette, si désiré.

Se conserve 3 jours au réfrigérateur ou 3 mois au congélateur (sans la garniture).

Valeurs nutritives (par portion)

Calories	256
Protéines	10 g
Lipides	12 g
Glucides	29 g
Fibres	7 g
Sodium	80 mg

Note Notre version est 5 fois plus riche en protéines, 7 fois plus riche en fibres et 10 fois moins salée qu'une crème de champignons du commerce. Pas mal, hein!

Variante Remplacez les champignons blancs par des champignons Portobello, des shiitakes ou des pleurotes. Avant d'ajouter les haricots et le bouillon, réservez quelques champignons bien dorés et déposez-les sur la crème au moment de servir.

GUÉDILLE TEX-MEX

Préparation **10 min**   Cuisson **aucune**   **4 portions**   **1,90 $** / portion

INGRÉDIENTS VEDETTES

poulet cuit

maïs en grains

poivron rouge

yogourt grec nature

pains à hot-dog

500 ml (2 tasses) de **poulet** cuit ou de **dinde** cuite, en cubes

15 ml (1 c. à soupe) d'**assaisonnement au chili** (ou d'assaisonnement à la mexicaine)

125 ml (1/2 tasse) de **maïs en grains** surgelés, décongelés

1/2 **poivron rouge** en petits dés

1 branche de **céleri** hachée finement

1 **oignon vert** haché finement

60 ml (1/4 tasse) de **mayonnaise allégée**

60 ml (1/4 tasse) de **yogourt grec nature**

Sauce piquante (de type Tabasco au chipotle), au goût (facultatif)

Poivre et **sel**

4 feuilles de **laitue Boston**

4 **pains à hot-dog**

1. Dans un grand bol, bien mélanger tous les ingrédients sauf la laitue et les pains à hot-dog. Poivrer généreusement et saler.

2. Déposer une feuille de laitue au centre de chaque pain à hot-dog. Garnir de la préparation au poulet et servir.

Se conserve 3 jours au réfrigérateur sans le pain.

Astuce Transformez ce sandwich en salade! Tapissez un plat de service avec les feuilles de laitue Boston et déposez la garniture au centre.

Variante Remplacez le poulet ou la dinde par des crevettes nordiques ou du thon pâle en conserve.

En cas d'allergie aux œufs, omettez la mayo et doublez la quantité de yogourt grec.

Valeurs nutritives (par portion)

Calories	297
Protéines	29 g
Lipides	8 g
Glucides	30 g
Fibres	6 g
Sodium	750 mg

PÂTES AU PESTO MAISON

Préparation **10 min** Cuisson **15 min** **4 portions**  **2,10 $** / portion

INGRÉDIENTS VEDETTES

parmesan

basilic

bébés épinards

huile d'olive

pennes

2 gousses d'**ail**

60 g (2 oz) de **parmesan** (ou un cube d'environ 5 cm / 2 po)

30 ml (2 c. à soupe) de **noix de pin**

500 ml (2 tasses) de **basilic frais** (l'équivalent d'un gros bouquet)

250 ml (1 tasse) de **bébés épinards** frais

30 ml (2 c. à soupe) de jus de **citron**

Poivre et **sel**

60 ml (1/4 tasse) d'**huile d'olive**

350 g (12 oz) de **pennes** (ou autres pâtes courtes)

1. Au robot culinaire, hacher l'ail, le parmesan et les noix de pin.
2. Ajouter le basilic, les épinards et le jus de citron. Poivrer généreusement et ajouter une pincée de sel. Mélanger de nouveau.
3. En laissant tourner le robot, verser l'huile en un mince filet.
4. Pendant ce temps, cuire les pennes dans l'eau bouillante selon la méthode inscrite sur l'emballage. Égoutter et réserver. Mélanger le pesto avec les pâtes et servir.

Se conserve 3 jours au réfrigérateur ou 3 mois au congélateur.

Valeurs nutritives
(par portion)

Calories	355
Protéines	12 g
Lipides	21 g
Glucides	30 g
Fibres	2 g
Sodium	287 mg

Note Notre pesto est près de 2 fois moins gras et moins salé et contient 3 fois plus de protéines que les pestos du commerce. De plus, il est presque 2 fois moins cher!

Variante L'aneth, le persil ou même la coriandre sont les bienvenus dans ce pesto. Vous pouvez aussi remplacer les noix de pin par des noix de cajou.

En cas d'allergie aux produits laitiers, remplacez le parmesan par 10 ml (2 c. à thé) de levure alimentaire pour un goût fromagé 100 % végé (voir page 88).

CRÈME DE TOMATE SANS PRODUITS LAITIERS

Préparation **10 min**   Cuisson **21 min**   8 portions    **0,60 $** / portion

INGRÉDIENTS VEDETTES

Oignons jaunes

ail

tomates entières en conserve

cassonade

pain blanc

- 30 ml (2 c. à soupe) d'**huile d'olive**
- 2 **oignons jaunes** hachés
- 3 gousses d'**ail** hachées
- 1 **feuille de laurier**
- 1 pincée de flocons de **piment fort** (facultatif)
- **Poivre** et **sel**
- 2 boîtes de 796 ml (28 oz) de **tomates** entières
- 15 ml (1 c. à soupe) de **cassonade** légèrement tassée
- 4 tranches de **pain blanc** frais sans la croûte, déchirées en morceaux
- 60 ml (1/4 tasse) d'**origan frais** haché finement
- **Poivre** et **sel**

1. Dans une grande casserole, chauffer l'huile à feu moyen. Ajouter les oignons et faire caraméliser 10 minutes en remuant de temps en temps.
2. Lorsque les oignons sont tendres et dorés, ajouter l'ail, le laurier et le piment fort, si désiré. Poivrer généreusement et ajouter une pincée de sel. Cuire 1 minute de plus.
3. Incorporer les tomates, la cassonade et le pain. Porter à ébullition à feu vif et cuire 10 minutes.
4. Réduire en purée au pied-mélangeur ou au mélangeur électrique (blender). Ajouter l'origan, rectifier l'assaisonnement au besoin et servir.

Se conserve 4 jours au réfrigérateur ou 3 mois au congélateur.

Valeurs nutritives
(par portion)

Calories	140
Protéines	4 g
Lipides	4 g
Glucides	24 g
Fibres	4 g
Sodium	281 mg

Note Cette recette contient 2 fois plus de fibres et 2 fois moins de sel que les crèmes de tomate en conserve. Le pain sert à épaissir le potage et à le rendre crémeux sans utiliser de lait ou de crème.

Variante Servez cette crème dans un verre ou un bol à café au lait. Les enfants adorent boire la soupe plutôt que de la manger à la cuillère.

En cas d'allergie au blé, utilisez du pain sans gluten ou remplacez le pain par 250 ml (1 tasse) de riz cuit à l'étape 3.

PÂTES CRÉMEUSES AU THON

Préparation **10 min**   Cuisson **10 min**   4 portions   2,10 $ / portion

INGRÉDIENTS VEDETTES

farfalles

oignon

thon pâle émietté dans l'eau

préparation crémeuse au soya

fromage râpé

- 1 boîte de 350 g (12 oz) de **farfalles** (ou autre pâte courte)
- 15 ml (1 c. à soupe) d'**huile végétale**
- 1 petit **oignon jaune** haché finement
- 2 boîtes de 170 g (6 oz) de **thon pâle** émietté dans l'eau, égoutté
- 1 contenant de 250 ml (1 tasse) de **préparation crémeuse au soya** (de type Belsoy, voir note)
- 250 ml (1 tasse) de **fromage râpé à l'italienne** (mélange du commerce)
- **Poivre** et **sel**

1. Cuire les pâtes dans l'eau bouillante jusqu'à ce qu'elles soient al dente, selon la méthode inscrite sur l'emballage. Égoutter et réserver.
2. Dans un poêlon antiadhésif, chauffer l'huile à feu moyen-vif, ajouter l'oignon et cuire 5 minutes en remuant de temps en temps. Lorsque l'oignon commence à dorer, incorporer le thon et la préparation crémeuse au soya. Cuire 5 minutes.
3. Retirer du feu, ajouter le fromage et mélanger pour faire fondre. Poivrer généreusement et ajouter une pincée de sel.
4. Transvider les pâtes égouttées dans le poêlon, mélanger pour enrober et servir.

Se conserve 5 jours au réfrigérateur et ne se congèle pas.

Valeurs nutritives (par portion)

Calories	502
Protéines	40 g
Lipides	12
Glucides	62 g
Fibres	5 g
Sodium	311 mg

Astuce Pour que les restes soient tout aussi crémeux, ajoutez un peu de lait à chaque portion avant de réchauffer au four à micro-ondes.

Note La préparation crémeuse au soya (Belsoy) se trouve à l'épicerie dans le rayon des produits biologiques. Elle contient moitié moins de gras que la crème 35% m.g. et offre une texture tout aussi onctueuse. Un choix qui convient aux personnes végétariennes ainsi qu'aux personnes allergiques ou intolérantes aux produits laitiers.

GRILLED CHEESE RICO RICO

Préparation **10 min**   Cuisson **10 min**   4 portions

 **2,10 $** / portion

INGRÉDIENTS VEDETTES

pain de blé entier

fromage râpé

salsa mexicaine

poulet cuit

haricots noirs

30 ml (2 c. à soupe) de **beurre**

8 tranches de **pain** de blé entier

500 ml (2 tasses) de **fromage râpé tex-mex** (mélange du commerce)

125 ml (1/2 tasse) de **salsa mexicaine** (du commerce)

125 ml (1/2 tasse) de **poulet** cuit, en dés

125 ml (1/2 tasse) de **haricots noirs** rincés, égouttés et pilés à la fourchette

125 ml (1/2 tasse) de **maïs surgelé**, non décongelé

Tranches de piments **jalapeno** marinés (facultatif)

1. Préchauffer à feu moyen-vif un poêlon strié antiadhésif.

2. Tartiner de beurre 4 tranches de pain. Sur chaque tranche (surface non beurrée), répartir 60 ml (1/4 tasse) de fromage. Garnir de salsa, de poulet, de haricots, de maïs et de piment fort, si désiré. Ajouter 60 ml (1/4 tasse) de fromage et refermer avec l'autre tranche de pain. Tartiner de beurre.

3. Déposer dans le poêlon et griller 5 minutes de chaque côté à feu moyen-vif. Presser avec une spatule pour que les ingrédients adhèrent bien au pain. Servir accompagné d'une salade verte.

Cette recette ne se conserve pas bien, ni au réfrigérateur ni au congélateur. Toutefois, elle est si rapide et si simple à préparer que vous pourrez la réaliser en un tournemain. Parfait pour les soirées pressées!

Valeurs nutritives
(par portion)

Calories	430
Protéines	26 g
Lipides	19 g
Glucides	45 g
Fibres	8 g
Sodium	827 mg

Note Grâce à l'ajout de poulet et de haricots noirs, cette recette contient 26 g de protéines par portion. Vous avez là un repas qui saura vous soutenir jusqu'au prochain!

Variante Préparez ce grilled cheese avec ce que vous avez sous la main : oignons verts hachés, poivrons en lanières et courgettes en dés seront aussi délicieux dans cette recette.

Merci à Stephany Quenneville de Saint-Lin-Laurentides pour l'inspiration!

PAPILLOTES DE SAUMON AU MISO

Préparation **10 min**   Cuisson **10 min**   4 portions

 **2,15 $** / portion

INGRÉDIENTS VEDETTES

pâte de miso

miel

gingembre frais

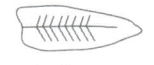
limes

pavés de saumon

30 ml (2 c. à soupe) de **pâte de miso** (voir page 110)

15 ml (1 c. à soupe) de **miel**

15 ml (1 c. à soupe) de **gingembre frais** râpé

Le zeste et le jus de 2 **limes**

4 pavés de **saumon** frais de 125 g (4 oz) chacun

Poivre du moulin

Quelques feuilles de **coriandre fraîche**

1. Préchauffer le four à 220 °C (425 °F). Placer la grille au centre du four.
2. Dans un petit bol, mélanger la pâte de miso, le miel, le gingembre, le zeste et le jus de lime.
3. Couper 4 grands morceaux de papier parchemin d'environ 30 cm sur 25 cm (12 po sur 10 po) chacun.
4. Déposer un pavé de saumon au centre de chaque papier parchemin. Tailler des incisions sur le saumon à l'aide d'un couteau et garnir de sauce au miso.
5. Plier le papier en deux, puis replier fermement les bords sur eux-mêmes de façon à former une demi-lune. La chaleur et la vapeur ne doivent pas s'échapper de la papillote pendant la cuisson.
6. Cuire au four 10 minutes ou jusqu'à ce que la chair du saumon se détache facilement à la fourchette.
7. Pour servir, ouvrir la papillote, disposer dans les assiettes, parsemer de feuilles de coriandre. Si désiré, préparer la papillote de légumes au sésame en accompagnement (voir page 222).

Se conserve 3 jours au réfrigérateur et ne se congèle pas.

Valeurs nutritives
(par portion)

Calories	263
Protéines	26 g
Lipides	14 g
Glucides	8 g
Fibres	0 g
Sodium	170 mg

En cas d'allergie au soya, remplacez le miso par 15 ml (1 c. à soupe) d'huile de sésame.

PAPILLOTES DE LÉGUMES AU SÉSAME

Préparation **15 min** Cuisson **10 min** **4 portions** **1,20 $** / portion

INGRÉDIENTS VEDETTES

légumes au choix

huile de sésame

lime

coriandre

arachides

500 ml (2 tasses) de **légumes** crus, au choix, tranchés finement (poivrons colorés, bok choy, pois mange-tout, carotte, oignon rouge...)

10 ml (2 c. à thé) d'**huile de sésame** grillé

GARNITURES (au choix)

1 **lime** coupée en quartiers

125 ml (1/2 tasse) de **coriandre fraîche** hachée

60 ml (1/4 tasse) d'**arachides** hachées finement

60 ml (1/4 tasse) d'**oignons verts** hachés finement

60 ml (1/4 tasse) de **graines de sésame** grillées

Fleur de sel

1. Préchauffer le four à 200 °C (400 °F). Placer la grille au centre du four. Tailler 4 grands carrés de papier parchemin d'environ 30 cm (12 po) de côté.

2. Répartir les légumes au centre de chaque carré de papier parchemin et verser 2,5 ml (1/2 c. à thé) d'huile de sésame sur chaque portion.

3. Plier le papier parchemin en deux, puis replier fermement les bords sur eux-mêmes de façon à former une demi-lune. Pendant la cuisson, la vapeur ne doit pas s'échapper de la papillote. Déposer les papillotes sur une plaque de cuisson.

4. Cuire au four de 8 à 10 minutes. Déposer les garnitures au centre de la table, dans de petits plats de service. Servir chaque papillote dans une assiette et laisser chacun garnir la papillote à son goût.

Se conserve 5 jours au réfrigérateur et ne se congèle pas.

Valeurs nutritives
(par portion)

Calories	142
Protéines	4 g
Lipides	11 g
Glucides	9 g
Fibres	3 g
Sodium	141 mg

Astuce Demandez aux enfants de composer leur propre papillote. Seule règle : avoir au moins 3 couleurs différentes avant de pouvoir replier le papier!

Variante Pour une papillote à l'italienne, remplacez l'huile de sésame par de l'huile d'olive et proposez les garnitures suivantes : citron, basilic, parmesan, vinaigre balsamique et noix de pin.

Photo page 221

SALADE DE QUARTIERS DE LUNE

Préparation **10 min** Cuisson **aucune** **4 portions**

 **0,75 $** / portion

INGRÉDIENTS VEDETTES

concombres

yogourt grec nature

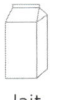
lait

aneth

ail

2 **concombres** anglais pelés

125 ml (1/2 tasse) de **yogourt grec nature**

30 ml (2 c. à soupe) de **lait**

30 ml (2 c. à soupe) d'**aneth frais** haché

1 gousse d'**ail** hachée finement

Poivre et **sel**

1. Couper les concombres dans le sens de la longueur. À l'aide d'une cuillère, retirer les pépins. Ensuite, trancher les concombres de façon à former des demi-lunes de 0,5 cm (1/4 po) d'épaisseur.

2. Dans un grand bol, fouetter le yogourt et le lait pour obtenir une texture lisse. Ajouter l'aneth et l'ail. Poivrer généreusement et saler.

3. Incorporer les tranches de concombre et mélanger pour bien enrober.

Se conserve 1 journée au réfrigérateur et ne se congèle pas. Cette recette est meilleure préparée à la dernière minute.

Variante Remplacez l'aneth par de la menthe fraîche.

En cas d'allergie aux produits laitiers, essayez plutôt la salade de céleri d'Alex (voir page 248).

Valeurs nutritives
(par portion)

Calories	40
Protéines	4 g
Lipides	1 g
Glucides	5 g
Fibres	1 g
Sodium	57 mg

SAUMON AUX ÉPICES À STEAK

Préparation **5 min**   Cuisson **20 min**   **4 portions**    **3,25 $** / portion

INGRÉDIENTS VEDETTES

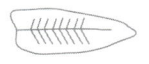
filet de saumon

sirop d'érable

épices à steak

citron

675 g (1 1/3 lb) de **filet de saumon** avec la peau

15 ml (1 c. à soupe) de **sirop d'érable**

5 ml (1 c. à thé) d'**épices à steak**

1 **citron** coupé en quartiers (facultatif)

1. Préchauffer le four à 200 °C (400 °F). Placer la grille au centre du four. Tapisser une plaque de cuisson de papier d'aluminium.

2. Déposer le saumon côté peau sur la plaque de cuisson. À l'aide d'un pinceau de cuisine, badigeonner de sirop d'érable la chair du saumon, puis saupoudrer d'épices à steak.

3. Cuire au four 20 minutes ou jusqu'à ce que la chair du poisson s'effiloche facilement à la fourchette. Si désiré, poursuivre la cuisson 2 ou 3 minutes sous le gril (*broil*) afin de dorer le saumon.

4. Détacher le poisson de la peau et déposer les morceaux de saumon dans une assiette de service. Ajouter les quartiers de citron.

   Se conserve 3 jours au réfrigérateur ou 4 mois au congélateur.

Valeurs nutritives
(par portion)

Calories	360
Protéines	37 g
Lipides	21 g
Glucides	4 g
Fibres	0 g
Sodium	350 mg

Astuce Pour le lunch du lendemain, effilochez les restes de saumon sur du riz ou du quinoa cuit. Ajoutez des légumes en dés, un filet d'huile d'olive et le jus d'un citron. Voilà un lunch frais et vite fait.

Variante Remplacez le sirop d'érable par du miel et les épices à steak par un mélange d'épices cajun.

BROCHETTES DE POULET AU SÉSAME

Préparation **10 min**   Cuisson **7 min**   **4 portions**    **2,90 $** / portion

INGRÉDIENTS VEDETTES

cassonade

sauce hoisin

fécule de maïs

escalope de poulet

graines de sésame

45 ml (3 c. à soupe) de **cassonade** légèrement tassée

45 ml (3 c. à soupe) de **sauce hoisin** (voir note)

15 ml (1 c. à soupe) de **fécule de maïs**

450 g (1 lb) d'**escalope de poulet** ou de dindon

30 ml (2 c. à soupe) de **graines de sésame** (facultatif)

1. Placer la grille du four à la position la plus haute. Tapisser une plaque de cuisson de papier d'aluminium. Déposer une grille sur la plaque de cuisson.

2. Dans un grand bol, mélanger la cassonade, la sauce hoisin et la fécule de maïs.

3. À l'aide d'un ciseau de cuisine, tailler les escalopes en bandelettes de 2,5 cm (1 po) de largeur. Bien enrober les bandelettes de sauce et les enfiler sur des brochettes de bambou de 20 cm (8 po) de longueur. Déposer les brochettes de poulet sur la grille.

4. Cuire au four sous le gril (*broil*) 4 minutes. Retourner les brochettes et cuire 3 minutes de plus ou jusqu'à ce que la viande soit dorée et caramélisée.

5. Saupoudrer les brochettes de graines de sésame, si désiré, et servir avec la sauce satay (voir page 294).

Se conserve 3 jours au réfrigérateur ou 3 mois au congélateur.

Valeurs nutritives
(par portion)

Calories	205
Protéines	26 g
Lipides	4 g
Glucides	14 g
Fibres	1 g
Sodium	245 mg

Astuce Pour éviter que les brochettes de bambou brûlent lors de la cuisson, faites-les tremper dans l'eau la veille.

Note La sauce hoisin est disponible au rayon des produits asiatiques de la plupart des épiceries.

En cas d'allergie au soya, remplacez la sauce hoisin par 45 ml (3 c. à soupe) de mélasse, 5 ml (1 c. à thé) de vinaigre de riz et 1 ml (1/4 c. à thé) d'ail haché et d'huile de sésame grillé.

RIZ AU LAIT DE COCO

Préparation **3 min** Cuisson **20 min** **8 portions**  **0,55 $/portion**

INGRÉDIENTS VEDETTES

lait de coco

riz basmati

eau

citron

sel

1 boîte de 400 ml (14 oz) de **lait de coco**

400 ml (14 oz) de **riz basmati**

400 ml (14 oz) d'**eau**

1 **citron** lavé coupé en 2, sans les pépins

1 pincée de **sel**

1. Utiliser la boîte de lait de coco pour mesurer le riz et l'eau. Déposer tous les ingrédients dans une casserole moyenne. Porter à ébullition à découvert. Réduire le feu à moyen-doux et couvrir. Cuire 15 minutes ou jusqu'à ce que le riz soit tendre.

2. Bien presser les moitiés de citron pour faire sortir le jus, et défaire le riz à la fourchette. Servir avec les brochettes de poulet au sésame.

Se conserve 5 jours au réfrigérateur ou 6 mois au congélateur.

Astuce Utilisez les surplus pour préparer un pouding au riz (voir page 368).

Variante Pour préparer une plus petite quantité de riz, utilisez une boîte de 150 ml (5 oz) de lait de coco. Les proportions sont les mêmes : 1 boîte de lait de coco pour 1 boîte de riz et 1 boîte d'eau. Intégrez la moitié d'un citron à la recette.

Valeurs nutritives
(par portion)

Calories	217
Protéines	3 g
Lipides	9 g
Glucides	29 g
Fibres	1 g
Sodium	27 mg

VENDS-MOI TA SALADE

CHAPITRE 7

Taboulé de chou-fleur	234
Vinaigrette crémeuse miel et Dijon	236
Salade du sud-ouest	238
Salade Waldorf au poulet	240
Salade de pâtes à la grecque	242
Salade de lentilles aux pommes	244
Salade de quinoa aux crevettes nordiques	246
Salade de céleri d'Alex	248
Salade «club sandwich»	250
Légumes râpés à l'asiatique	252
Salade d'orecchiette	254
Salade de riz au miso	256
Salade d'orzo au poulet grillé	258
Salade de pâtes au saumon	260
Salade de céleri-rave aux pommes	262

Au *Mercado Central*, un véritable cirque de couleurs et de vitalité dans *Santiago Centro*. - Geneviève

Mercado Central, Santiago.

VENDS-MOI TA SALADE

Geneviève a pondu les recettes de ce chapitre à ma demande. Alors merci, ma belle amie! Dès les balbutiements de la rédaction de ce deuxième tome, je n'ai pas perdu une seconde avant de passer ma commande. Des salades. Plus de salades. Encore des salades, svp! Geneviève dit que ce chapitre m'est destiné parce qu'elle sait qu'il n'y a pas de repas dans mon menu sans salades. Jamais. Du frais, du croquant, du coloré… je ne carbure qu'à ça.

Je me doute bien que mes origines y sont pour quelque chose. Geneviève l'a bien vu lors de sa visite chez ma famille au Chili. Nos repas ne sont pas composés d'une assiette de viande avec deux ou trois morceaux de légumes et du riz ou des pommes de terre en accompagnement, comme on le voit si souvent au Québec. Mais bien d'un plat commun de viande placé au centre de la table avec une multitude de salades tout autour. Des colorées, des acidulées, des croquantes, des fondantes, des toutes simples, des plus élaborées. Comme si c'était jour de fête… un lundi soir.

Ce que je souhaitais, c'est que Gen fasse la démonstration qu'une salade n'a strictement rien à voir avec un régime ou une punition. Dans notre culture nord-américaine, la salade m'a toujours semblé se définir par les mots «laitue chnue». Ou par «avoir faim» 5 minutes après. Vu de cette façon, je peux comprendre que ce soit perçu comme un synonyme de restriction. Pour moi, manger une salade, c'est plutôt un grand bol avec une poignée de grains (riz, quinoa, couscous, *name it*) avec des légumes croquants (tranches de fenouil, bouquets de brocoli ou de chou-fleur, céleri…) et une belle pièce de poisson, de viande ou de poulet restant de la veille ou pas, mais qui décore fièrement ce qui vient du potager.

Dans «mon» chapitre, notre nutritionniste nationale a créé des salades qui combleront tous les appétits, petits et grands. Mon répertoire s'est élargi avec des salades repas équilibrées et protéinées. Ce doit être nourrissant, nutritif, vivifiant, bon pour le moral, texturé et satisfaisant. La salade comme je l'entends et l'exige est joyeuse et gourmande. Je t'en dois une, Gen!

TABOULÉ DE CHOU-FLEUR

| Préparation **10 min** | Cuisson **aucune** | **4 portions** | **1,35 $** /portion |

INGRÉDIENTS VEDETTES

chou-fleur

citron

persil

menthe

tomate

1 petit **chou-fleur** ou 1 L (4 tasses) de chou-fleur cru en petits bouquets

Le jus de 1 **citron**

30 ml (2 c. à soupe) d'**huile**

60 ml (1/4 tasse) de **persil frais** haché finement

60 ml (1/4 tasse) de **menthe fraîche** hachée finement (ou de ciboulette)

1 **tomate** en petits dés

1 **échalote française** hachée finement (ou 60 ml / 1/4 tasse d'oignon rouge haché finement)

1 gousse d'**ail** hachée finement

Poivre et **sel**

1. Au robot culinaire, utiliser la lame pour hacher (lame du fond). Réduire le chou-fleur en petits grains de la taille d'une semoule de blé (couscous). Procéder en 2 étapes pour ne pas surcharger l'appareil.

2. Transvider les grains de chou-fleur dans un bol de service. Ajouter le jus de citron et l'huile, et bien mélanger. Intégrer le persil, la menthe, la tomate, l'échalote et l'ail. Poivrer généreusement et ajouter une pincée de sel. Mélanger et servir.

Se conserve 2 jours au réfrigérateur et ne se congèle pas.

Valeurs nutritives
(par portion)

Calories	1C8
Protéines	3 g
Lipides	7 g
Glucides	10 g
Fibres	3 g
Sodium	78 mg

Astuce Voilà un accompagnement parfait pour les personnes intolérantes au gluten ou allergiques au blé.

Variante Pour un repas complet, ajoutez des pois chiches rincés et égouttés ou du poulet grillé en lanières.

VINAIGRETTE CRÉMEUSE MIEL ET DIJON

Préparation **5 min** Cuisson **aucune** **8 portions** de 30 ml (2 c. à soupe)  **0,20 $ / portion**

INGRÉDIENTS VEDETTES

yogourt nature

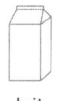
lait

miel

moutarde à l'ancienne

moutarde de Dijon

125 ml (1/2 tasse) de **yogourt nature**

60 ml (1/4 tasse) de **lait**

45 ml (3 c. à soupe) de **miel**

15 ml (1 c. à soupe) de **moutarde à l'ancienne** (ou moutarde de Meaux)

15 ml (1 c. à soupe) de **moutarde de Dijon**

Poivre et **sel**

1. Dans un petit bol, fouetter tous les ingrédients. Poivrer généreusement et ajouter une pincée de sel.

   Se conserve 2 semaines au réfrigérateur et ne se congèle pas.

Valeurs nutritives (par portion)

Calories	43
Protéines	2 g
Lipides	1 g
Glucides	8 g
Fibres	0 g
Sodium	115 mg

Note Notre vinaigrette est 10 fois moins grasse et 3 fois moins salée que les vinaigrettes crémeuses du commerce, en plus d'être 2 fois moins chère!

Variante Cette vinaigrette sera délicieuse sur une salade verte accompagnée d'œufs mollets. Pour des œufs parfaitement coulants, déposez les œufs froids dans une casserole et recouvrez d'eau froide. Couvrez et portez à ébullition à feu vif. Lorsque l'eau bout, retirez la casserole du feu et laissez reposer les œufs dans l'eau 3 ou 4 minutes. Retirez les œufs et rincez sous l'eau froide. Retirez la coquille, coupez les œufs en deux, déposez sur la salade et servez aussitôt.

SALADE DU SUD-OUEST

Préparation **20 min**   Cuisson **aucune**   4 portions    **3,30 $** / portion

INGRÉDIENTS VEDETTES

laitue romaine

maïs en grains

avocat et tomates cerises

haricots noirs

yogourt nature

500 ml (2 tasses) de **laitue romaine** émincée

500 ml (2 tasses) de **maïs en grains surgelés**, décongelés

500 ml (2 tasses) de **tomates cerises** coupées en 2 (l'équivalent d'un casseau)

1 **poivron orange** coupé en petits dés

3 ou 4 **oignons verts** tranchés finement

1 boîte de 540 ml (19 oz) de **haricots noirs** rincés et égouttés

VINAIGRETTE

250 ml (1 tasse) de **coriandre fraîche**

250 ml (1 tasse) de **yogourt nature**

1 **avocat** bien mûr

1 gousse d'**ail** hachée grossièrement

Le zeste et le jus de 1 **lime**

5 ml (1 c. à thé) de **sucre**

Poivre et **sel**

1. Déposer la laitue au centre d'une grande assiette de service. Disposer les autres ingrédients de la salade tout autour de la laitue sans les mélanger.
2. Au mélangeur électrique (blender), fouetter tous les ingrédients de la vinaigrette jusqu'à ce que la préparation soit lisse et crémeuse. Verser dans un bol de service.

Déposer au centre de la table. Chacun peut ensuite garnir son assiette de salade et de vinaigrette.

Se conserve 3 jours au réfrigérateur (vinaigrette à part) et ne se congèle pas.

Variante Vous pouvez ajouter à cette salade des restes de dinde ou de rôti de bœuf, mais avouons que ça fait du bien une petite pause de viande!

Valeurs nutritives
(par portion)

Calories	350
Protéines	19 g
Lipides	9 g
Glucides	58 g
Fibres	13 g
Sodium	551 mg

SALADE WALDORF AU POULET

Préparation **15 min** | Cuisson **aucune** | **4 portions**

 **3,20 $** / portion

INGRÉDIENTS VEDETTES

yogourt grec nature

pommes

poitrines de poulet

céleri

noix de Grenoble

VINAIGRETTE

125 ml (1/2 tasse) de **yogourt grec nature**

10 ml (2 c. à thé) de **moutarde de Dijon**

5 ml (1 c. à thé) de **sirop d'érable**

2,5 ml (1/2 c. à thé) d'**ail** haché finement

Poivre et **sel**

SALADE

2 **pommes rouges** non pelées, sans le cœur, en dés

2 **poitrines de poulet** grillées coupées en dés

1 branche de **céleri** coupée en biseau

125 ml (1/2 tasse) de **noix de Grenoble** hachées grossièrement

1 **laitue Boston**

1. Dans un grand bol, mélanger tous les ingrédients de la vinaigrette. Poivrer généreusement et ajouter une pincée de sel.

2. Ajouter les dés de pommes et bien mélanger afin de prévenir leur brunissement.

3. Incorporer le poulet, le céleri et les noix. Bien mélanger.

4. Détacher les feuilles de laitue et les disposer dans un grand plat de service pour former un nid. Déposer la salade au centre de la laitue.

   Se conserve 3 jours au réfrigérateur (sans la laitue Boston) et ne se congèle pas.

Note Notre salade est près de 2 fois moins grasse et moins salée que la version classique de la Waldorf préparée avec de la mayonnaise.

Valeurs nutritives
(par portion)

Calories	330
Protéines	38 g
Lipides	13 g
Glucides	15 g
Fibres	3 g
Sodium	192 mg

SALADE DE PÂTES À LA GRECQUE

Préparation **10 min** Repos **24 h** Cuisson **10 min** 6 portions   **2,45 $ / portion**

INGRÉDIENTS VEDETTES

tofu extra-ferme

oignon rouge

farfalles

tomates cerises

poivrons jaune et orange

Valeurs nutritives (par portion)

Calories	367
Protéines	14 g
Lipides	16 g
Glucides	50 g
Fibres	5 g
Sodium	371 mg

250 g (1/2 lb) de **tofu extra-ferme** en petits cubes de 1 cm (3/8 po)

Saumure provenant d'un contenant de 400 g (14 oz) de fromage feta

1/2 petit **oignon rouge** en fines tranches

250 ml (1 tasse) d'**eau**

30 ml (2 c. à soupe) de **vinaigre blanc**

1 boîte de 300 g (2/3 lb) de **farfalles**

1 boîte de 398 ml (14 oz) de **cœurs d'artichaut** égouttés coupés en 4

375 ml (1 1/2 tasse) de **tomates cerises** coupées en 2 (un casseau)

2 **poivrons** (jaune et orange) coupés en gros dés

125 ml (1/2 tasse) d'**olives Kalamata** dénoyautées

1 gousse d'**ail** hachée

125 (1/2 tasse) d'**origan frais** haché finement

Jus de 1 **citron**

60 ml (1/4 tasse) d'**huile d'olive**

Poivre et **sel**

1. Mariner les dés de tofu 24 heures dans la saumure de feta. Égoutter et réserver.

2. Dans un petit bol, faire tremper les oignons dans l'eau et le vinaigre. Réserver.

3. Cuire les pâtes selon les indications sur l'emballage. Égoutter et rincer à l'eau froide pour refroidir et arrêter la cuisson. Réserver.

4. Pendant la cuisson des pâtes, dans un grand bol, mélanger les cœurs d'artichaut, les tomates cerises, les poivrons, les olives, l'ail et l'origan.

5. Ajouter le tofu mariné, l'oignon égoutté, les pâtes refroidies, le jus de citron et l'huile d'olive. Poivrer généreusement et ajouter une pincée de sel. Bien mélanger et servir.

Se conserve 3 jours au réfrigérateur et ne se congèle pas.

Astuce Ne jetez plus la saumure de feta, faites-y mariner du tofu et utilisez-le dans des recettes de pâtes, de salades de quinoa, de couscous et même de millet. Le tofu est 3 fois moins gras que le fromage feta.

Variante Vous n'avez pas de saumure de fromage feta? Vous pouvez en préparer en mélangeant 45 ml (3 c. à soupe) de sel dans 500 ml (2 tasses) d'eau chaude. Remuer pour dissoudre le sel.

SALADE DE LENTILLES AUX POMMES

Préparation **15 min** Cuisson **aucune** **4 portions**  **1,00 $** / portion

INGRÉDIENTS VEDETTES

jus de pomme

moutarde de Dijon

pommes Cortland

lentilles

céleri

Valeurs nutritives (par portion)

Calories	330
Protéines	11 g
Lipides	15 g
Glucides	40 g
Fibres	7 g
Sodium	147 mg

VINAIGRETTE AUX POMMES ET À L'ÉRABLE

15 ml (1 c. à soupe) de **jus de pomme** pur

15 ml (1 c. à soupe) de **sirop d'érable**

15 ml (1 c. à soupe) de **moutarde de Dijon**

5 ml (1 c. à thé) de **vinaigre de cidre**

2,5 ml (1/2 c. à thé) d'**ail** haché finement

60 ml (1/4 tasse) d'**huile d'olive**

Poivre et **sel**

SALADE

2 **pommes Cortland** non pelées, sans le cœur et coupées en petits dés

1 boîte de 540 ml (19 oz) de **lentilles brunes**, rincées et égouttées

1 **échalote française** hachée finement

2 branches de **céleri** hachées finement

125 ml (1/2 tasse) de **canneberges séchées** hachées

8 petites feuilles de **laitue romaine**

1. Dans un grand bol, mélanger tous les ingrédients de la vinaigrette, sauf l'huile. Poivrer généreusement et ajouter une pincée de sel.

2. Verser l'huile en un mince filet en fouettant vigoureusement pour créer une émulsion.

3. Déposer d'abord les dés de pommes dans le bol de vinaigrette. Mélanger pour bien enrober.

4. Ajouter les lentilles, l'échalote, le céleri et les canneberges. Bien mélanger.

5. Placer les feuilles de laitue dans une grande assiette de service. Répartir également la salade sur les feuilles de laitue.

   Se conserve 2 jours au réfrigérateur et ne se congèle pas.

Astuce En mettant la pomme en premier dans la vinaigrette, vous prévenez son brunissement.

Note En salade, la pomme Cortland est idéale, car sa chair demeure bien blanche et croquante. La pomme Honeycrisp résiste aussi bien au brunissement et sa chair est excellente avec son goût caractéristique de miel.

SALADE DE QUINOA AUX CREVETTES NORDIQUES

Préparation **10 min**   Cuisson **20 min**   4 portions   **2,70 $** / portion

INGRÉDIENTS VEDETTES

- quinoa
- crevettes nordiques
- orange
- poivrons jaune et rouge
- bébés épinards

250 ml (1 tasse) de **quinoa blanc**

375 ml (1 1/2 tasse) d'**eau**

250 ml (1 tasse) de **crevettes nordiques** surgelées

1 **orange**

Le zeste et le jus de 1 **citron**

2 branches de **céleri** hachées

1/2 **poivron jaune** en petits dés

1/2 **poivron rouge** en petits dés

1 **oignon vert** haché

250 ml (1 tasse) de **bébés épinards** frais

45 ml (3 c. à soupe) d'**aneth frais** haché

30 ml (2 c. à soupe) d'**huile d'olive**

Poivre et **sel**

1. Dans une casserole moyenne, mélanger le quinoa et l'eau. Porter à ébullition à feu vif. Lorsque la préparation bout à gros bouillons, réduire à feu moyen-doux, couvrir et calculer 10 minutes. Retirer du feu, ajouter les crevettes surgelées, mélanger, couvrir et laisser reposer de 5 à 10 minutes.

2. Pendant ce temps, à l'aide d'un couteau, peler l'orange à vif. Retirer les suprêmes (voir astuce) et les couper en petits dés.

3. Dans un grand bol, presser la membrane de l'orange afin d'en extraire le maximum de jus et ajouter tous les autres ingrédients. Poivrer généreusement et ajouter une pincée de sel. Incorporer le quinoa et les crevettes, puis bien mélanger.

Se conserve 3 jours au réfrigérateur et ne se congèle pas.

Astuce Pour préparer des suprêmes d'orange, il faut peler l'agrume «à vif». On y arrive en coupant une mince calotte sous et sur l'orange. Ensuite, on coupe les côtés de l'orange de façon à retirer la pelure, la peau blanchâtre et une fine couche de chair. Finalement, on passe le couteau de chaque côté des membranes qui séparent les quartiers. On obtient ainsi des segments d'orange nus. Vous verrez, ainsi coupée, l'orange fond dans la bouche!

Variante Remplacez l'aneth par de la coriandre fraîche et ajoutez un avocat mûr coupé en petits dés.

Valeurs nutritives (par portion)

Calories	173
Protéines	10 g
Lipides	8 g
Glucides	17 g
Fibres	3 g
Sodium	316 mg

SALADE DE CÉLERI D'ALEX

Préparation **10 min** Cuisson **aucune** **4 portions** **1,00 $** / portion

INGRÉDIENTS VEDETTES

céleri

avocat

coriandre

citron

huile d'olive

1 pied de **céleri** entier avec les feuilles

1 **avocat** mûr coupé en dés

30 ml (2 c. à soupe) de **coriandre fraîche** hachée

Jus de 1 **citron**

30 ml (2 c. à soupe) d'**huile d'olive**

Poivre et **sel**

1. Trancher finement tout le céleri (sauf la base). Rincer dans une passoire et égoutter.

2. Dans un grand bol, bien mélanger tous les ingrédients. Poivrer généreusement et ajouter une pincée de sel.

Se conserve 3 jours au réfrigérateur et ne se congèle pas.

Valeurs nutritives
(par portion)

Calories	150
Protéines	2 g
Lipides	12 g
Glucides	10 g
Fibres	5 g
Sodium	202 mg

Truc écolo Pas de gaspillage! Dans cette salade, on utilise même les feuilles du céleri qui sont souvent mises de côté.

Variante Utilisez cette recette comme garniture dans un wrap à la salade de thon ou de poulet.

SALADE «CLUB SANDWICH»

Préparation **10 min**   Cuisson **3 min**   **4 portions**    **2,65 $** / portion

INGRÉDIENTS VEDETTES

prosciutto

pennes

poulet cuit

tomates cerises

laitue frisée

4 tranches de **prosciutto**

750 ml (3 tasses) de **pennes** cuites (ou autre pâte courte)

500 ml (2 tasses) de **poulet** cuit en dés

375 ml (1 1/2 tasse) de **tomates cerises** coupées en 2

500 ml (2 tasses) de **laitue frisée** déchiquetée

60 ml (1/4 tasse) de **basilic frais** haché

MAYO À L'AIL

80 ml (1/3 tasse) de **mayonnaise allégée**

160 ml (2/3 tasse) de **yogourt nature**

1 gousse d'**ail** hachée finement

Poivre et **sel**

1. Placer les tranches de prosciutto entre deux feuilles de papier absorbant (essuie-tout). Déposer dans une assiette et cuire 2 ou 3 minutes au four à micro-ondes ou jusqu'à ce que le prosciutto soit sec et croustillant. Laisser tiédir. Émietter avec les doigts.

2. Dans un grand bol, mélanger tous les ingrédients de la salade.

3. Dans un petit bol, ajouter tous les ingrédients de la mayo à l'ail, poivrer généreusement et ajouter une pincée de sel. Mélanger.

Servir la salade et la mayo à l'ail séparément. Chacun ajoute la mayo à l'ail à son goût dans son assiette.

Se conserve 3 jours au réfrigérateur et ne se congèle pas.

Variante Garnissez la salade de quelques copeaux de parmesan au moment de la servir.

Valeurs nutritives
(par portion)

Calories	359
Protéines	30 g
Lipides	9 g
Glucides	39 g
Fibres	3 g
Sodium	310 mg

LÉGUMES RÂPÉS À L'ASIATIQUE

Préparation **10 min**   Cuisson **aucune**   **4 portions**   **1,15 $ / portion**

INGRÉDIENTS VEDETTES

daikon

carottes

pieds de brocoli

vinaigre de riz

huile de canola

250 g (1/2 lb) de **daikon** ou l'équivalent d'un morceau de 5 cm sur 7 cm (2 po sur 3 po) (voir astuce)

2 **carottes** lavées, non pelées, les extrémités coupées

2 **pieds de brocoli** (sans les fleurons)

60 ml (1/4 tasse) de **vinaigre de riz**

15 ml (1 c. à soupe) de **sucre**

30 ml (2 c. à soupe) d'**huile de canola**

30 ml (2 c. à soupe) de **coriandre fraîche**

Sel

1. Au robot culinaire, à l'aide de la lame ronde, râper le daikon, les carottes et le brocoli.
2. Transvider dans un bol moyen. Ajouter le vinaigre, le sucre, l'huile et la coriandre. Ajouter une pincée de sel et mélanger.

Servir avec les frites de tofu et la sauce satay (voir page 294).

Se conserve 3 jours au réfrigérateur et ne se congèle pas.

Valeurs nutritives
(par portion)

Calories	125
Protéines	3 g
Lipides	8 g
Glucides	14 g
Fibres	4 g
Sodium	102 mg

Astuce Le daikon est une racine qui ressemble à un gros radis blanc de forme allongée. La chair est croquante et juteuse. Son goût ressemble à celui du radis, tout en étant plus doux. Bien emballé, il se conserve plusieurs semaines au réfrigérateur.

Variante Cette salade peut aussi servir de garniture pour les sandwichs et les burgers.

RECETTE EXCLUSIVE
SALADE D'ORECCHIETTE

Préparation **15 min**   Cuisson **10 min**   **4 portions**    **3,45 $** / portion

INGRÉDIENTS VEDETTES

orecchiettes

courgettes

oignon rouge

fromage feta

citron

375 ml (1 1/2 tasse) d'**orecchiette** non cuit (ou 150 g / 5 oz; ou autre petite pâte courte)

30 ml (2 c. à soupe) d'**huile olive**

2 **courgettes vertes** (zucchinis) en dés

1 petit **oignon rouge** haché

500 ml (2 tasses) de **tomates cerises** coupées en 2 (ou 1 casseau de 225 g / 1/2 lb)

250 ml (1 tasse) de **fromage feta** émietté grossièrement (ou 200 g / 7 oz)

1 conserve de 540 ml (19 oz) de **pois chiches**, rincés et égouttés

Le jus de 1 **citron**

60 ml (1/4 tasse) de **basilic frais** déchiqueté

Poivre et **sel**

1. Dans une grande casserole, cuire les pâtes dans l'eau bouillante selon la méthode inscrite sur l'emballage. Égoutter et réserver.

2. Pendant ce temps, préchauffer un grand poêlon antiadhésif à feu vif. Chauffer l'huile et cuire les légumes 3 ou 4 minutes ou jusqu'à ce qu'ils soient bien dorés. Remuer à quelques reprises durant la cuisson. Réserver.

3. Dans un grand bol de service, ajouter les pâtes, les courgettes et l'oignon grillés, les tomates, le feta, les pois chiches, le jus de citron et le basilic. Poivrer généreusement et ajouter une pincée de sel. Bien mélanger et servir.

Cette salade se déguste aussi bien chaude que froide.

Se conserve 3 jours au réfrigérateur et ne se congèle pas.

Note Les orecchiettes sont des petites pâtes qui ressemblent à des oreilles par leur forme arrondie et concave. On les trouve facilement en épicerie.

En cas d'allergie aux produits laitiers, remplacez le feta par du tofu ferme à la grecque (du commerce) coupé en petits dés.

Valeurs nutritives
(par portion)

Calories	459
Protéines	19 g
Lipides	19 g
Glucides	56 g
Fibres	8 g
Sodium	624 mg

RECETTE EXCLUSIVE
SALADE DE RIZ AU MISO

Préparation **10 min**   Cuisson **aucune**   **4 portions**    **3,95 $** /portion

INGRÉDIENTS VEDETTES

vinaigre de riz

pâte de miso

riz brun

poulet cuit

jeunes épinards

Valeurs nutritives
(par portion)

Calories	473
Protéines	37 g
Lipides	19 g
Glucides	39 g
Fibres	4 g
Sodium	437 mg

VINAIGRETTE

60 ml (1/4 tasse) de **vinaigre de riz**

60 ml (1/4 tasse) d'**huile d'olive**

30 ml (2 c. à soupe) de **pâte de miso** (voir page 110)

15 ml (1 c. à soupe) de **miel**

5 ml (1 c. à thé) d'**huile de sésame** grillé

Poivre et **sel**

SALADE

1 sachet de 250 g de **riz brun** à grains entiers précuit (ou 500 ml / 2 tasses d'un reste de riz cuit)

450 g (1 lb) de **poulet** cuit en petits dés (ou 750 ml / 3 tasses)

750 ml (3 tasses) de jeunes **épinards**

2 branches de **céleri** en petits dés

1 **poivron rouge** en petits dés

250 ml (1 tasse) de **carottes** en juliennes (du commerce)

1. Dans un grand bol de service, fouetter tous les ingrédients de la vinaigrette. Poivrer généreusement et ajouter une pincée de sel.

2. Ajouter tous les autres ingrédients et bien mélanger pour enrober de vinaigrette.

   Se conserve 3 jours au réfrigérateur et ne se congèle pas.

Variante Remplacez le poulet par du tofu ferme ou extra-ferme coupé en petits dés que vous faites mariner dans la vinaigrette quelques heures avant de servir la salade.

RECETTE EXCLUSIVE
SALADE D'ORZO AU POULET GRILLÉ

Préparation **15 min**   Cuisson **10 min**   **6 portions**

 **3,75 $** /portion

INGRÉDIENTS VEDETTES

moutarde de Dijon

poitrines de poulet

orzo

vinaigre de vin blanc

basilic

60 ml (1/4 tasse) de **moutarde de Dijon**

2 **poitrines de poulet** désossées

Poivre et **sel**

375 ml (1 1/2 tasse) d'**orzo** (ou 300 g / 10 1/2 oz)

60 ml (1/4 tasse) d'**huile d'olive**

80 ml (1/3 tasse) de **vinaigre de vin blanc**

250 ml (1 tasse) de **tomates cerises** coupées en 2

1 **concombre libanais** en dés (ou 1/2 concombre moyen)

1/2 **poivron jaune** en petits dés

1 pot de 200 g (7 oz) de perles de **bocconcini** égouttées

1/2 tasse de **basilic frais** haché finement

1. Dans un bol, mettre 30 ml (2 c. à soupe) de moutarde de Dijon, poivrer généreusement et ajouter une pincée de sel. Mélanger.

2. Couper les poitrines de poulet en deux sur le sens de l'épaisseur et les déposer dans le bol. Mélanger pour bien enrober le poulet de moutarde.

3. Dans un poêlon strié, cuire le poulet à feu moyen-vif 5 minutes de chaque côté. Laisser tiédir sur une planche à découper, puis tailler le poulet en cubes d'environ 1 cm (3/8 po) de côté.

4. Pendant ce temps, cuire l'orzo dans l'eau bouillante selon la méthode inscrite sur l'emballage. Égoutter et réserver dans un grand bol. Ajouter l'huile, le vinaigre et 30 ml (2 c. à soupe) de moutarde de Dijon. Bien mélanger et laisser tiédir.

5. Intégrer les tomates, le concombre, le poivron, le basilic, le bocconcini et le poulet. Poivrer généreusement, ajouter une pincée de sel, puis bien mélanger.

Se conserve 2 jours au réfrigérateur et se ne congèle pas.

Variante Un restant de rôti de porc ou de bœuf fait aussi l'affaire dans cette recette.

Valeurs nutritives
(par portion)

Calories	468
Protéines	31 g
Lipides	19 g
Glucides	41 g
Fibres	2 g
Sodium	266 mg

RECETTE EXCLUSIVE
SALADE DE PÂTES AU SAUMON

Préparation **10 min** Cuisson **10 min** 4 portions

4,55 $ / portion

INGRÉDIENTS VEDETTES

pennes

moutarde à l'ancienne

fromage de chèvre

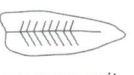
saumon cuit

jeunes épinards

250 ml (1 tasse) de **pennes** (ou autre pâte courte)

2 **oignons verts** hachés finement

30 ml (2 c. à soupe) de **moutarde à l'ancienne** (ou moutarde de Meaux)

30 ml (2 c. à soupe) d'**huile d'olive**

15 à 30 ml (1 à 2 c. à soupe) de **miel**

15 ml (1 c. à soupe) de **vinaigre de vin blanc**

Poivre et **sel**

125 g (4 oz) de **fromage de chèvre** à pâte molle non affiné, émietté

500 ml (2 tasses) de **saumon cuit** sans la peau émietté en gros flocons (ou 300 g / 10 1/2 oz)

500 ml (2 tasses) de **bébés épinards** légèrement tassé

125 ml (1/2 tasse) de **noix de Grenoble** hachées grossièrement

1. Dans une casserole moyenne, cuire les pâtes dans l'eau bouillante selon la méthode inscrite sur l'emballage. Égoutter et réserver.

2. Pendant ce temps, dans un grand bol, mélanger l'oignon vert, la moutarde, l'huile d'olive, le miel et le vinaigre de vin blanc. Poivrer généreusement et ajouter une pincée de sel. Bien mélanger.

3. Ajouter le fromage, les pâtes, le saumon et les épinards. Mélanger délicatement pour bien enrober de vinaigrette, tout en gardant les morceaux de fromage intacts.

Au moment de servir, garnir de noix de Grenoble.

Se conserve 3 jours au réfrigérateur et ne se congèle pas.

Astuce Cette recette permet de donner une seconde vie à un restant de saumon cuit. Pas de reste de saumon? Dans une assiette allant au four à micro-ondes, déposez un filet de saumon cru de 350 g (12 oz). Poivrez généreusement et ajoutez une pincée de sel. Recouvrez d'une pellicule plastique et faites de petits trous en piquant avec une fourchette. Faites cuire au four à micro-ondes de 3 à 5 minutes ou jusqu'à ce que la chair se détache facilement à la fourchette et soit complètement cuite. Le temps de cuisson varie selon l'épaisseur du filet de saumon et la puissance du four à micro-ondes. Laissez tiédir et détachez la chair en flocons.

Valeurs nutritives
(par portion)

Calories	522
Protéines	29 g
Lipides	33 g
Glucides	30 g
Fibres	2 g
Sodium	341 mg

RECETTE EXCLUSIVE
SALADE DE CÉLERI-RAVE AUX POMMES

Préparation **15 min**   Cuisson **aucune**   **6 portions**

 **1,55 $** / portion

INGRÉDIENTS VEDETTES

céleri-rave

yogourt grec nature

vinaigre de cidre

moutarde de Dijon

pommes

1 **céleri-rave** moyen pelé coupé en 4

125 ml (1/2 tasse) de **yogourt grec nature**

30 ml (2 c. à soupe) de **vinaigre de cidre**

15 ml (1 c. à soupe) de **moutarde de Dijon**

15 ml (1 c. à soupe) de **sirop d'érable**

1 pincée de **piment de Cayenne** moulu (facultatif)

60 ml (1/4 tasse) de **ciboulette** hachée finement

Poivre et **sel**

1 **pomme Cortland** non pelée en julienne

1 **pomme Granny Smith** (verte) non pelée en julienne

1. Au robot culinaire, en utilisant la lame ronde et en laissant le robot tourner, râper le céleri-rave en l'insérant par l'ouverture qui se trouve sur le dessus du couvercle du robot.

2. Dans un grand bol, fouetter le yogourt, le vinaigre, la moutarde, le sirop d'érable, le piment de Cayenne (si désiré) et la ciboulette. Poivrer généreusement et ajouter une pincée de sel.

3. Ajouter le céleri-rave et les pommes. Mélanger pour bien enrober afin de prévenir le brunissement.

Se conserve 3 jours au réfrigérateur et ne se congèle pas.

Valeurs nutritives
(par portion)

Calories	110
Protéines	4 g
Lipides	1 g
Glucides	23 g
Fibres	4 g
Sodium	168 mg

Astuce Le céleri-rave noircit rapidement, il ne doit pas être laissé à l'air libre trop longtemps une fois épluché.

Variante Cette recette est délicieuse avec du poulet grillé en remplacement de la traditionnelle salade de chou.

La visite chez mon cousin Pancho à sa maison de campagne «La Trinchera», à près de 5 heures au sud de Santiago, n'est jamais banale. Dès notre arrivée, il nous embarque dans sa camionnette et nous emmène faire du surf dans les dunes à Putú! - Alex

MÉTRO, BOULOT, APÉRO

CHAPITRE 8

Salade de betteraves et de feta	**268**
Canapés croustillants à la salsa de mangue	**270**
Boule de tartinade au thon	**272**
Fenouil à l'orange	**274**
Salade de tomates à la mozzarella	**276**
Feta à la figue	**278**
Boules au fromage	**280**
Chips de carottes et de patates douces	**282**
Mini-croquettes de crabe et tilapia	**284**
Edamames à grignoter	**286**
Trempette chaude dans un bol de pain	**288**
Mini-quiches au saumon	**290**
Mini-tacos	**292**
Frites de tofu et sauce satay	**294**
Trempette edamame-avocat	**296**
Chips de won-ton	**298**
Craquelins maison	**299**
Hoummos maison	**300**

Les dunes de Putú.

MÉTRO, BOULOT, APÉRO

Quand j'ai dit à Geneviève que ce serait probablement mon chapitre préféré (après celui des salades, bien entendu!), elle a admis avoir aussi un sérieux parti pris pour cette période de la journée. Puis, notre collègue Catherine, aussi *fiesta-lady* que moi, a levé la main bien haut! C'est ma complice, le vendredi après-midi, pour déclarer l'heure de l'apéro ouverte... peu de temps après le lunch. Puis, ma grande amie Sophie aussi s'est dite interpellée. Après tout, son fils de dix ans lui demande souvent, le plus naturellement du monde: «À quelle heure on prend l'apéro?» Bref, on a contaminé nos enfants. Et la majorité de notre entourage vote également pour cette option. On voudrait toutes se dire détentrices du brevet de l'apéro. Utilisons à juste titre l'expression : on capote sur l'apéro! On capote sur ces petites bouchées qu'on déguste tout simplement en bonne compagnie.

Gen, tout comme moi, n'a absolument aucune gêne à étirer le concept et à en faire un repas complet. C'est notre pied de nez à la course du quotidien. Notre moment d'arrêt. Le mot apéro à lui seul symbolise ce qu'est l'art de vivre. On prend le temps de vivre, de respirer, de relaxer. Il n'y a pas de délégué général au service ni à la cuisine. Le va-et-vient étourdissant entre la table et les convives n'est pas inscrit dans les règles de ce moment si joliment appelé «happy hour» par nos amis anglos.

On picore au rythme de notre pression qui descend, de notre «to do list» où tout est soudainement remis à plus tard. Les conversations sont nombreuses et s'entrecroisent parmi ceux et celles qui sont assis et les autres qui s'appuient contre l'îlot en se disant qu'ils ont bien fait de fermer les livres et de s'offrir une soirée déraisonnable. On est heureuses quand on partage ces moments sociaux sans faire garder nos cocos, et que se glisse une petite main pour venir piger dans nos assiettes. C'est à ce moment qu'on réalise que tout va bien, et que le stress de la journée est bel et bien dissipé.

On se dit alors que la vie n'est pas qu'un gros agenda entrecoupé d'heures de pointe interminables. Tchin-tchin! Me passerais-tu les chips de carottes, svp?

SALADE DE BETTERAVES ET DE FETA

Préparation **5 min** Cuisson **aucune** **4 portions** **1,50 $ / portion**

INGRÉDIENTS VEDETTES

betteraves

fromage feta

menthe

huile d'olive

poivre

1 paquet de 450 g (1 lb) de **betteraves précuites** (voir note)

125 ml (1/2 tasse) de **fromage feta** allégé émietté

60 ml (1/4 tasse) de **menthe fraîche** ciselée

30 ml (2 c. à soupe) d'**huile d'olive**

Poivre du moulin

1. Couper les betteraves en tranches ou en quartiers et les disposer dans une assiette creuse.
2. Garnir de fromage feta et de menthe. Ne pas mélanger.
3. Arroser d'huile, poivrer généreusement et servir.

   Se conserve 3 jours au réfrigérateur et ne se congèle pas.

Astuce N'ajoutez pas de sel à cette recette : le fromage feta est déjà bien salé.

Note Les betteraves crues, c'est long à cuire et à peler, et c'est salissant. Résultat : on en mange moins souvent! Les betteraves précuites représentent alors un bon raccourci. On les trouve à l'épicerie, en emballage sous vide, dans le comptoir réfrigéré de la section des fruits et légumes. Demandez-les au gérant de votre épicerie. Si vous n'en trouvez pas, vous pouvez utiliser des betteraves nature en conserve. Évitez les betteraves marinées qui contiennent 2 fois plus de sucre et 3 fois plus de sel par portion que les betteraves nature.

Variante Vous n'êtes pas fan de menthe? Essayez cette salade avec de l'aneth, du thym citronné ou de la coriandre.

En cas d'allergie aux produits laitiers, remplacez le fromage feta par du tofu égrainé mariné toute la nuit dans un peu d'huile et de jus de citron.

Valeurs nutritives (par portion)

Calories	145
Protéines	4 g
Lipides	8 g
Glucides	15 g
Fibres	5 g
Sodium	266 mg

CANAPÉS CROUSTILLANTS À LA SALSA DE MANGUE

Préparation **15 min** Cuisson **12 min** **24 portions**  **0,25 $** / portion

INGRÉDIENTS VEDETTES

pâtes won-ton

poivron rouge

concombre

mangue

coriandre

30 ml (2 c. à soupe) d'**huile**

24 **pâtes won-ton** (de type Wong Wing; voir astuce page 172)

SALSA À LA MANGUE

1/2 **poivron rouge** en petits dés

1 **concombre** moyen pelé, épépiné, en dés

250 ml (1 tasse) de **mangue surgelée**, décongelée, en dés

2 **oignons verts** hachés finement

80 ml (1/3 tasse) de **coriandre fraîche** hachée

Jus de 1 **citron**

2,5 ml (1/2 c. à thé) de **cumin** moulu

1 pincée de **piment de Cayenne** (facultatif)

Poivre du moulin et **sel**

1. Préchauffer le four à 180 °C (350 °F). Placer la grille au centre du four.
2. À l'aide d'un pinceau de cuisine, badigeonner d'huile un côté de chaque pâte won-ton.
3. Déposer une pâte dans chacun des trous d'un moule à 24 mini-muffins, côté huilé vers le bas, et façonner pour former une coupe.
4. Cuire au four 12 minutes ou jusqu'à ce que les coupes soient dorées.
5. Pendant ce temps, mélanger tous les ingrédients de la salsa, poivrer généreusement et ajouter une pincée de sel.
6. Au moment de servir, garnir les coupes de salsa.

La salsa se conserve 3 jours au réfrigérateur. Les coupes se conservent 1 mois dans un contenant hermétique à température ambiante et ne se congèlent pas.

Valeurs nutritives
(par portion)

Calories	40
Protéines	1 g
Lipides	1 g
Glucides	6 g
Fibres	0 g
Sodium	20 mg

Variante Vous pouvez servir les coupes de won-ton de plusieurs façons. Garnissez-les de crevettes nordiques, de crème sure et d'aneth ou de tomates en dés, de basilic frais, de perles de bocconcini et d'huile d'olive ou même d'un tartare de saumon bien relevé! Les possibilités sont nombreuses.

En cas d'allergie au blé, servez la salsa dans des verrines ou dans de grandes cuillères à canapés.

BOULE DE TARTINADE AU THON

Préparation **10 min** Repos **2 h** **10 portions**

1,20 $ / portion

INGRÉDIENTS VEDETTES

fromage de chèvre

thon pâle émietté dans l'eau

citron

fumée liquide

gélatine sans saveur

200 g (7 oz) de **fromage de chèvre** non affiné à pâte molle, à température ambiante

2 boîtes de 170 g (6 oz) de **thon pâle** émietté dans l'eau, égoutté

30 ml (2 c. à soupe) d'**échalotes françaises** hachées très finement

30 ml (2 c. à soupe) de jus de **citron**

30 ml (2 c. à soupe) d'**aneth frais** haché

2,5 ml (1/2 c. à thé) de **fumée liquide** (voir note)

Poivre et **sel**

1 sachet (7 g) de **gélatine** sans saveur (de type Knox)

30 ml (2 c. à soupe) d'**eau froide**

30 ml (2 c. à soupe) d'**eau bouillante**

1. Dans un bol moyen, mélanger le fromage de chèvre et le thon. Bien défaire le thon à la fourchette.

2. Incorporer les échalotes, le jus de citron, l'aneth et la fumée liquide. Poivrer généreusement et ajouter une pincée de sel.

3. Dans un petit bol, mélanger la gélatine avec l'eau froide pour former une pâte. Ajouter l'eau bouillante et mélanger pour bien dissoudre. Verser la gélatine sur la préparation au thon. Bien mélanger.

4. Transvider la préparation dans un petit bol rond. Réfrigérer un minimum de 2 heures.

5. Au moment de servir, tremper le bol dans l'eau bouillante quelques secondes pour décoller les rebords. Renverser la tartinade au thon dans une assiette de service. Accompagner de craquelins ou de fines tranches de pain baguette.

Se conserve 3 jours au réfrigérateur et ne se congèle pas.

Valeurs nutritives (par portion)

Calories	98
Protéines	13 g
Lipides	5 g
Glucides	1 g
Fibres	0 g
Sodium	108 mg

Variante Remplacez le thon par du saumon en conserve, sans peau ni arêtes. Émiettez bien la chair à la fourchette avant de la mélanger avec le fromage de chèvre.

Note La fumée liquide est un aromate obtenu à partir de fumée de différentes essences de bois. On en trouve dans la plupart des épiceries, près des sauces BBQ et des sauces piquantes. Une toute petite quantité suffit à donner un goût fumé, sans utiliser de fumoir ou de barbecue.

FENOUIL À L'ORANGE

Préparation **5 min** Cuisson **aucune** **4 portions**  0,70 $ / portion

INGRÉDIENTS VEDETTES

fenouil

orange

citron

huile d'olive

fleur de sel

1 **bulbe de fenouil** tranché finement (partie blanche seulement)

1 **orange** coupée en 2

1 **citron** coupé en 2

30 ml (2 c. à soupe) d'**huile d'olive**

Fleur de sel

1. Déposer les lamelles de fenouil dans une assiette de service.
2. Presser les moitiés d'orange et de citron sur le fenouil et arroser d'huile d'olive.
3. Garnir d'une pincée de fleur de sel et servir.

   Se conserve 3 jours au réfrigérateur et ne se congèle pas.

Valeurs nutritives (par portion)

Calories	96
Protéines	1 g
Lipides	7 g
Glucides	9 g
Fibres	3 g
Sodium	90 mg

Astuce Cette salade est une belle façon de faire connaissance avec le fenouil : l'acidité du citron et de l'orange se marie à merveille avec le petit goût anisé du fenouil.

Variante Cette recette peut être servie chaude en accompagnement d'un plat de poisson ou d'une grillade. Faites simplement dorer le fenouil en lamelles dans un poêlon badigeonné d'huile. Arrosez de jus d'orange et de citron et garnissez d'une pincée de fleur de sel au moment de servir.

SALADE DE TOMATES À LA MOZZARELLA

Préparation **5 min** Cuisson **aucune** **4 portions** **1,75 $ / portion**

INGRÉDIENTS VEDETTES

tomates cerises

basilic

mozzarella di buffala

huile d'olive

fleur de sel et poivre

- 1 casseau de **tomates cerises** de différentes couleurs coupées en 2
- 1 bouquet de **basilic frais** (une vingtaine de feuilles)
- 1 boule de **mozzarella di buffala** (mozzarella fraîche)
- 30 ml (2 c. à soupe) d'**huile d'olive**
- **Fleur de sel** et **poivre** concassé

1. Déposer les tomates dans un plat de service et garnir de basilic frais. Si les feuilles sont petites, ne pas les couper. Si elles sont grandes, les ciseler.
2. Avec les doigts, défaire la boule de mozzarella en morceaux et distribuer entre les tomates.
3. Arroser d'huile d'olive, garnir de fleur de sel et de poivre concassé, puis servir.

Se conserve 3 jours au réfrigérateur et ne se congèle pas.

Valeurs nutritives (par portion)

Calories	92
Protéines	3 g
Lipides	9 g
Glucides	3 g
Fibres	1 g
Sodium	72 mg

Astuce À l'épicerie, la mozzarella di buffala se trouve généralement dans le comptoir près du fromage bocconcini.

Variante Vous pouvez remplacer la mozzarella di buffala par le bocconcini de taille cocktail.

FETA À LA FIGUE

Préparation **5 min** Cuisson **aucune** **8 portions**

1,10 $ / portion

INGRÉDIENTS VEDETTES

fromage feta

figues

huile d'olive

1 bloc de **fromage feta** dessalé (voir astuce)

8 **figues** fraîches en quartiers

30 ml (2 c. à soupe) d'**huile d'olive**

1. Déposer le bloc de feta au centre d'une assiette de service.
2. Répartir les figues autour et arroser d'huile d'olive.
3. Pour servir, placer au centre de la table. Chaque convive détachera un morceau de feta avec une fourchette et le dégustera avec un morceau de figue.

Se conserve 3 jours au réfrigérateur et ne se congèle pas.

Valeurs nutritives
(par portion)

Calories	133
Protéines	4 g
Lipides	9 g
Glucides	11 g
Fibres	2 g
Sodium	140 mg

Astuce Pour dessaler le fromage feta, plongez-le dans l'eau froide de 12 à 24 heures avant de réaliser la recette.

Variante Hors saison, les figues sont parfois difficiles à trouver. Remplacez-les alors par des quartiers de pêches ou de nectarines bien mûres.

BOULES AU FROMAGE

Préparation **10 min** | Cuisson **aucune** | **8 portions** de 4 boules de fromage | **2,25$ / portion**

INGRÉDIENTS VEDETTES

- ail
- échalote française
- fromage de chèvre
- fromage à la crème allégé
- chapelure

1 gousse d'**ail**

1 **échalote française**

250 g (8 oz) de **fromage de chèvre** non affiné à pâte molle

250 g (8 oz) de **fromage à la crème allégé**

125 ml (1/2 tasse) de **chapelure** de blé entier à l'italienne

GARNITURES

125 ml (1/2 tasse) de **basilic** séché

60 ml (1/4 tasse) de **parmesan** fraîchement râpé

60 ml (1/4 tasse) de **chapelure** de blé entier à l'italienne

Craquelins de blé entier ou minces croûtons de pain baguette

1. Au robot culinaire, hacher finement l'ail et l'échalote. Ajouter le fromage de chèvre, le fromage à la crème et la chapelure. Bien mélanger. Au besoin, racler les parois du récipient à l'aide d'une spatule de caoutchouc.

2. Retirer la lame du robot culinaire. Avec les doigts, façonner 32 boules d'environ 10 ml (2 c. à thé) avec le mélange de fromage.

3. Placer les garnitures dans des petits bols individuels. Rouler les boules de fromage dans les différentes garnitures et déposer dans une assiette de service. Réfrigérer jusqu'au moment de servir. Accompagner de craquelins de blé entier ou de minces croûtons de pain baguette.

Se conserve 5 jours au réfrigérateur et ne se congèle pas.

Valeurs nutritives
(par portion)

Calories	190
Protéines	14 g
Lipides	9 g
Glucides	13 g
Fibres	2 g
Sodium	522 mg

Astuce Pour faire des croûtons maison, coupez une baguette de pain en fines tranches. À l'aide d'un pinceau de cuisine, badigeonnez d'huile d'olive. Saupoudrez de sel et de fines herbes séchées. Faites cuire dans un four préchauffé à 180 °C (350 °F) 10 minutes ou jusqu'à ce que les croûtons soient bien dorés et croustillants.

Variante Pour une version encore plus rapide, façonnez la préparation en rondin, roulez dans une des garnitures, puis déposez la «bûche» de fromage au centre d'une assiette de service et entourez de craquelins.

CHIPS DE CAROTTES ET DE PATATES DOUCES

Préparation **10 min** Cuisson **1 h 30** **4 portions** de 12 chips

 **0,25 $** / portion

INGRÉDIENTS VEDETTES

carottes

huile d'olive

cari

patate douce

assaisonnement cajun

2 **carottes** moyennes pelées

30 ml (2 c. à soupe) d'**huile d'olive**, divisée

Cari en poudre, au goût

Sel

1 **patate douce** pelée

Assaisonnement cajun, au goût

1. Préchauffer le four à 105 °C (225 °F). Placer la grille au centre du four. Tapisser deux plaques de cuisson de papier parchemin.
2. Prélever environ 25 rubans sur la longueur des carottes à l'aide d'un économe (épluche-légumes).
3. Dans un bol moyen, mélanger les rubans de carotte et 15 ml (1 c. à soupe) d'huile avec les doigts. Bien enrober les rubans d'huile.
4. Étendre les rubans de carotte côte à côte sur une plaque de cuisson en les alignant pour qu'ils ne se touchent pas. Saupoudrer le cari et une pincée de sel sur les rubans.
5. Répéter les mêmes étapes avec la patate douce et le reste d'huile en étendant les rubans sur l'autre plaque. Saupoudrer l'assaisonnement cajun et une pincée de sel.
6. Cuire au four de 1 heure à 1 heure 30 minutes ou jusqu'à ce que les rubans de légumes soient bien croustillants et dorés. Les carottes seront prêtes avant les patates douces. Laisser tiédir avant de servir.

Se conserve 5 jours dans un contenant hermétique à température ambiante et ne se congèle pas.

Valeurs nutritives
(par portion)

Calories	94
Protéines	1 g
Lipides	7 g
Glucides	8 g
Fibres	2 g
Sodium	63 mg

Note Nos chips sont moins grasses tout en étant 2 fois plus riches en fibres et 3 fois moins salées que les croustilles de pomme de terre du commerce.

Variante Variez les assaisonnements à votre goût : épices à steak, assaisonnement au chili à la mexicaine, garam masala, piment de la Jamaïque, mélange de cinq épices chinoises…

MINI-CROQUETTES DE CRABE ET DE TILAPIA

Préparation **15 min**   Cuisson **10 min**   **8 portions** de 4 mini-croquettes   **2,00 $** / portion

INGRÉDIENTS VEDETTES

échalote française

tilapia

chair de crabe

œuf

chapelure panko

Valeurs nutritives
(par portion)

Calories	208
Protéines	20 g
Lipides	12 g
Glucides	8 g
Fibres	0 g
Sodium	488 mg

1 **échalote française**

1 gousse d'**ail**

500 g (1 lb) de **tilapia** issu de pêche durable, décongelé, bien épongé et coupé en gros morceaux

1 boîte de 120 g (4 oz) de **chair de crabe** égouttée

1 **œuf**

250 ml (1 tasse) de **fromage râpé à l'italienne** (mélange du commerce)

30 ml (2 c. à soupe) de **moutarde de Dijon**

5 ml (1 c. à thé) de **paprika fumé** (facultatif)

Poivre et **sel**

125 ml (1/2 tasse) de **chapelure panko**

30 ml (2 c. à soupe) d'**huile d'olive**

2 petites **laitues Boston**

MAYONNAISE ÉPICÉE

125 ml (1/2 tasse) de **yogourt grec nature**

60 ml (1/4 tasse) de **mayonnaise légère**

5 ml (1 c. à thé) de **paprika fumé**

1 ml (1/4 c. à thé) de **sauce piquante**

1. Au robot culinaire, hacher l'échalote française et l'ail. Ajouter le tilapia, le crabe, l'œuf, le fromage, la moutarde de Dijon et le paprika fumé. Poivrer généreusement et ajouter une pincée de sel. Pulser jusqu'à ce que les morceaux de poisson et de crabe soient de la grosseur d'un pois.

2. Déposer la chapelure panko dans un bol. Avec la préparation de poisson, former des mini-croquettes d'environ 30 ml (2 c. à soupe), puis les enrober de chapelure panko.

3. Dans un grand poêlon, chauffer l'huile à feu moyen-vif. Cuire les croquettes 4 ou 5 minutes de chaque côté ou jusqu'à ce qu'elles soient croustillantes.

4. Pendant ce temps, dans un bol moyen, mélanger tous les ingrédients de la mayonnaise épicée. Poivrer généreusement et ajouter une pincée de sel. Réserver.

5. Disposer les feuilles de laitue dans une assiette de service. Ajouter une cuillerée de mayo épicée dans le creux de chaque feuille de laitue, puis y déposer une croquette. Servir immédiatement.

Les croquettes se conservent 3 jours au réfrigérateur ou 3 mois au congélateur (sans la mayo ni la laitue).

Astuce La mayonnaise épicée peut aussi servir de trempette pour les crudités.

Variante Pour cette recette, tout autre poisson blanc issu de la pêche durable, la morue ou le flétan par exemple, fera aussi bien l'affaire. Allez-y en fonction des aubaines du moment.

En cas d'allergie au blé, remplacez le panko par une chapelure sans gluten.

EDAMAMES À GRIGNOTER

Préparation **10 min** Cuisson **45 min** **6 portions** de 60 ml (1/4 tasse)  **0,30 $** / portion

INGRÉDIENTS VEDETTES

edamames

huile d'olive

cinq épices chinoises

gingembre moulu

225 g (1/2 lb) d'**edamames surgelés** (voir note)

15 ml (1 c. à soupe) d'**huile d'olive**

5 ml (1 c. à thé) de **cinq épices chinoises** (voir astuce page 294)

5 ml (1 c. à thé) de **gingembre** moulu

Sel

1. Préchauffer le four à 180 °C (350 °F). Placer la grille au centre du four. Tapisser une plaque de cuisson de papier parchemin.

2. Dans une passoire, rincer les edamames surgelés à l'eau chaude pour enlever le frimas et séparer les fèves. Assécher les edamames dans un linge à vaisselle propre.

3. Dans un moyen bol, verser l'huile, le mélange de cinq épices et le gingembre. Ajouter les fèves et mélanger pour bien enrober. Répartir les edamames sur la plaque de cuisson.

4. Cuire au four 25 minutes. Remuer les edamames sur la plaque, puis poursuivre la cuisson 20 minutes ou jusqu'à ce que les fèves soient dorées et très croquantes. À la sortie du four, saupoudrer de sel. Laisser tiédir, puis transvider dans un bol de service.

Se conserve 7 jours dans un plat hermétique à température ambiante.

Valeurs nutritives
(par portion)

Calories	67
Protéines	4 g
Lipides	4 g
Glucides	4 g
Fibres	2 g
Sodium	82 mg

Note Les edamames sont des fèves de soya vertes et croquantes, que l'on consomme avant maturité et qui n'ont pas la texture pâteuse de certaines légumineuses. À l'épicerie, on les trouve dans le rayon des légumes surgelés.

En cas d'allergie au soya, remplacez les edamames par des pois chiches en conserve, rincés et égouttés.

TREMPETTE CHAUDE DANS UN BOL DE PAIN

Préparation **10 min**   Cuisson **30 min**   **12 portions**

 **0,70 $** / portion

INGRÉDIENTS VEDETTES

lait

farine tout usage

fromage

épinards

miche de pain

15 ml (1 c. à soupe) d'**huile d'olive**

1 **oignon jaune** haché finement

500 ml (2 tasses) de **lait**

60 ml (1/4 tasse) de **farine** tout usage non blanchie

30 ml (2 c. à soupe) de **moutarde de Dijon**

375 ml (1 1/2 tasse) de **fromage râpé à l'italienne** (mélange du commerce)

250 ml (1 tasse) de **bébés épinards** frais hachés

Poivre et **sel**

1 **miche de pain** d'environ 450 g (1 lb)

Crudités au choix

1. Préchauffer le four à 180 °C (350 °F). Placer la grille au centre du four.
2. Badigeonner d'huile un grand poêlon antiadhésif. Dorer les oignons 15 minutes à feu moyen ou jusqu'à ce qu'ils soient tendres et dorés.
3. Pendant ce temps, dans un bol moyen, fouetter le lait, la farine et la moutarde.
4. Lorsque les oignons sont caramélisés, réduire le feu à moyen-doux et verser la préparation de lait. Mélanger jusqu'à épaississement.
5. Incorporer 250 ml (1 tasse) de fromage râpé et les épinards. Bien remuer pour faire fondre le fromage. Retirer du feu.
6. Couper le dessus de la miche de pain et retirer la mie avec les doigts pour former un bol. Verser la trempette chaude dans le bol de pain et garnir avec le reste de fromage.
7. Chauffer la miche au four 10 minutes, puis passer 2 ou 3 minutes sous le grill (broil) pour gratiner le fromage.
8. Entre-temps, tailler la mie de pain en cubes et préparer des crudités.

La trempette se conserve 3 jours au frigo. Remplir le bol de pain au moment de servir seulement.

Valeurs nutritives (par portion)

Calories	191
Protéines	11 g
Lipides	7 g
Glucides	20 g
Fibres	3 g
Sodium	381 mg

Astuce Vous pouvez préparer la trempette à l'avance et la conserver dans un plat hermétique au réfrigérateur. Au moment de servir, transvidez dans le bol de pain et garnissez de 125 ml (1/2 tasse) de fromage râpé. Déposez dans un four préchauffé à 180 °C (350 °F) pendant 25 minutes, puis passez sous le grill (broil) 2 ou 3 minutes pour gratiner le fromage.

MINI-QUICHES AU SAUMON

Préparation **10 min** | Cuisson **30 min** | **6 portions** de 2 mini-quiches

1,85 $ / portion

INGRÉDIENTS VEDETTES

œufs

saumon en conserve

fromage de chèvre

lait

mini-pitas

- 5 **œufs**
- 30 ml (2 c. à soupe) de **farine** tout usage non blanchie
- 2 boîtes de 150 g (5 oz) chacune de **saumon** sans peau ni arêtes
- 100 g (3 1/2 oz) de **fromage de chèvre** à pâte molle non affiné
- 60 ml (1/4 tasse) de **lait**
- 30 ml (2 c. à soupe) d'**aneth frais** haché
- **Poivre** et **sel**
- 12 **mini-pitas** (voir astuce)

1. Préchauffer le four à 180 °C (350 °F). Placer la grille au centre du four.
2. Dans une tasse à mesurer de 1 litre (ou un bol à bec verseur), fouetter les œufs.
3. À l'aide d'un tamis, saupoudrer la farine en pluie fine sur les œufs et fouetter encore pour bien incorporer.
4. Ajouter le saumon, la moitié du fromage, le lait et l'aneth. Poivrer généreusement et ajouter une pincée de sel. Bien mélanger.
5. Au fond de chaque trou d'un moule à 12 muffins, déposer un mini-pita: il servira de croûte. Répartir la préparation de saumon sur les pitas et garnir le dessus des mini-quiches du reste de fromage.
6. Cuire au four 30 minutes ou jusqu'à ce que les œufs soient figés et que les mini-quiches soient dorées sur le dessus.

Se conserve 3 jours au réfrigérateur ou 3 mois au congélateur.

Pour un repas complet, servir avec une salade verte.

Valeurs nutritives (par portion)

Calories	217
Protéines	19 g
Lipides	8 g
Glucides	16 g
Fibres	1 g
Sodium	345 mg

Astuce Dans cette recette, on remplace la pâte brisée (croûte à tarte) de la quiche classique par des mini-pitas. Notre version est ainsi beaucoup moins grasse. On gagne aussi 40 minutes de préparation et on coupe de moitié le coût de la recette!

Variante Ajoutez les légumes de votre choix, hachés, à la préparation. Brocolis, asperges, épinards, courgettes ou poivrons seront délicieux dans ces mini-quiches.

MINI-TACOS

Préparation **10 min**   Cuisson **12 min**   **6 portions** de 4 mini-tacos

 **2,00 $** / portion

INGRÉDIENTS VEDETTES

pâtes à won-ton

sans-viande haché assaisonné à la mexicaine

salsa mexicaine

fromage

yogourt grec nature

15 ml (1 c. à soupe) d'**huile d'olive**

24 **pâtes à won-ton** décongelées (de type Wong Wing; voir astuce page 172)

1 paquet de 340 g (3/4 lb) de **sans-viande haché** assaisonné à la mexicaine (voir astuce)

125 ml (1/2 tasse) de **salsa mexicaine** douce ou piquante

125 ml (1/2 tasse) de **fromage râpé tex-mex** (mélange du commerce)

2 **oignons verts** hachés finement

60 ml (1/4 tasse) de **coriandre fraîche** hachée

60 ml (1/4 tasse) de **yogourt grec nature** (ou de crème sure allégée)

1. Préchauffer le four à 180 °F (350 °C). Placer la grille au centre du four.

2. À l'aide d'un pinceau de cuisine, badigeonner d'huile un côté de chaque pâte won-ton.

3. Déposer une pâte dans chacun des trous d'un moule à mini-muffins, côté huilé vers le bas, et façonner pour former une coupe.

4. Cuire au four 12 minutes ou jusqu'à ce que les coupes soient dorées.

5. Pendant ce temps, dans un poêlon antiadhésif, réchauffer le sans-viande et la salsa. Lorsque la préparation est bien chaude, ajouter le fromage, mélanger et retirer du feu.

6. Répartir uniformément la préparation dans les coupes de won-ton. Au moment de servir, garnir au goût avec des oignons verts, de la coriandre et du yogourt grec.

Se conserve 3 jours au réfrigérateur (garniture seulement) et ne se congèle pas.

Valeurs nutritives
(par portion)

Calories	228
Protéines	20 g
Lipides	9 g
Glucides	24 g
Fibres	4 g
Sodium	552 mg

Astuce On trouve sur le marché une solution de rechange végé à la viande hachée : le sans-viande. Fait à partir d'un mélange de protéines de soya et de légumes, il remplace très bien la viande hachée dans les recettes.

Variante Vous pouvez aussi servir la préparation de sans-viande dans un grand bol de service. Garnissez de fromage, d'oignons verts, de coriandre et de yogourt et disposez des chips de won-ton (voir page 298) tout autour.

FRITES DE TOFU ET SAUCE SATAY

Préparation **15 min** Cuisson **10 min** 4 portions

1,40 $ / portion

INGRÉDIENTS VEDETTES

tofu extra-ferme

fécule de maïs

cassonade

cinq épices chinoises

beurre de pois

Valeurs nutritives
(par portion)

Calories	276
Protéines	18 g
Lipides	20 g
Glucides	23 g
Fibres	2 g
Sodium	149 mg

FRITES DE TOFU

450 g (1 lb) de **tofu extra-ferme** coupé en bâtonnets

45 ml (3 c. à soupe) de **fécule de maïs**

15 ml (1 c. à soupe) de **poudre d'ail**

15 ml (1 c. à soupe) de **cassonade**

7,5 ml (1/2 c. à soupe) de mélange de **cinq épices chinoises** moulues

7,5 ml (1/2 c. à soupe) de **gingembre** moulu

45 ml (3 c. à soupe) d'**huile**

Gros sel

SAUCE SATAY

125 ml (1/2 tasse) d'**eau** bouillante

60 ml (1/4 tasse) de **beurre de pois** ou de soya

1 gousse d'**ail** hachée

5 ml (1 c. à thé) de **gingembre frais** haché

15 ml (1 c. à soupe) de **miel**

15 ml (1 c. à soupe) de jus de **lime**

10 ml (2 c. à thé) de **sauce soya** (au goût)

FRITES DE TOFU

1. Bien éponger les bâtonnets de tofu à l'aide de papier absorbant (essuie-tout).

2. Dans un bol moyen, mélanger la fécule de maïs, la poudre d'ail, la cassonade, le mélange de cinq épices chinoises et le gingembre. Enrober les bâtonnets de tofu du mélange et bien secouer pour retirer l'excédent.

3. Dans un grand poêlon antiadhésif, chauffer l'huile à feu moyen-vif. Déposer les bâtonnets de tofu et les faire dorer sur tous les côtés. Retirer les bâtonnets cuits et les déposer dans une assiette recouverte d'un papier absorbant. Saler dès la fin de la cuisson et servir immédiatement avec la sauce satay.

SAUCE SATAY SANS ARACHIDES

1. Dans un bol moyen, mélanger tous les ingrédients à l'aide d'un fouet jusqu'à ce que la sauce épaississe. Au besoin, ajouter un peu d'eau pour ajuster la texture.

2. Servir avec les frites de tofu ou les brochettes de poulet au sésame (voir page 226).

    La sauce se conserve 4 jours au réfrigérateur ou 3 mois au congélateur.

Astuce Le mélange de cinq épices chinoises est vendu dans le rayon des épices à l'épicerie. À défaut d'en avoir, mélangez 5 ml (1 c. à thé) de poivre du Sichuan, 5 ml (1 c. à thé) de cannelle, 5 ml (1 c. à thé) de clou de girofle, 5 ml (1 c. à thé) de graines de fenouil et 1 anis étoilé. Moudre au mortier ou au moulin à café.

Variante Si vous n'avez pas d'allergie, vous pouvez aussi préparer cette sauce satay avec du beurre d'arachide naturel.

TREMPETTE EDAMAME-AVOCAT

Préparation **10 min** Cuisson **3 min** **4 portions**  **0,95 $** / portion

INGRÉDIENTS VEDETTES

edamames

coriandre

avocat

citron

yogourt grec nature

250 ml (1 tasse) d'**edamames surgelés**, non décongelés (voir page 286)

45 ml (3 c. à soupe) d'**eau**

2 gousses d'**ail** pelées et écrasées

250 ml (1 tasse) de **coriandre fraîche** (ou de menthe fraîche)

1 **avocat** mûr

Jus de 1 **citron**

60 ml (1/4 tasse) de **yogourt grec nature**

2,5 ml (1/2 c. à thé) de **sauce piquante Tabasco au chipotle** (facultatif)

Poivre et **sel**

1. Dans un bol allant au four à micro-ondes, déposer les edamames et l'eau. Recouvrir d'une pellicule plastique et cuire 2 ou 3 minutes à puissance maximale ou jusqu'à ce que les edamames soient tendres. Bien égoutter.

2. Au robot culinaire, réduire en purée lisse les edamames, l'ail et la coriandre.

3. Racler les rebords du récipient à l'aide d'une spatule de caoutchouc et ajouter l'avocat, le jus de citron, le yogourt et la sauce piquante. Poivrer généreusement et saler.

4. Mélanger de nouveau pour obtenir une texture lisse.

5. Servir avec les chips de won-ton (voir page 298).

   Se conserve 3 jours au réfrigérateur et ne se congèle pas.

Valeurs nutritives (par portion)

Calories	117
Protéines	5 g
Lipides	8 g
Glucides	8 g
Fibres	4 g
Sodium	63 mg

Astuce Notre trempette est 3 fois moins grasse et presque 2 fois plus riche en protéines qu'un guacamole traditionnel.

En cas d'allergie au soya, remplacez les edamames par des petits pois.

MARCH 4 2017

CHIPS DE WON-TON

Préparation **10 min**   Cuisson **10 min**   **4 portions** de 6 chips

 **0,15 $ / portion**

INGRÉDIENTS VEDETTES

pâtes won-ton

huile d'olive

assaisonnements au choix

12 **pâtes won-ton** (de type Wong Wing; voir astuce page 172)

5 ml (1 c. à thé) d'**huile d'olive**

Assaisonnements au choix: sel, cumin, chili, ail en poudre, cari…

1. Préchauffer le four à 200 °C (400 °F). Placer la grille au centre du four. Tapisser de papier parchemin une plaque de cuisson allant au four.
2. Déposer les pâtes won-ton sur la plaque et les badigeonner d'huile à l'aide d'un pinceau de cuisine.
3. Tailler les pâtes won-ton sur la diagonale à l'aide d'un couteau.
4. Saupoudrer de l'assaisonnement choisi.
5. Cuire au four 10 minutes ou jusqu'à ce que les chips de won-ton soient croustillantes et dorées.

   Se conserve 1 semaine dans un contenant hermétique à la température ambiante.

Astuce Nos chips contiennent presque 4 fois moins de gras et 3 fois moins de sel que les chips du commerce. Elles sont aussi 6 fois moins coûteuses!

En cas d'allergie au blé, remplacez les pâtes won-ton par des tortillas 100 % maïs.

Valeurs nutritives
(par portion)

Calories	55
Protéines	3 g
Lipides	1 g
Glucides	12 g
Fibres	0 g
Sodium	30 mg

CRAQUELINS MAISON

Préparation **10 min**   Cuisson **25 min**   6 portions    **0,20 $** / portion

INGRÉDIENTS VEDETTES

farine de blé entier

eau

huile d'olive

miel

sel

500 ml (2 tasses) de **farine de blé entier**

180 ml (3/4 tasse) d'**eau**

30 ml (2 c. à soupe) d'**huile d'olive,** divisée

15 ml (1 c. à soupe) de **miel**

1 pincée de **sel**

Gros sel pour garnir (facultatif)

Astuce Nos craquelins sont moins coûteux, jusqu'à 6 fois plus riches en protéines, jusqu'à 3 fois plus riches en fibres que les craquelins vendus au supermarché.

Variante Pour une version plus relevée, ajoutez-y quelques pincées de chili broyé ou de piment de Cayenne.

Photo page 301

1. Préchauffer le four à 180 °C (350 °F). Placer la grille au centre du four. Tailler un morceau de papier parchemin de la grandeur d'une plaque de cuisson.

2. Dans un grand bol, déposer 425 ml (1 3/4 tasse) de farine. Former un puits au centre de la farine et y verser l'eau, 15 ml (1 c. à soupe) d'huile d'olive et le miel. Ajouter une pincée de sel.

3. Mélanger d'abord à l'aide d'une fourchette, puis continuer avec les mains jusqu'à ce qu'il ne reste plus de farine dans le bol et jusqu'à la formation d'une boule de pâte collante. Diviser la boule de pâte en deux parties égales.

4. Saupoudrer 30 ml (2 c. à soupe) de farine sur un morceau de papier parchemin et y déposer la première boule de pâte.

5. Intégrer la farine à la pâte en pétrissant légèrement, puis, à l'aide d'un rouleau à pâtisserie, abaisser uniformément la pâte jusqu'à environ 2 mm d'épaisseur. S'assurer d'avoir la même épaisseur partout pour une cuisson uniforme.

6. Déposer le papier parchemin avec la pâte abaissée sur la plaque de cuisson. À l'aide d'un pinceau de cuisine, badigeonner la pâte avec 7,5 ml (1/2 c. à soupe) d'huile. Saupoudrer de gros sel, si désiré.

7. Cuire au four 25 minutes ou jusqu'à ce que la pâte soit croustillante et dorée. Laisser refroidir complètement avant de casser en morceaux.

8. Répéter la méthode avec la boule de pâte restante ou la congeler pour faire des craquelins une autre fois.

Se conserve 3 semaines à la température ambiante dans un contenant hermétique.

Valeurs nutritives
(par portion)

Calories	204
Protéines	6 g
Lipides	5 g
Glucides	32 g
Fibres	4 g
Sodium	226 mg

HOUMMOS

Préparation **10 min**   Cuisson **aucune**   **6 portions**   **0,55 $** / portion

INGRÉDIENTS VEDETTES

pois chiches

yogourt nature

ail

cumin

citron

1 boîte de 540 ml (19 oz) de **pois chiches** rincés et égouttés

125 ml (1/2 tasse) de **yogourt nature**

2 gousses d'**ail**

2,5 ml (1/2 c. à thé) de **cumin** moulu

Jus de 1/2 **citron**

Sel

1. Au robot culinaire, mélanger tous les ingrédients. Racler les rebords du récipient à l'aide d'une spatule de caoutchouc et mélanger de nouveau pour obtenir une texture lisse.
2. Servir l'hoummos avec des craquelins maison (voir page 299).

Se conserve 5 jours au réfrigérateur et ne se congèle pas.

Valeurs nutritives
(par portion)

Calories	116
Protéines	7 g
Lipides	2 g
Glucides	18 g
Fibres	3 g
Sodium	41 mg

Astuce Cette version de hoummos ne contient pas de tahini (pâte à base de graines de sésame), alors elle convient parfaitement aux personnes allergiques au sésame. Elle contient aussi 2 fois moins de gras et 2 fois plus de protéines qu'un hoummos traditionnel.

Variante Servez le hoummos en trempette avec des crudités ou comme tartinade pour les sandwichs.

Iloca, un minuscule village de pêcheurs près de la maison de campagne de mon cousin Pancho. - Alex

MIEUX QU'AU RESTO

CHAPITRE 9

Bâtonnets de fromage panés	306
Pilons de poulet BBQ	308
Pommes de terre gratinées	310
Burgers au steak BBQ	312
Rondelles d'oignon	314
Grilled cheese urbain	316
Mini-burgers dinde et sarrasin	318
Tacos au bœuf effiloché	320
Keftas du Moyen-Orient	322
Bœuf effiloché à la Guinness	324
Côtes levées à la mijoteuse	326
Salade de chou rapido	328
Gnocchis grillés	329
Bavette marinée	330

Iloca, village de pêcheurs.

MIEUX QU'AU RESTO

On adore toutes les deux aller au resto. Se faire servir. S'émerveiller devant le nom des plats. S'évader, voyager en plongeant dans de nouvelles saveurs exotiques. Et on ne parle pas nécessairement de la fine cuisine tendance... non, non. La vérité, c'est qu'on fantasme aussi sur l'idée d'un bon plat de bar sportif! Des côtes levées, des ailes, des frites... Mais le problème, c'est que cette bouffe-là est souvent meilleure dans notre imaginaire. Trop salée, trop grasse, trop généreuse, bref trop tout.

Geneviève, experte ès arts copieuse de bouffe de resto, a proposé de déplacer le resto à la maison. Outre l'avantage clair d'être moins cher, ce qui me plaît, c'est que la seule évocation des plats qu'elle a adaptés symbolise le congé, le menu de fin de semaine, de *party*. En fait, ça m'a enlevé toute envie de mettre le nez dehors et j'ai répondu en dansant la salsa et en hurlant: «*Claro que si!*»

Zéro déception à l'horizon. Imaginez la scène: nous sommes en plein hiver, le temps est déprimant à l'os depuis des jours, les journées s'allongent au travail, et le soleil prend congé dès 16 h. Rendu au vendredi soir, vous rêvez de voir la nouvelle saison de votre série culte en rafale, les enfants écoutent (pour une fois), et vous avez la possibilité de faire en un tournemain un bon burger fromage-avocat-tomates, des côtes levées bien juteuses, des pilons de poulet BBQ ou des tacos tout garnis, sans toutefois sentir le poids d'un bloc de béton vous descendre dans l'estomac cinq minutes après le début du premier épisode. Allo bonheur pantouflard en famille du vendredi soir!

Probabilité d'échec nul, j'vous dis. Geneviève prend un tel plaisir à copier les recettes des classiques du resto que je ne me suis pas fait prier longtemps pour devenir sa meilleure cliente. Là où elle frappe fort, c'est dans son habileté à les alléger pour les rendre plus santé, tout en nous garantissant le souvenir (quand même) des saveurs un peu *trash* qui ont cimenté notre inconscient culinaire. Même quand on a affaire aux incontournables rondelles d'oignon, elle compte un but! Je vous parie d'essayer pas une, ni deux, mais une vingtaine de bouchées de ses plats revus et corrigés sans le regretter.

Geneviève me répète souvent qu'on devrait manger santé 80 % du temps. Une petite dérive est acceptée 20 % du temps. Cependant, avec ses plats *twistés* santé (mais encore super décadents, promis), c'est donc dire que j'ai encore mon 20 % en banque?! Oh que oui! À la prochaine Coupe du monde, on s'invite tous chez elle!

BÂTONNETS DE FROMAGE PANÉS

Préparation **10 min**   Cuisson **15 min**   **6 portions** de 2 bâtonnets    **0,80 $** / portion

INGRÉDIENTS VEDETTES

chapelure panko

parmesan

farine tout usage

œuf

ficelles de fromage

250 ml (1 tasse) de **chapelure panko** (voir page 76)

60 ml (1/4 tasse) de **fromage parmesan** frais finement râpé

7,5 ml (1/2 c. à soupe) de **fines herbes** séchées (mélange à l'italienne)

60 ml (1/4 tasse) de **farine** tout usage non blanchie

Poivre et **sel**

1 **œuf**

6 **ficelles de fromage** coupées en 2 (de type Ficello)

1. Préchauffer le four à 200 °C (400 °F). Placer la grille au centre du four. Tapisser une plaque de cuisson de papier parchemin.

2. Dans un poêlon, sans ajouter de matière grasse, faire griller le panko à feu moyen-vif de 5 à 7 minutes ou jusqu'à ce qu'il soit doré. Transvider dans un bol et laisser tiédir. Ajouter le parmesan et les fines herbes séchées.

3. Dans un autre bol, déposer la farine. Poivrer généreusement et ajouter une pincée de sel.

4. Dans un troisième bol, battre l'œuf à la fourchette.

5. Dans l'ordre, tremper un morceau de fromage dans la farine, dans l'œuf, puis enrober de panko assaisonné. Déposer sur la plaque de cuisson. Répéter la méthode pour chaque morceau de fromage.

6. Cuire au four de 5 à 7 minutes ou jusqu'à ce que le fromage soit chaud, mais qu'il ne fonde pas complètement. Éviter de trop cuire, sinon le fromage s'échappera sur la plaque.

Les bâtonnets doivent être servis immédiatement, sinon la chapelure a tendance à ramollir. On peut par contre les congeler 1 mois (avant cuisson). Pour servir, cuire au four les bâtonnets panés encore gelés.

Valeurs nutritives
(par portion)

Calories	140
Protéines	10 g
Lipides	6 g
Glucides	12 g
Fibres	1 g
Sodium	230 mg

Note Notre version de bâtonnets au fromage contient 2 fois plus de protéines et 2 fois moins de sel que les bâtonnets du commerce vendus dans la section des produits surgelés.

Variante Type «sauce»? Servez ces bâtonnets avec la sauce aux tomates boostée (voir page 117) ou avec la mayonnaise à l'ail (voir page 72).

En cas d'allergie au blé, utilisez une chapelure et une farine sans gluten. Vous pouvez aussi préparer votre propre panko à base d'un pain sans gluten.

PILONS DE POULET BBQ

Préparation **10 min** Cuisson **40 min** 6 portions

 **2,00 $** / portion

INGRÉDIENTS VEDETTES

pilons de poulet sans la peau

tomates broyées

vinaigre de cidre

mélasse

cassonade

60 ml (1/4 tasse) de **farine** tout usage non blanchie

2,5 ml (1/2 c. à thé) de **poudre d'ail**

5 ml (1 c. à thé) de **paprika** régulier

Poivre et **sel**

1 kg (2 lb) de **pilons de poulet** sans la peau (environ 12 à 15 pilons)

30 ml (2 c. à soupe) d'**huile de canola**

SAUCE BBQ MAISON

1 boîte de 796 ml (28 oz) de **tomates broyées**

125 ml (1/2 tasse) de **vinaigre de cidre**

60 ml (1/4 tasse) de **mélasse** de fantaisie

60 ml (1/4 tasse) de **cassonade**

30 ml (2 c. à soupe) d'**assaisonnement au chili** (ou assaisonnement à la mexicaine)

2,5 ml (1/2 c. à thé) de **fumée liquide** (voir page 272)

1 pincée de **piment de Cayenne** (facultatif)

Poivre et **sel**

1. Préchauffer le four à 200 °C (400 °F). Placer la grille au centre du four. Tapisser une plaque de cuisson de papier d'aluminium.

2. Dans un bol moyen, mélanger la farine, la poudre d'ail et le paprika. Poivrer généreusement et ajouter une pincée de sel. Ajouter les pilons de poulet et remuer pour bien les enrober de farine.

3. Dans un grand poêlon, chauffer l'huile à feu vif. Dorer les pilons 5 à 7 minutes de chaque côté et transférer sur la plaque de cuisson. Réserver le poêlon pour faire la sauce.

4. Terminer la cuisson des pilons au four 30 minutes ou jusqu'à ce que la chair ne soit plus rosée et qu'elle se détache bien de l'os.

SAUCE BBQ MAISON

1. Dans un grand bol, bien mélanger tous les ingrédients de la sauce BBQ maison. Poivrer généreusement et ajouter une pincée de sel.

2. Verser la moitié de la sauce dans le poêlon utilisé pour dorer le poulet. Laisser mijoter à feu moyen-doux durant toute la durée de la cuisson du poulet au four. Congeler l'autre moitié de la sauce pour une prochaine fois.

3. Déposer les pilons cuits dans la sauce et mélanger pour bien les enrober. Manipuler délicatement. Déposer dans un plat et servir au centre de la table.

Se conserve 3 jours au réfrigérateur ou 4 mois au congélateur.

Astuce La sauce BBQ est la même que celle utilisée pour nos côtes levées à la mijoteuse (voir page 326). Vous pourrez en profiter pour les préparer avec la moitié de la sauce non utilisée.

Variante Vous pouvez aussi utiliser des hauts de cuisses. Dans ce cas, prévoyez seulement 10 minutes au four.

Valeurs nutritives
(par portion)

Calories	393
Protéines	42 g
Lipides	16 g
Glucides	18 g
Fibres	2 g
Sodium	293 mg

POMMES DE TERRE GRATINÉES

Préparation **10 min**   Cuisson **35 min**   6 portions   **1,55 $** / portion

INGRÉDIENTS VEDETTES

pommes de terre

fromage Allegro

mélange laitier pour cuisson

oignon vert

prosciutto

3 **pommes de terre** rouges entières lavées

375 ml (1 1/2 tasse) de **fromage Allegro** à 4 % m.g. râpé

60 ml (1/4 tasse) de **mélange laitier pour cuisson** à 5 % m.g. (voir page 126)

1 **oignon vert** haché très finement

1 pincée de **piment de Cayenne**

Poivre et **sel**

3 fines tranches de **prosciutto**

Astuce C'est l'utilisation d'un fromage à 4 % m.g. et d'un mélange laitier à 5 % m.g. qui nous permet d'obtenir des pommes de terre généreusement garnies tout en étant faibles en gras.

En cas d'allergie aux produits laitiers, remplacez la crème par la préparation crémeuse au soya (de type Belsoy) et utilisez un substitut de fromage râpé sans produits laitiers (de type Daiya).

1. Tapisser une plaque de cuisson de papier d'aluminium.
2. Dans une casserole moyenne, faire bouillir les pommes de terre 30 minutes ou jusqu'à ce que la pointe d'un couteau s'insère facilement dans la chair. Laisser tiédir.
3. Couper les pommes de terre tiédies en deux sur la longueur. À l'aide d'une cuillère, vider délicatement les moitiés de pommes de terre en prenant soin de ne pas abîmer la pelure.
4. Déposer la chair dans un bol moyen. Placer les pelures de pommes de terre sur la plaque de cuisson.
5. Piler la chair des pommes de terre à la fourchette et ajouter 250 ml (1 tasse) de fromage, le mélange laitier pour cuisson, l'oignon vert et le piment de Cayenne. Poivrer généreusement et ajouter une pincée de sel. Bien mélanger.
6. Garnir les pelures de pommes de terre de la préparation et couvrir avec le reste de fromage.
7. Cuire sous le gril (broil) jusqu'à ce que le fromage soit fondu et doré.
8. Pendant ce temps, placer les tranches de prosciutto entre deux feuilles de papier absorbant (essuie-tout). Déposer dans une assiette et cuire 2 ou 3 minutes au four à micro-ondes ou jusqu'à ce que le prosciutto soit sec et croustillant. Laisser tiédir. Au moment de servir, émietter sur chaque pelure de pomme de terre garnie.

Servir avec des pilons de poulet BBQ (voir page 308) et des crudités.

Se conserve 3 jours au réfrigérateur ou 3 mois au congélateur. Congeler les pommes de terre avant de les faire gratiner.

Valeurs nutritives
(par portion)

Calories	266
Protéines	15 g
Lipides	2 g
Glucides	21 g
Fibres	2 g
Sodium	466 mg

BURGERS AU STEAK BBQ

Préparation **5 min**   Cuisson **20 min**   4 portions    **3,10 $** / portion

INGRÉDIENTS VEDETTES

bifteck à sandwich

oignon rouge

bouillon de bœuf

pâte de tomate

pains Kaiser

5 ml (1 c. à thé) d'**huile de canola**

450 g (1 lb) de **bifteck à sandwich** (steak minute) coupé en lanières dans le sens contraire du grain de la viande

1 petit **oignon rouge** coupé en lamelles

250 ml (1 tasse) de **bouillon de bœuf** maison ou du commerce réduit en sodium

1 gousse d'**ail** hachée finement

30 ml (2 c. à soupe) de **pâte de tomate**

30 ml (2 c. à soupe) de **sauce anglaise** (de type Worcestershire)

10 ml (2 c. à thé) de **sucre**

10 ml (2 c. à thé) de **vinaigre de cidre**

Poivre et **sel**

4 **pains Kaiser**

1. À l'aide d'un pinceau de cuisine, badigeonner d'huile un grand poêlon antiadhésif. Préchauffer à feu moyen-vif.

2. Dorer les lanières de bœuf et les déposer dans une assiette tapissée de papier absorbant (essuie-tout). Réserver.

3. Dans le même poêlon, ajouter les oignons. Dorer 2 ou 3 minutes. Verser le bouillon et déglacer. Déloger tous les sucs de cuisson en raclant le fond du poêlon à l'aide d'une cuillère en bois.

4. Ajouter l'ail, la pâte de tomate, la sauce anglaise, le sucre et le vinaigre de cidre. Poivrer généreusement et ajouter une pincée de sel. Réduire à feu moyen. Remuer et laisser mijoter jusqu'à épaississement.

5. Ajouter les lanières de bœuf et mélanger pour bien enrober la viande de sauce. Retirer du feu et réserver.

6. Couper les pains Kaiser en deux et les déposer sur une plaque de cuisson, l'intérieur vers le haut. Passer sous le gril (broil) jusqu'à ce qu'ils soient croustillants et dorés.

7. Garnir les pains de steak BBQ.

   Servir aussitôt avec des crudités et des rondelles d'oignon (voir page 314).

   La viande (sans le pain) se conserve 3 jours au réfrigérateur ou 2 mois au congélateur.

Valeurs nutritives
(par portion)

Calories	331
Protéines	23 g
Lipides	9 g
Glucides	38 g
Fibres	2 g
Sodium	288 mg

Astuce Très économique, le bifteck à sandwich provient généralement de l'intérieur de ronde de bœuf. On peut aussi utiliser le steak Boston qui est aussi bon marché. Ces coupes de viande sont environ 30 % moins chères que la viande à fondue déjà tranchée ou la bavette, par exemple.

Variante Ajoutez en garniture quelques feuilles de roquette et des tranches de tomates fraîches. Pour une version 100 % américaine, déposez une rondelle d'oignon directement dans le burger!

RONDELLES D'OIGNON

Préparation **20 min** Repos **3 h** Cuisson **15 min** **4 portions** de 8 à 10 rondelles **1,35 $** / portion

INGRÉDIENTS VEDETTES

yogourt nature

oignons jaunes

œufs

farine tout usage

chapelure panko

750 ml (3 tasses) de **yogourt nature**

500 ml (2 tasses) d'**eau**

Poivre et **sel**

2 gros **oignons jaunes**

60 ml (1/4 tasse) d'**huile de canola**

3 **œufs**

60 ml (1/4 tasse) de **farine** tout usage non blanchie

60 ml (1/4 tasse) de **semoule de maïs** fine

250 ml (1 tasse) de **chapelure panko** (voir page 76)

1. Dans un plat hermétique, fouetter le yogourt et l'eau. Poivrer généreusement et ajouter une pincée de sel.

2. Trancher les oignons en rondelles de 1,25 cm (1/2 po). Retirer les plus petits anneaux pour ne garder que les grosses rondelles. Conserver les petits anneaux pour utiliser dans une autre recette. Déposer les rondelles dans le mélange de yogourt. Laisser mariner au réfrigérateur au minimum 3 heures (idéalement 12 heures).

3. Préchauffer le four à 230 °C (450 °F). Placer la grille au centre du four. Tapisser une plaque de cuisson de papier d'aluminium. À l'aide d'un pinceau de cuisine, étendre l'huile sur le papier d'aluminium. Sortir les rondelles du réfrigérateur.

4. Dans un bol moyen, battre les œufs à la fourchette. Dans un autre bol, mélanger la farine, la semoule et la chapelure. Bien saler.

6. Égoutter une rondelle d'oignon à la fois. Plonger la rondelle dans les œufs, puis bien l'enrober du mélange de farine. Replonger la rondelle dans l'œuf, puis dans la farine et déposer la rondelle sur la plaque huilée. Procéder ainsi pour toutes les rondelles d'oignon.

7. Cuire au four 10 minutes. Retourner délicatement les rondelles à l'aide d'une fourchette. Poursuivre la cuisson 5 minutes ou jusqu'à ce que les rondelles soient bien dorées et croustillantes.

Se conserve 2 jours au réfrigérateur ou 3 mois au congélateur.

Valeurs nutritives
(par portion)

Calories	266
Protéines	9 g
Lipides	12 g
Glucides	31 g
Fibres	3 g
Sodium	115 mg

Astuce Notre version est 3 fois moins grasse et 6 fois moins salée que les rondelles d'oignon du resto.

En cas d'allergie aux produits laitiers, utilisez un substitut de yogourt à base de soya nature (de type Yoso).

GRILLED CHEESE URBAIN

Préparation **10 min**   Cuisson **10 min**   **4 portions**

 **2,85 $** / portion

INGRÉDIENTS VEDETTES

prosciutto

pain de seigle

fromage

pêche

miel

- 4 tranches de **prosciutto**
- 8 tranches de **pain de seigle**
- 250 ml (1 tasse) de **fromage râpé à l'italienne** (mélange du commerce)
- 1 grosse **pêche** tranchée finement
- 20 ml (4 c. à thé) de **miel**
- 30 ml (2 c. à soupe) de **beurre** fondu

1. Préchauffer un poêlon strié à feu doux.
2. Placer les tranches de prosciutto entre deux feuilles de papier absorbant (essuie-tout). Déposer dans une assiette et cuire 2 ou 3 minutes au four à micro-ondes ou jusqu'à ce que le prosciutto soit sec et croustillant. Laisser reposer.
3. Déposer 4 tranches de pain sur un comptoir propre. Garnir chaque tranche de 30 ml (2 c. à soupe) de fromage, de tranches de pêche et de prosciutto. Verser le miel et ajouter 30 ml (2 c. à soupe) de fromage sur chaque portion. Refermer. À l'aide d'un pinceau de cuisine, badigeonner de beurre fondu les deux côtés des sandwichs.
4. Cuire à feu moyen 5 minutes de chaque côté, en pressant à l'aide d'une spatule pour aplatir les sandwichs et bien sceller les ingrédients.
5. Couper chaque grilled cheese en deux et servir.

   Cette recette ne se conserve pas bien, ni au réfrigérateur ni au congélateur. Toutefois, elle est si rapide et si simple à préparer que vous pouvez la réaliser en un tournemain.

Valeurs nutritives
(par portion)

Calories	422
Protéines	18 g
Lipides	20 g
Glucides	44 g
Fibres	5 g
Sodium	1040 mg

Astuce Le prosciutto est 3 fois moins gras que le bacon de porc cuit au four à micro-ondes.

Variante Remplacez les tranches de pêche par des tranches de pomme ou de poire.

En cas d'allergie aux produits laitiers, utilisez un substitut de fromage râpé sans produit laitier (de type Daiya) et remplacez le beurre par de la margarine sans produits laitiers.

MINI-BURGERS DINDE ET SARRASIN

Préparation **10 min** Cuisson **40 min** **8 portions** de 2 mini-burgers  **1,90 $** / portion

INGRÉDIENTS VEDETTES

- sarrasin blanc
- dinde hachée
- chapelure de blé entier à l'italienne
- fromage
- mini-pains à hamburger

125 ml (1/2 tasse) de **sarrasin** blanc (voir astuce)

375 ml (1 1/2 tasse) d'**eau**

450 g (1 lb) de **dinde** hachée

2 **œufs**

250 ml (1 tasse) de **chapelure** de blé entier à l'italienne

250 ml (1 tasse) de **fromage râpé à l'italienne** (mélange du commerce)

Poivre et **sel**

5 ml (1 c. à thé) d'**huile de canola**

16 **mini-pains à hamburger** au sésame

Garnitures et **condiments** (au goût)

1. Dans une petite casserole, déposer le sarrasin et l'eau. Porter à ébullition à feu vif. Réduire à feu moyen et couvrir. Cuire 15 minutes ou jusqu'à ce que l'eau soit absorbée et que le sarrasin soit tendre. Laisser tiédir quelques minutes.

2. Dans un grand bol, mélanger le sarrasin tiédi et la dinde. Ajouter les œufs, la chapelure et le fromage. Poivrer généreusement et ajouter une pincée de sel. Bien mélanger. Former 16 galettes.

3. À l'aide d'un pinceau de cuisine, badigeonner d'huile un grand poêlon antiadhésif. Cuire les galettes à feu moyen de 7 à 10 minutes de chaque côté.

4. Servir dans un petit pain hamburger. Garnir au goût avec des tranches de fromage, de la laitue, des tomates et des condiments.

Les galettes se conservent 3 jours au réfrigérateur ou 4 mois au congélateur.

Valeurs nutritives
(par portion)

Calories	522
Protéines	28 g
Lipides	16 g
Glucides	64 g
Fibres	5 g
Sodium	639 mg

Astuce À part pour les fameuses galettes de sarrasin, on ne cuisine pas beaucoup cette céréale. Pourtant, le sarrasin est riche en fibres, ne coûte pas cher et est cultivé au Québec. Dans 250 ml (1 tasse) de céréales, il y a plus de fibres que dans deux tranches de pain de blé entier. Que de bonnes raisons de l'adopter!

Note Notre galette contient près de 30 % moins de gras qu'une galette préparée uniquement à base de dinde.

TACOS AU BŒUF EFFILOCHÉ

Préparation **10 min** | Cuisson **4 h** | **12 portions** de 2 tacos

 **3,35 $ / portion**

INGRÉDIENTS VEDETTES

cubes de bœuf à ragoût

assaisonnement au chili

salsa mexicaine

tortillas

fromage râpé

2 kg (4 lb) de **cubes de bœuf à ragoût**

60 ml (1/4 tasse) d'**assaisonnement au chili** (ou assaisonnement à la mexicaine)

125 ml (1/2 tasse) de **salsa mexicaine** du commerce (douce ou piquante)

24 petites **tortillas** souples de blé entier ou de maïs

Garnitures au choix: laitue, tomates, fromage râpé, crème sure allégée ou yogourt nature, maïs en grains, salsa mexicaine, tranches d'avocat, coriandre fraîche, jus de lime, salade de chou

1. Éponger les cubes de bœuf avec du papier absorbant (essuie-tout), puis les déposer dans la mijoteuse.

2. Saupoudrer les cubes d'assaisonnement au chili et mélanger pour bien enrober. Ajouter la salsa et mélanger.

3. Cuire 4 heures à intensité élevée ou jusqu'à ce que les cubes de bœuf s'effilochent facilement à la fourchette.

4. Effilocher la viande en écrasant les cubes à la fourchette directement dans le bol de la mijoteuse. Mélanger pour enrober de sauce et laisser reposer. Si désiré, congeler la moitié de la viande pour un usage ultérieur.

5. Répartir également le reste du bœuf effiloché au centre des tortillas et garnir au goût.

   La viande se conserve 4 jours au réfrigérateur ou 4 mois au congélateur.

Valeurs nutritives (par portion)

Calories	433
Protéines	43 g
Lipides	20 g
Glucides	19 g
Fibres	5 g
Sodium	264 mg

Variante Utilisez le bœuf effiloché dans un riz à la mexicaine composé d'oignons hachés, de poivrons en dés, de maïs surgelé décongelé, de haricots noirs rincés, d'assaisonnement au chili, de coriandre fraîche hachée et de jus de lime.

En cas d'allergie au blé, utilisez les tortillas 100 % maïs et assurez-vous que votre assaisonnement au chili ne contienne pas de blé.

KEFTAS DU MOYEN-ORIENT

Préparation **20 min** Cuisson **12 min** **6 portions** de 3 keftas, avec couscous et sauce

2,75 $ / portion

INGRÉDIENTS VEDETTES

fromage feta

tomates séchées

œuf

chapelure

pois chiches

Valeurs nutritives
(par portion)

Calories	446
Protéines	20 g
Lipides	11 g
Glucides	69 g
Fibres	10 g
Sodium	474 mg

KEFTAS

1 gousse d'**ail**

1 petit **oignon rouge**

125 ml (1/2 tasse) de feuilles de **menthe fraîche**

100 g (3 1/2 oz) de fromage **feta** en gros cubes

4 ou 5 **tomates séchées** dans l'huile, égouttées

1 **œuf**

125 ml (1/2 tasse) de **chapelure**

1 boîte de 540 ml (19 oz) de **pois chiches** rincés et égouttés

15 ml (1 c. à soupe) d'**huile**

SAUCE À LA MENTHE

375 ml (1 1/2 tasse) de **yogourt nature**

125 ml (1/2 tasse) de feuilles de **menthe fraîche**

1 gousse d'**ail** hachée

Jus de 1 **lime**

COUSCOUS

560 ml (2 1/2 tasses) de **bouillon de légumes** du commerce réduit en sodium

375 ml (1 1/2 tasse) de **semoule de blé** entier

1 casseau de **tomates cerises** coupées en 2

KEFTAS

1. Au robot culinaire, hacher l'ail, l'oignon, la menthe, le feta et les tomates séchées. Ajouter l'œuf et la chapelure et mélanger de nouveau.

2. Ajouter les pois chiches et pulser juste assez pour les concasser sans les réduire complètement en purée.

3. Avec environ 45 ml (3 c. à soupe) de mélange, former des petits boudins autour d'une brochette. Répéter avec le reste de la préparation pour obtenir 18 petits boudins.

4. Verser l'huile dans un grand poêlon antiadhésif et cuire les keftas à feu moyen-vif 3 minutes de chaque côté, ou jusqu'à ce qu'ils soient bien dorés.

   Se conserve 4 jours au réfrigérateur ou 3 mois au congélateur.

SAUCE À LA MENTHE

1. Pendant la cuisson des keftas, préparer la sauce au yogourt en mélangeant tous les ingrédients au mélangeur électrique (blender).

   Se conserve 3 jours au réfrigérateur et ne se congèle pas.

COUSCOUS

1. Dans une casserole, porter à ébullition le bouillon de légumes.

2. Ajouter la semoule, retirer du feu et laisser reposer 10 minutes, ou jusqu'à ce que les grains soient tendres et le bouillon complètement absorbé.

3. Étendre le couscous dans une grande assiette de service, déposer les keftas, garnir de tomates cerises et servir avec la sauce au yogourt et à la menthe.

RECETTE EXCLUSIVE
BŒUF EFFILOCHÉ À LA GUINNESS

Préparation **3 min** Cuisson **6 h** **10 portions**

 **3,20 $** / portion

INGRÉDIENTS VEDETTES

cubes de bœuf à ragoût

moutarde à l'ancienne

sirop d'érable

oignons jaunes

Guinness

1,5 kg (3 lb) de **cubes de bœuf à ragoût**

60 ml (1/4 tasse) de **moutarde à l'ancienne** (ou moutarde de Meaux)

30 ml (2 c. à soupe) de **sirop d'érable**

2 **oignons jaunes** tranchés

1 canette de **Guinness** de 440 ml (15 oz)

Poivre et **sel**

1. Éponger les cubes de bœuf à l'aide d'un papier absorbant (essuie-tout), puis les déposer dans la mijoteuse.

2. Ajouter la moutarde, le sirop d'érable, les oignons et la bière. Poivrer généreusement et ajouter une pincée de sel. Bien mélanger pour enrober.

3. Couvrir la mijoteuse et cuire 6 heures à faible intensité ou jusqu'à ce que la viande s'effiloche facilement à la fourchette.

4. Effilocher la viande en écrasant les cubes directement dans le bol de la mijoteuse en utilisant deux fourchettes. Mélanger pour enrober de sauce.

5. Pour servir en sandwich, égoutter la viande, déposer dans un pain Kaiser et garnir de moutarde à l'ancienne, de feuilles de laitue et de cheddar vieilli.

    Se conserve 4 jours au réfrigérateur ou 4 mois au congélateur.

Valeurs nutritives
(par portion)

Calories	245
Protéines	35 g
Lipides	7 g
Glucides	7 g
Fibres	1 g
Sodium	240 mg

Astuce La cuisson à la mijoteuse ne permet pas à l'alcool contenu dans la bière de s'évaporer complètement. Pour que cette recette convienne aux enfants, remplacez la Guinness par moitié-moitié de bouillon de bœuf et de bière sans alcool.

Variante Vous pouvez aussi servir le bœuf effiloché avec une purée de pommes de terre et des haricots vapeur.

CÔTES LEVÉES
(À LA MIJOTEUSE)

Préparation **10 min** Cuisson **6 à 8 h** **6 portions**

 **4,15 $** / portion

INGRÉDIENTS VEDETTES

cassonade

côtes levées de dos de porc

tomates broyées

vinaigre de cidre

mélasse

30 ml (2 c. à soupe) de **cassonade**

30 ml (2 c. à soupe) de **paprika fumé**

2 sections de **côtes levées de dos de porc** d'environ 750 g (1 1/2 lb) chacune

SAUCE BBQ MAISON

1 boîte de 796 ml (28 oz) de **tomates broyées**

125 ml (1/2 tasse) de **vinaigre de cidre**

60 ml (1/4 tasse) de **mélasse** de fantaisie

60 ml (1/4 tasse) de **cassonade** légèrement tassée

30 ml (2 c. à soupe) d'**assaisonnement au chili** (ou assaisonnement à la mexicaine)

2,5 ml (1/2 c. à thé) de **fumée liquide** (voir page 272)

1 pincée de **piment de Cayenne** (facultatif)

Poivre et **sel**

1. Dans un petit bol, mélanger la cassonade et le paprika fumé. Saupoudrer sur la viande et frotter pour bien les enrober. Déposer les côtes levées dans la mijoteuse pour qu'elles longent la paroi de la cocotte.

2. Dans un grand bol, mélanger tous les ingrédients de la sauce BBQ. Poivrer généreusement et ajouter une pincée de sel.

3. Verser la moitié de la sauce au centre de la mijoteuse et congeler le reste pour un usage futur.

4. À l'aide d'une cuillère, enrober les côtes levées de sauce. Fermer le couvercle et activer la mijoteuse. Cuire de 6 à 8 heures à faible intensité. Le temps de cuisson peut varier d'une mijoteuse à l'autre selon la puissance de l'appareil. La viande des côtes levées doit être tendre, mais sans se détacher trop facilement de l'os.

Se conserve 3 jours au réfrigérateur ou 4 mois au congélateur.

Variante Utilisez le reste de la sauce pour préparer les pilons de poulet BBQ (voir page 308).

Valeurs nutritives
(par portion)

Calories	492
Protéines	23 g
Lipides	20 g
Glucides	57 g
Fibres	3 g
Sodium	294 mg

SALADE DE CHOU RAPIDO

Préparation **10 min**   Repos **2 h**   6 portions    0,40 $/portion

INGRÉDIENTS VEDETTES

jus de pomme

vinaigre de cidre

moutarde de Dijon

huile

chou râpé

60 ml (1/4 tasse) de **jus de pomme** non sucré

60 ml (1/4 tasse) de **vinaigre de cidre**

30 ml (2 c. à soupe) de **moutarde de Dijon**

30 ml (2 c. à soupe) d'**huile**

15 ml (1 c. à soupe) de **sucre**

Poivre et **sel**

1 sac de 450 g (1 lb) de **chou** râpé (du commerce)

1. Dans un grand contenant hermétique, verser le jus de pomme et le vinaigre de cidre. Ajouter la moutarde, l'huile et le sucre. Poivrer généreusement et ajouter une pincée de sel. Fermer le contenant et secouer énergiquement.

2. Ajouter le chou, refermer et secouer de nouveau pour bien enrober. Laisser reposer 2 heures avant de servir.

   Se conserve 3 jours au réfrigérateur et ne se congèle pas.

Astuce En deux temps, trois mouvements, vous obtenez une salade de chou maison qui contient le tiers moins de sel que la salade de chou traditionnelle du commerce.

Variante Ajoutez du croquant à vos sandwichs avec cette salade de chou.

Valeurs nutritives
(par portion)

Calories	83
Protéines	1 g
Lipides	5 g
Glucides	8 g
Fibres	2 g
Sodium	153 mg

GNOCCHIS GRILLÉS

Préparation **5 min** Cuisson **10 min** **4 portions**  **0,65 $/portion**

INGRÉDIENTS VEDETTES

huile d'olive

gnocchis

ail

fleur de sel

15 ml (1 c. à soupe) d'**huile d'olive**

1 paquet de 450 g (1 lb) de **gnocchis** emballés sous vide

1 gousse d'**ail** hachée finement

Fleur de sel

1. Dans un grand poêlon, chauffer l'huile à feu moyen-vif.

2. Ajouter les gnocchis et griller 10 minutes ou jusqu'à ce qu'ils soient dorés et croustillants. Remuer à plusieurs reprises durant la cuisson pour griller tous les côtés.

3. Ajouter l'ail 5 minutes avant la fin de la cuisson. Saupoudrer de sel et servir pour accompagner la bavette (voir page 330).

Se conserve 3 jours au réfrigérateur et ne se congèle pas.

Astuce Les gnocchis sont préparés à partir de purée de pommes de terre et de farine. Bouillis et accompagnés de sauce, c'est un classique de la cuisine italienne. Grillés, ils remplacent à merveille les frites! Les gnocchis sont 9 fois moins gras et beaucoup moins salés que les frites d'un restaurant de *fast food*.

Valeurs nutritives (par portion)

Calories	166
Protéines	2 g
Lipides	6 g
Glucides	27 g
Fibres	1 g
Sodium	237 mg

BAVETTE MARINÉE

Préparation **5 min**   Cuisson **15 min**   4 portions    **4,70 $** / portion

INGRÉDIENTS VEDETTES

huile d'un pot de tomates séchées

vinaigre balsamique

moutarde de Dijon

poivre et sel

bavette de bœuf

15 ml (1 c. à soupe) d'**huile** provenant d'un pot de tomates séchées (ou d'huile d'olive)

30 ml (2 c. à soupe) de **vinaigre balsamique**

15 ml (1 c. à soupe) de **moutarde de Dijon**

Poivre et **sel**

625 g (1 1/4 lb) de **bavette de bœuf** coupée en 2 morceaux

1. Préchauffer le four à 180 °C (350 °F).

2. Dans un grand bol, mélanger l'huile, le vinaigre et la moutarde. Poivrer généreusement et ajouter une pincée de sel. Ajouter les morceaux de bavette et laisser mariner quelques minutes à température ambiante (voir astuce).

3. Chauffer un poêlon strié à feu moyen-vif. Déposer les morceaux de bavette dans le poêlon et cuire 3 minutes sans les bouger. Tourner les bavettes d'un quart de tour pour imprimer des marques de cuisson quadrillées sur la viande et cuire 1 minute.

4. Retourner les bavettes et cuire 2 minutes sans les bouger. Tourner les bavettes d'un quart de tour. pour imprimer des marques de cuisson quadrillées et cuire 1 minute.

5. Déposer le poêlon au four et poursuivre la cuisson des bavettes 5 minutes.

6. Emballer les bavettes dans un papier d'aluminium et laisser reposer sur le comptoir pendant 5 minutes. Trancher les bavettes dans le sens contraire des fibres de la viande (pour une texture plus tendre).

   Se conserve 3 jours au réfrigérateur ou 2 mois au congélateur.

Valeurs nutritives
(par portion)

Calories	289
Protéines	24 g
Lipides	20 g
Glucides	1 g
Fibres	0 g
Sodium	174 mg

Astuce Vous pouvez faire mariner la viande au frigo la veille pour que la bavette soit encore plus savoureuse.

Variante S'il vous reste quelques tranches de bavette, utilisez-les en sandwich ou en salade pour les lunchs du lendemain.

Ravitaillement familial bien mérité. Un boui-boui sur l'*Avenida España*.

ARRÊT AU PUITS

CHAPITRE 10

Pops glacés au melon	**336**
Trempette à l'érable	**338**
Boules de collation sans cuisson	**340**
«Pâte à biscuits»	**342**
Galettes à la poire et au gingembre	**344**
Méli-mélo à grignoter	**346**
Muffins orange et canneberges	**348**
Pain aux bananes	**350**
Galette géante à partager	**352**
Barres tendres choco-dattes	**354**
Pastilles de yogourt glacé	**356**
Yogourt à boire	**356**

Mercado Central, Santiago.

ARRÊT AU PUITS

Les collations mettent en valeur mon côté «grand-maman». Il y a quelque chose d'infiniment affectueux, dans mon imaginaire, chez une grand-mère qui sort de son sac à main, de sa poche, de son tablier, un petit quelque chose à grignoter pour l'offrir à un enfant. J'ai vécu une telle attention tant de fois avec la mienne. Et mon fils a le même souvenir de son *abuela*.

Bambine, alors que je venais d'arriver au pays, de «vieilles dames» voisines nous offraient, à ma sœur et à moi, de petits sucres à la crème. On les appréciait, autant elles que leurs savoureux bonbons. Bref, c'est l'un des gestes qui m'émeut le plus dans le panorama de la vie familiale. Alors, je trimbale toujours de petites collations dans mon sac à main trop lourd. Je suis celle qui, au concert de fin d'année de mes enfants, transporte dans son baluchon des barres tendres et des galettes pour mes enfants, ceux de mes amies et ceux du bout de la rangée qui nous regardent avec des yeux d'épagneuls dont l'estomac crie : «Moi aussi!!!» Pour moi, les collations, c'est la vie! Ce sont des cadeaux autant que des bouchées qui procurent de l'énergie.

Gen, elle, a mis au monde une petite dynamo comme dans *dynamite*. Le lapin Energizer et sa Maude, même ADN! Voyez le topo. Après trois matchs de soccer dans la même journée, sa Maude demande d'aller faire du vélo sitôt rentrée à la maison. Un entraînement à l'aréna aux aurores? Parfait pour elle, car ça lui donnera le temps d'aller skier illico après! Conséquences après de tels jeux olympiques? Sa petite athlète a toujours faim. Geneviève a donc des raisons moins poétiques que moi de traîner des collations avec elle partout et en tout temps, mais tout aussi appréciées. Pas étonnant que le coffre à gants de nos voitures ait subi un changement de vocation. Ils sont devenus des coffres à collations! N'y manque que des rangées bien identifiées comme dans les supermarchés.

POPS GLACÉS AU MELON

Préparation **10 min** Repos **2 h** **12 portions**

 **0,75 $** / portion

INGRÉDIENTS VEDETTES

cantaloup

yogourt grec au citron

melon miel

yogourt grec à la vanille

POPS AU CANTALOUP

500 ml (2 tasses) de **cantaloup** mûr en cubes

250 ml (1 tasse) de **yogourt grec au citron**

POPS AU MELON MIEL

500 ml (2 tasses) de **melon miel** mûr en cubes

250 ml (1 tasse) de **yogourt grec à la vanille**

1. Au mélangeur électrique (blender), réduire en purée lisse le cantaloup et 125 ml (1/2 tasse) de yogourt grec au citron.
2. Répartir également le mélange dans six contenants à sucettes glacées.
3. Distribuer la quantité restante de yogourt dans les contenants à sucettes glacées.
4. À l'aide du bâton à sucettes, mélanger très légèrement la préparation au melon et le yogourt pour créer un effet marbré.
5. Reproduire les mêmes étapes pour la version au melon miel.
6. Congeler au minimum 2 heures avant de déguster.

   Au moment de servir, passer les contenants sous l'eau chaude quelques secondes pour démouler.

   Se conserve 1 mois au congélateur.

Valeurs nutritives
(par portion)

Calories	57
Protéines	4 g
Lipides	1 g
Glucides	10 g
Sodium	28 mg

Astuce Pour choisir un melon bien mûr, appuyez près du pédoncule. S'il renfonce légèrement, le melon sera parfait.

Variante Essayez cette recette avec du yogourt grec à la noix de coco ou à la lime.

En cas d'allergie aux produits laitiers, utilisez un substitut de yogourt ou un pouding à base de soya à la vanille.

TREMPETTE À L'ÉRABLE

Préparation **10 min**　　Repos **24 h**　　**4 portions**　　**1,60 $ / portion**

INGRÉDIENTS VEDETTES

noix de cajou

boisson aux amandes

sirop d'érable

vanille

fruits

250 ml (1 tasse) de **noix de cajou** naturelles

180 ml (3/4 tasse) de **boisson aux amandes nature** (non sucrée)

45 ml (3 c. à soupe) de **sirop d'érable**

5 ml (1 c. à thé) d'**extrait de vanille** pure

Morceaux de **fruits** variés (ananas, melons, petits fruits frais, pommes, bananes, etc.)

1. Déposer les noix de cajou dans un plat hermétique et couvrir d'eau. Refermer et laisser tremper au réfrigérateur 24 heures. Cette étape permet d'attendrir les noix.

2. Bien égoutter les noix. Au robot culinaire, hacher finement les noix. Racler les rebords à l'aide d'une spatule en caoutchouc.

3. En laissant le robot tourner, ajouter la boisson aux amandes, le sirop d'érable et la vanille par l'ouverture sur le couvercle de l'appareil. À l'aide d'une spatule de plastique, racler les rebords du robot à quelques reprises. Mélanger pour obtenir une texture lisse et crémeuse.

Servir en trempette et utiliser des fourchettes à fondue pour y tremper les morceaux de fruits.

Se conserve 4 jours au réfrigérateur et ne se congèle pas.

Valeurs nutritives
(par portion)

Calories	97
Protéines	5 g
Lipides	1 g
Glucides	11 g
Fibres	0 g
Sodium	26 mg

En cas d'allergie aux noix, remplacez la boisson d'amandes par de la boisson de soya nature et les noix de cajou par 125 ml (1/2 tasse) de beurre de pois ou de soya.

BOULES DE COLLATION SANS CUISSON

Préparation **10 min**   Cuisson **aucune**   **12 portions** de 3 boules    **0,60 $** / portion

INGRÉDIENTS VEDETTES

 amandes

 dattes

 beurre d'amandes

 cannelle

 piment de la Jamaïque

250 ml (1 tasse) d'**amandes** naturelles entières

250 ml (1 tasse) de **dattes** dénoyautées hachées grossièrement

60 ml (1/4 tasse) de **beurre d'amandes**

2,5 ml (1/2 c. à thé) de **cannelle** moulue

2,5 ml (1/2 c. à thé) de **piment de la Jamaïque** (allspice)

2,5 ml (1/2 c. à thé) de **gingembre** moulu

1. Au robot culinaire, hacher finement les amandes. Transvider dans un grand bol.

2. Réduire les dattes en purée au robot et verser la préparation dans le bol contenant les amandes. Ajouter le beurre d'amandes et les épices. Bien mélanger pour que la préparation soit homogène.

3. Diviser le mélange en 36 boules de la grosseur d'une grosse cerise. Placer les boules dans un contenant hermétique.

Se conserve 10 jours au réfrigérateur ou 2 mois au congélateur.

Valeurs nutritives (par portion)

Calories	151
Protéines	4 g
Lipides	10 g
Glucides	16 g
Fibres	3 g
Sodium	1 mg

Variante Variez les noix et le beurre de noix utilisés dans la recette : noisette et beurre de noisette, arachide et beurre d'arachide, cajou et beurre de cajou…

«PÂTE À BISCUITS»

Préparation **15 min** Cuisson **aucune** **10 portions** de 80 ml (1/3 tasse)  **0,45 $** / portion

INGRÉDIENTS VEDETTES

pois chiches

boisson de soya

cassonade

beurre d'amandes

pépites de chocolat miniatures

1 boîte de 540 ml (19 oz) de **pois chiches** rincés et égouttés

80 ml (1/3 tasse) de **boisson de soya nature**

80 ml (1/3 tasse) de **cassonade** légèrement tassée

80 ml (1/3 tasse) de **beurre d'amandes** (ou de soya)

5 ml (1 c. à thé) de **cannelle** moulue

5 ml (1 c. à thé) d'**extrait de vanille** pure

80 ml (1/3 tasse) de **pépites de chocolat** mi-sucré miniatures

1. Au robot culinaire, réduire les pois chiches en purée. Ajouter le reste des ingrédients, sauf les pépites de chocolat, et mélanger pour obtenir une préparation lisse et soyeuse.

2. Transvider la préparation dans un bol, ajouter les pépites de chocolat et mélanger.

   Se mange à la cuillère, comme la pâte à biscuits crue qu'on aime déguster lorsqu'il en reste au fond d'un bol.

   Se conserve 7 jours au réfrigérateur et ne se congèle pas.

Valeurs nutritives
(par portion)

Calories	178
Protéines	5 g
Lipides	7 g
Glucides	24 g
Fibres	4 g
Sodium	9 mg

Astuce Pour préparer cette fausse pâte à biscuits, nous nous sommes inspirées de la recette de hoummous, cette purée de pois chiches libanaise, et en avons fait une version sucrée en remplaçant le beurre de sésame par du beurre d'amandes, l'ail par de la cannelle et le jus de citron par de la boisson de soya, en y ajoutant un peu de cassonade.

En cas d'allergie aux noix, remplacez le beurre d'amandes par du beurre de pois ou de soya.

GALETTES À LA POIRE ET AU GINGEMBRE

Préparation **15 min** | Cuisson **15 min** | **15 portions** de 2 galettes

 **0,60 $** / portion

INGRÉDIENTS VEDETTES

poires en conserve

tofu mi-ferme

sucre

gingembre frais

farine Nutri

1 boîte de 796 ml (28 oz) de **poires** dans le jus

450 g (1 lb) de **tofu mi-ferme**

125 ml (1/2 tasse) de **sucre**

10 ml (2 c. à thé) d'**extrait de vanille** pure

1 cube de 2,5 cm (1 po) de **gingembre frais** en tranches

875 ml (3 1/2 tasses) de **farine Nutri** (voir page 386)

7,5 ml (1/2 c. à soupe) de **bicarbonate de soude**

7,5 ml (1/2 c. à soupe) de **poudre à pâte**

GLAÇAGE

250 ml (1 tasse) de **sucre à glacer**

22 ml (1 1/2 c. à soupe) de **jus de poire** (provenant de la conserve)

5 ml (1 c. à thé) de **gingembre frais** râpé

1. Préchauffer le four à 180 °C (350 °F). Placer la grille au centre du four. Tapisser 2 plaques de cuisson de papier parchemin.

2. Égoutter les poires, et conserver le jus pour le glaçage.

3. Au mélangeur électrique (blender), broyer les poires, le tofu, le sucre, la vanille et le gingembre.

4. Dans un bol moyen, mélanger la farine, le bicarbonate de soude et la poudre à pâte.

5. Incorporer les ingrédients humides aux ingrédients secs. Bien mélanger. À l'aide d'une cuillère à crème glacée, diviser la pâte en 30 galettes. Déposer sur les plaques de cuisson.

6. Cuire au four 15 minutes ou jusqu'à ce qu'un cure-dent inséré au centre d'une galette en ressorte propre et que le dessus des galettes soit légèrement doré.

7. Pendant la cuisson des galettes, dans un bol moyen, mélanger tous les ingrédients du glaçage jusqu'à ce que la préparation soit homogène. Au besoin, ajouter un peu de sucre à glacer si la préparation est trop liquide.

Décorer les galettes tiédies avec le glaçage au gingembre.

Se conserve 5 jours au réfrigérateur ou 2 mois au congélateur.

Valeurs nutritives (par portion)

Calories	230
Protéines	7 g
Lipides	2 g
Glucides	50 g
Fibres	5 g
Sodium	157 mg

Note Cette galette sans œufs et sans produits laitiers convient bien aux personnes allergiques et aux personnes végétariennes.

En cas d'allergie au blé, utilisez de la farine Nutri sans gluten (de Robin Hood) qui est fabriquée à partir de farine de riz, de fibres de betterave à sucre, de fécule de pomme de terre et de fécule de manioc.

MÉLI-MÉLO À GRIGNOTER

Préparation **5 min** | Cuisson **12 min** | **8 portions** de 125 ml (1/2 tasse)

 0,40 $ / portion

INGRÉDIENTS VEDETTES

beurre

céréales Shreddies

bretzels

fèves de soya grillées

céréales Cheerios

1 **blanc d'œuf**

30 ml (2 c. à soupe) de **beurre** fondu tiédi

250 ml (1 tasse) de **céréales Shreddies** nature

250 ml (1 tasse) de **bretzels**

125 ml (1/2 tasse) de **fèves de soya** grillées nature

250 ml (1 tasse) de **céréales Cheerios** nature

125 ml (1/2 tasse) de **Smarties**

1. Préchauffer le four à 180 °C (350 °F). Placer la grille au centre du four. Tapisser une plaque de cuisson de papier parchemin.

2. Dans un grand bol, fouetter vigoureusement le blanc d'œuf jusqu'à ce qu'il soit mousseux.

3. Ajouter le beurre fondu tiédi et bien mélanger. Incorporer les Shreddies, les bretzels et les fèves de soya. Mélanger afin de bien enrober les ingrédients.

4. Répartir le mélange de céréales sur la plaque de cuisson. Cuire au four de 10 à 12 minutes ou jusqu'à ce que les céréales soient dorées. Laisser refroidir complètement avant de transvider dans un grand bol. Ajouter les Cheerios et les Smarties et servir.

Se conserve 2 semaines dans un contenant hermétique à la température ambiante.

Valeurs nutritives
(par portion)

Calories	165
Protéines	6 g
Lipides	6 g
Glucides	23 g
Fibres	2 g
Sodium	247 mg

Note Notre version est 2 fois plus riche en protéines et en fibres et près de 2 fois moins salée que la version commerciale.

Variante Ajoutez du maïs soufflé en l'intégrant au même moment que les Cheerios et les Smarties.

En cas d'allergie aux œufs, omettez simplement le blanc d'œuf dans la recette.

MUFFINS ORANGE ET CANNEBERGES

Préparation **15 min**   Cuisson **20 min**   **12 portions**    **0,40 $** /portion

INGRÉDIENTS VEDETTES

céréales de psyllium

jus d'orange

farine de blé entier

canneberges séchées

sucre

250 ml (1 tasse) de **céréales de psyllium All-Bran Buds** (voir note)

250 ml (1 tasse) de **jus d'orange**

500 ml (2 tasses) de **farine** de blé entier

250 ml (1 tasse) de **canneberges séchées** hachées finement

5 ml (1 c. à thé) de **bicarbonate de soude**

5 ml (1 c. à thé) de **poudre à pâte**

180 ml (3/4 tasse) de **sucre**

60 ml (1/4 tasse) d'**huile de canola**

1 **œuf**

15 ml (1 c. à soupe) de **zeste d'orange**

1. Préchauffer le four à 180 °C (350 °F). Placer la grille au centre du four.

2. Dans un petit bol, mélanger les céréales et le jus d'orange. Laisser reposer 10 minutes.

3. Pendant ce temps, dans un grand bol, mélanger la farine, les canneberges, le bicarbonate de soude et la poudre à pâte.

4. Dans un autre grand bol, mélanger le sucre, l'huile, l'œuf et le zeste d'orange.

5. Incorporer les céréales gonflées et les ingrédients secs aux ingrédients humides. Mélanger à la fourchette pour humecter. Ne pas trop mélanger.

6. Diviser la préparation dans les cavités d'un moule à 12 muffins.

7. Cuire au four 20 minutes ou jusqu'à ce qu'un cure-dent inséré au centre des muffins en ressorte sec et que le dessus des muffins soit doré.

Se conserve 5 jours au réfrigérateur ou 2 mois au congélateur.

Valeurs nutritives
(par portion)

Calories	237
Protéines	4 g
Lipides	6 g
Glucides	44 g
Fibres	5 g
Sodium	182 mg

Note Le psyllium est une plante riche en fibres solubles reconnues pour leurs bienfaits sur la santé du cœur. Les All-Bran Buds de Kellogg sont les céréales contenant du psyllium qu'on trouve le plus facilement en épicerie.

Variante Remplacez les canneberges par des dattes hachées.

En cas d'allergie aux œufs, omettez-les et ajoutez 125 ml (1/2 tasse) de jus d'orange en plus, tout simplement. La texture sera tout aussi moelleuse.

PAIN AUX BANANES

Préparation **15 min**   Cuisson **55 min**   12 portions   **0,45 $ / portion**

INGRÉDIENTS VEDETTES

farine de blé entier

beurre

sucre

bananes

yogourt nature

500 ml (2 tasses) de **farine** de blé entier

60 ml (1/4 tasse) de **graines de lin** moulues (voir page 418)

2,5 ml (1/2 c. à thé) de **poudre à pâte**

2,5 ml (1/2 c. à thé) de **bicarbonate de soude**

125 ml (1/2 tasse) de **beurre** ramolli

125 ml (1/2 tasse) de **sucre**

2 **œufs**

10 ml (2 c. à thé) d'**extrait de vanille** pure

4 **bananes** très mûres pilées à la fourchette

125 ml (1/2 tasse) de **yogourt nature**

1. Préchauffer le four à 180 °C (350 °F). Placer la grille au centre du four. Beurrer un moule à pain de 23 cm sur 12 cm (9 po sur 5 po).

2. Dans un bol moyen, mélanger à la fourchette la farine, les graines de lin, la poudre à pâte et le bicarbonate de soude.

3. Dans un grand bol, mélanger à la fourchette le beurre et le sucre.

4. Ajouter les œufs et la vanille à la préparation de beurre et mélanger. Incorporer la purée de bananes et le yogourt.

5. Transvider les ingrédients secs dans les ingrédients humides. Bien mélanger à la fourchette. Verser la préparation dans le moule beurré.

6. Cuire au four 55 minutes ou jusqu'à ce qu'un cure-dent inséré au centre du pain en ressorte propre et que le dessus soit bien doré. Laisser tiédir avant de démouler.

   Se conserve 5 jours au réfrigérateur ou 2 mois au congélateur.

Valeurs nutritives
(par portion)

Calories	250
Protéines	5 g
Lipides	11 g
Glucides	34 g
Fibres	3 g
Sodium	114 mg

Note Notre pain aux bananes contient 5 fois plus de fibres et près de 3 fois plus de protéines qu'un pain aux bananes du commerce.

Variante Ajoutez à la recette 125 ml (1/2 tasse) de noix de Grenoble hachées. Intégrez-les au mélange sec avec les autres ingrédients.

En cas d'allergie au blé, utilisez de la farine Nutri sans gluten.

GALETTE GÉANTE À PARTAGER

Préparation **15 min**   Cuisson **20 min**   **12 portions**   **0,35 $ / portion**

INGRÉDIENTS VEDETTES

flocons d'avoine

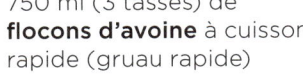
farine de blé entier

beurre

cassonade

lait

750 ml (3 tasses) de **flocons d'avoine** à cuisson rapide (gruau rapide)

250 ml (1 tasse) de **farine** de blé entier

60 ml (1/4 tasse) de **graines de lin** moulues (voir page 418)

10 ml (2 c. à thé) de **cannelle** moulue

125 ml (1/2 tasse) de **beurre** ramolli

125 ml (1/2 tasse) de **cassonade** légèrement tassée

125 ml (1/2 tasse) de **sucre**

125 ml (1/2 tasse) de **lait**

1 **œuf**

5 ml (1 c. à thé) d'**extrait de vanille** pure

1. Préchauffer le four à 180 °C (350 °F). Placer la grille dans le tiers du haut. Tapisser de papier parchemin une plaque de cuisson.

2. Dans un grand bol, mélanger l'avoine, la farine, les graines de lin et la cannelle.

3. Dans un autre grand bol, fouetter le beurre, la cassonade et le sucre au batteur électrique (blender) jusqu'à ce que la préparation soit crémeuse.

4. Ajouter le lait, l'œuf et la vanille, puis mélanger de nouveau.

5. Incorporer la préparation d'avoine aux ingrédients humides. Bien mélanger.

6. Avec les doigts, répartir uniformément le mélange sur la plaque de cuisson.

7. Cuire au four jusqu'à ce que la galette soit dorée. Calculer 18 minutes pour une galette tendre et 22 minutes pour une galette croquante.

Laisser tiédir avant de déposer au centre de la table où chacun se sert en cassant une part de la taille souhaitée.

Se conserve 5 jours au réfrigérateur ou 2 mois au congélateur.

Valeurs nutritives
(par portion)

Calories	281
Protéines	7 g
Lipides	12 g
Glucides	40 g
Fibres	3 g
Sodium	53 mg

Variante Ajoutez à cette galette les garnitures de votre choix : raisins secs, noix, canneberges séchées, pépites de chocolat...

En cas d'allergie aux produits laitiers, utilisez une boisson de soya ou d'amandes et remplacez le beurre par de la margarine non hydrogénée sans produits laitiers.

RECETTE EXCLUSIVE
BARRES TENDRES CHOCO-DATTES

Préparation **15 min** Repos **1 h** Cuisson **10 min** **10 portions**  **0,45 $** / portion

INGRÉDIENTS VEDETTES

dattes séchées

pépites de chocolat

flocons d'avoine

riz soufflé

vanille

500 ml (2 tasses) de **dattes** séchées dénoyautées

250 ml (1 tasse) d'**eau**

125 ml (1/2 tasse) de **pépites de chocolat**

375 ml (1 1/2 tasse) de **flocons d'avoine** à cuisson rapide (gruau rapide)

250 ml (1 tasse) de **riz soufflé**

5 ml (1 c. à thé) d'**extrait de vanille** pure

1. Dans une casserole moyenne, mélanger les dattes et l'eau. Cuire 10 minutes à feu moyen ou jusqu'à ce qu'il ne reste presque plus d'eau dans la casserole. Retirer du feu.

2. Écraser les dattes à la fourchette pour les réduire en purée.

3. Ajouter le chocolat et mélanger pour faire fondre.

4. Dans la même casserole, ajouter l'avoine, le riz soufflé et la vanille. Mélanger.

5. Répartir uniformément le mélange dans un plat carré de 20 cm (8 po) de côté. Presser fermement la préparation dans le moule à l'aide d'une fourchette.

6. Réfrigérer 1 heure avant de tailler pour obtenir 10 barres.

   Se conserve 1 semaine dans un plat hermétique à température ambiante ou 3 mois au congélateur.

Valeurs nutritives
(par portion)

Calories	208
Protéines	3 g
Lipides	5 g
Glucides	40 g
Fibres	4 g
Sodium	20 mg

Note Notre barre maison coûte de 30 % à 50 % moins cher que les barres du commerce.

Variante Ajoutez des noix hachées à la recette en les intégrant au même moment que l'avoine et le riz soufflé.

YOGOURT À BOIRE ET PASTILLES DE YOGOURT

 **0,60 $** /portion    **0,55 $** /portion

INGRÉDIENTS VEDETTES

yogourt à la vanille

lait

fruits

sirop d'érable

yogourt grec nature

banane

YOGOURT À BOIRE

Préparation **5 min**
4 portions

125 ml (1/2 tasse) de **yogourt à la vanille**

250 ml (1 tasse) de **lait**

250 ml (1 tasse) de **fruits surgelés** et décongelés ou de fruits frais parés

1. Au mélangeur électrique (blender), mixer tous les ingrédients à puissance maximale pour obtenir une boisson homogène.
2. Verser dans des gourdes et réfrigérer.

Agiter avant de servir.

Se conserve 2 jours au réfrigérateur ou 1 mois au congélateur.

PASTILLES DE YOGOURT

Préparation **10 min**
8 portions

125 ml (1/2 tasse) de **fraises surgelées**, non décongelées

1 **banane** mûre

125 ml (1/2 tasse) de **yogourt grec nature**

30 ml (2 c. à soupe) de **sirop d'érable**

1. Tapisser une plaque de cuisson de papier parchemin.
2. Réduire en purée lisse tous les ingrédients au mélangeur électrique (blender) ou à l'aide d'un pied-mélangeur.
3. Transvider la purée dans un sac hermétique (de type sac à sandwich). Bien refermer le sac.
4. Couper très finement un coin du sac de façon à imiter une douille à pâtisserie. Sur la plaque de cuisson, dessiner des formes au choix à l'aide de la douille. Congeler 1 heure au minimum.

Pour servir, détacher délicatement les formes gelées et déguster aussitôt.

Se conserve 1 mois au congélateur. Une fois congelé, recouvrir d'une pellicule de plastique pour éviter que les pastilles ne s'assèchent.

YOGOURT À BOIRE
Valeurs nutritives (par portion)

Calories	90
Protéines	3 g
Lipides	2 g
Glucides	15 g
Fibres	2 g
Sodium	43 mg

PASTILLES DE YOGOURT
Valeurs nutritives (par portion)

Calories	41
Protéines	2 g
Lipides	0 g
Glucides	8 g
Fibres	1 g
Sodium	6 mg

Note Notre yogourt à boire coûte 2 fois moins cher que ceux en format individuel vendus à l'épicerie.

En cas d'allergie aux produits laitiers, utilisez de la boisson de soya à la vanille et remplacez le yogourt par du tofu dessert.

Cerro San Cristóbal, l'un des meilleurs points de vue sur la capitale, Santiago.

POUR LES DENTS SUCRÉES

CHAPITRE 11

Sorbet mangue-orange	**362**
Mousse aux framboises	**364**
Jello maison	**366**
Pouding au riz	**368**
Crème étagée au citron	**370**
Sorbet aux petits fruits	**372**
Jujubes aux fraises	**374**
Oranges à la cannelle	**376**
Ananas grillé aux épices	**376**
Framboises chocolatées	**376**
Cornet à la tire d'érable	**378**
Biscuits congelés	**380**
Biscuit vitrail	**382**
Galettes « rennes au nez rouge »	**384**
Blondies aux amandes	**386**
Tarte à la courge	**388**
Manjar (*dulce de leche* chilien)	**390**
Méga-giga tarte aux pommes	**392**
Gâteau «vide frigo»	**394**
Crumble de petits fruits en papillote	**396**
Bouchées de pouding au pain à l'érable	**398**

Des sopaipillas! Dessert classique chilien que ma maman nous a fait pendant toute notre enfance à Québec. Là, ce sont nos petits Québécois qui les ont dégustés à Santiago. - Alex

POUR LES DENTS SUCRÉES

On doit avouer qu'on n'est pas particulièrement dessert ni l'une ni l'autre (sauf lorsqu'il s'agit de chocolat!). Cependant, nous élevons des petites bibittes à sucre chacune dans nos familles, et lors de nos conférences comme dans les commentaires que vous nous écrivez, il va de soi que le monde est dominé par les dents sucrées.

À un point tel que le simple terme *dessert* est devenu une arme de chantage massif. Je blague à peine. Êtes-vous déjà tombé dans le piège de menacer vos enfants d'être privés de dessert s'ils ne terminaient pas leur assiette? Voilà la meilleure façon de distorsionner leur relation avec la nourriture! Car c'est placer le dessert sur un piédestal et rabaisser le légume ou le poisson au rang des obligations, des travaux forcés. C'est un peu comme dire qu'il faut faire «l'effort» de manger santé avant de pouvoir accéder au véritable plaisir.

On ne mérite pas un dessert, on le savoure parce qu'on en a envie. L'idée qu'on ne cessera de répéter, c'est que tous les desserts sont permis. Tout est une question de fréquence et de quantité. Et si on veut en manger plus souvent, l'astuce, c'est de les cuisiner plus santé, coupés en gras et en sucre, mais tout aussi délectables. Tout aussi cochons.

Lorsqu'on mise sur des desserts futés, on fait d'une pierre deux coups. C'est grâce à cette règle que Geneviève peut déguster à l'occasion un pouding au riz le matin pour le déjeuner. Ou encore un bon sorbet à la pause télé de fin de soirée. Une pointe de tarte à la collation? *Why not peanut!* On décloisonne le dessert. On en profite en tout temps, quand on veut! C'est en enlevant la notion de récompense ou d'interdit que le dessert reprend sa juste place dans notre tête et dans notre assiette.

Gen et moi, on a voulu que les recettes de ce chapitre n'éveillent pas la culpabilité. Elles ont toutes leur petit côté santé. On les accepte sans carte de membre, sans condition, sans agenda caché, même pas de clause en petits caractères au bas du contrat. On les savoure, point.

SORBET MANGUE-ORANGE

Préparation **10 min** Repos **2 h** **8 portions**  **0,50 $** / portion

INGRÉDIENTS VEDETTES

oranges

mangues surgelées

yogourt à la vanille

2 grosses **oranges**

375 ml (1 1/2 tasse) de cubes de **mangues surgelées**, décongelées

250 ml (1 tasse) de **yogourt à la vanille** à 2 % m.g.

1. Couper les oranges en deux et retirer la chair sans briser la pelure. Utiliser d'abord un petit couteau (couteau d'office), onger la pelure pour détacher la chair, puis terminer avec une cuillère.

2. Au robot culinaire ou au mélangeur (blender), réduire les oranges en purée avec la mangue et le yogourt.

3. Verser dans les pelures d'oranges, couvrir de pellicule plastique et congeler au moins 2 heures. Verser le surplus du sorbet dans des contenants à sucettes glacées.

4. Pour servir les demi-oranges, passer 15 secondes au four à micro-ondes ou sortir du congélateur de 10 à 15 minutes avant de manger. Déguster à la cuillère directement dans les oranges. Les sucettes glacées peuvent être dégustées directement à la sortie du congélateur.

Se conserve 1 mois au congélateur.

Valeurs nutritives
(par portion)

Calories	62
Protéines	2 g
Lipides	1 g
Glucides	13 g
Fibres	2 g
Sodium	14 mg

Note Notre sorbet est presque 2 fois moins sucré qu'un sorbet du commerce.

Variante Vous pouvez remplacer la mangue par des ananas ou des pêches.

En cas d'allergie aux produits laitiers, utilisez un substitut de yogourt à base de soya.

MOUSSE AUX FRAMBOISES

Préparation **10 min**   Cuisson **aucune**   **4 portions**   **0,70 $ / portion**

INGRÉDIENTS VEDETTES

blancs d'œufs

framboises surgelées

sirop d'érable

3 **blancs d'œufs**

250 ml (1 tasse) de **framboises** surgelées, décongelées et égouttées

60 ml (1/4 tasse) de **sirop d'érable** (ou de sucre blanc)

1. Au batteur électricue (mixette), fouetter les blancs d'œufs jusqu'à la formation de pics fermes.

2. Dans un bol, écraser les framboises à la fourchette, puis ajouter le sirop d'érable.

3. Mélanger et incorporer délicatement la préparation de framboises dans la mousse en pliant à l'aide d'une spatule de plastique.

   Servir immédiatement dans des coupes à dessert.

Valeurs nutritives
(par portion)

Calories	86
Protéines	3 g
Lipides	0 g
Glucides	18 g
Fibres	2 g
Sodium	43 mg

Astuce Pour préparer ce dessert en grande quantité, utilisez des blancs d'œufs liquides vendus en berlingot à l'épicerie (3 blancs d'œufs = 100 ml).

Variante Vous pouvez remplacer les framboises par un autre fruit écrasé ou en purée comme des fraises ou des mangues surgelées décongelées.

Merci à Liliana Sandoval de Lac-Mégantic et à Suzanne Laplante de Montréal pour l'inspiration pour cette recette.

JELLO MAISON

Préparation **10 min**   Repos **2 h**   4 portions    **0,90 $** / portion

INGRÉDIENTS VEDETTES

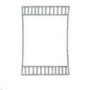
gélatine sans saveur

eau

jus de pomme

jus de grenade

petits fruits frais

1 sachet de **gélatine** sans saveur (de type Knox)

60 ml (1/4 tasse) d'**eau froide**

60 ml (1/4 tasse) d'**eau bouillante**

250 ml (1 tasse) de **jus de pomme** pur

125 ml (1/2 tasse) de **jus de grenade** pur

375 ml (1 1/2 tasse) de **petits fruits** frais (fraises, bleuets, framboises, mûres...)

1. Dans une tasse à mesurer de 1 litre (ou un bol à bec verseur), faire gonfler la gélatine dans l'eau froide. Bien remuer. Ajouter l'eau bouillante et remuer constamment jusqu'à dissolution complète de la gélatine, soit environ 2 minutes. Au besoin, chauffer le mélange 15 secondes au four à micro-ondes. Ajouter les jus et remuer de nouveau.

2. Répartir les fruits frais dans 4 coupes à dessert. Couvrir du mélange de jus et de gélatine. Réfrigérer un minimum de 2 heures pour permettre à la gélatine de figer avant de servir.

Se conserve 3 jours au réfrigérateur et ne se congèle pas.

Valeurs nutritives
(par portion)

Calories	77
Protéines	2 g
Lipides	0 g
Glucides	17 g
Fibres	3 g
Sodium	11 mg

Variante Variez les fruits à votre goût. Cependant, les ananas et les kiwis frais contiennent une enzyme qui empêche la gélatine de figer, sauf s'ils sont cuits ou en conserve.

Note Grâce à tous les fruits que nous lui avons ajoutés, notre version de jello est 3 fois plus riche en fibres que le classique Jell-O en cristaux.

Variante La gélatine est une substance issue du collagène animal. Pour une version végétarienne, on peut la remplacer par de l'agar-agar, une algue vendue dans les magasins d'alimentation naturelle. Pour cette recette de jello maison, dans une casserole moyenne, ajoutez 125 ml (1/2 tasse) d'eau froide, 250 ml (1 tasse) de jus de pomme pur, 125 ml (1/2 tasse) de jus de grenade pur et 30 ml (2 c. à soupe) d'agar-agar en flocons. Portez à ébullition à feu vif 1 minute en remuant pour bien dissoudre l'agar-agar. Versez le liquide chaud dans les coupes à dessert garnies de fruits. Réfrigérez au moins 30 minutes pour faire figer avant de servir.

POUDING AU RIZ

Préparation **5 min**   Cuisson **10 min**   **6 portions**    **0,85 $** / portion

INGRÉDIENTS VEDETTES

- sucre
- œufs
- lait
- vanille
- riz cuit au lait de coco

60 ml (1/4 tasse) de **sucre**

30 ml (2 c. à soupe) de **fécule de maïs**

2 **œufs**

500 ml (2 tasses) de **lait**

10 ml (2 c. à thé) d'**extrait de vanille** pure

5 ml (1 c. à thé) de **cannelle** moulue

750 ml (3 tasses) de **riz cuit au lait de coco** (voir page 228)

GARNITURES

Sirop d'érable

Amandes grillées

Fruits frais

Copeaux de **noix de coco** grillée

1. Dans une casserole moyenne hors du feu, mélanger le sucre et la fécule de maïs à l'aide d'une cuillère de bois. Ajouter les œufs, le lait, la vanille et la cannelle. Fouetter tous les ingrédients. Ajouter le riz cuit et bien mélanger.

2. Cuire à feu moyen de 7 à 10 minutes ou jusqu'à épaississement, en remuant à l'occasion. Servir chaud, tiède ou froid avec un filet de sirop d'érable et les garnitures de son choix.

   Se conserve 3 jours au réfrigérateur ou 2 mois au congélateur.

Valeurs nutritives (par portion)

Calories	304
Protéines	8 g
Lipides	11 g
Glucides	41 g
Fibres	1 g
Sodium	88 mg

Note Notre version contient presque 2 fois moins de gras qu'une recette de pouding au riz classique.

Variante Si vous n'avez pas fait la recette de riz au lait de coco, vous pouvez utiliser un reste de riz basmati nature. La méthode demeure la même.

En cas d'allergie aux produits laitiers, remplacez le lait par une boisson de soya ou d'amandes nature.

CRÈME ÉTAGÉE AU CITRON

Préparation **5 min**   Repos **20 min**   Cuisson **5 min**   **4 portions**   **0,80 $ / portion**

INGRÉDIENTS VEDETTES

- citrons
- sucre
- jus d'orange
- chapelure Graham

2 **citrons**

125 ml (1/2 tasse) de **sucre**

60 ml (1/4 tasse) de **fécule de maïs**

125 ml (1/2 tasse) d'**eau**

250 ml (1 tasse) de **jus d'orange**

125 ml (1/2 tasse) de **chapelure Graham**

125 ml (1/2 tasse) de **yogourt grec à la vanille**

1. Presser le jus des citrons dans une tasse à mesurer de 1 litre (ou un bol à bec verseur) allant au four à micro-ondes.
2. Ajouter le sucre, la fécule de maïs, l'eau et le jus d'orange. Fouetter pour bien délayer la fécule.
3. Chauffer 2 minutes au four à micro-ondes à puissance maximale. Fouetter vigoureusement pour obtenir une texture parfaitement lisse.
4. Chauffer de nouveau à puissance maximale 1 ou 2 minutes ou jusqu'à épaississement. Fouetter de nouveau.
5. Répartir la chapelure dans 4 petits verres ou coupes à dessert. Verser la crème au citron et laisser refroidir environ 20 minutes au réfrigérateur. Au moment de servir, garnir chaque portion de yogourt grec à la vanille.

Se conserve 3 jours au réfrigérateur et ne se congèle pas.

SORBET AUX PETITS FRUITS

Préparation **5 min**   Cuisson **aucune**   **8 portions**   **0,70 $ / portion**

INGRÉDIENTS VEDETTES

- petits fruits surgelés
- blanc d'œuf
- yogourt grec nature
- miel
- vanille

750 ml (3 tasses) de **petits fruits surgelés**, non décongelés (mélange de fruits des champs)

1 **blanc d'œuf**

60 ml (1/4 tasse) de **yogourt grec nature**

60 ml (1/4 tasse) de **miel**

5 ml (1 c. à thé) d'**extrait de vanille** pure

1. Au robot culinaire, mélanger tous les ingrédients pour obtenir une texture lisse et onctueuse. Servir aussitôt ou congeler.

Se conserve 2 mois au congélateur. À la sortie du congélateur, passer de 15 à 20 secondes au four à micro-ondes pour ramollir légèrement avant de servir.

Valeurs nutritives (par portion)

Calories	78
Protéines	2 g
Lipides	1 g
Glucides	18 g
Fibres	3 g
Sodium	11 mg

Note Notre sorbet contient 2 fois plus de protéines et 3 fois plus de fibres qu'un sorbet du commerce.

Variante Au moment de servir, saupoudrez votre sorbet de pistaches grossièrement hachées ou de grains de grenade.

En cas d'allergie aux œufs ou aux produits laitiers, remplacez le blanc d'œuf par une demi-banane et le yogourt grec par un substitut de yogourt à base de soya.

JUJUBES AUX FRAISES

Préparation **15 min** | Repos **5 h** | Cuisson **30 sec** | **6 portions** de 8 petits jujubes | **1,00 $** / portion

INGRÉDIENTS VEDETTES

fraises surgelées

sucre

jus de pomme

gélatine sans saveur

1 sac de 600 g (21 oz) de **fraises** surgelées, décongelées (ou 750 ml (3 tasses) de purée de fraises)

30 ml (2 c. à soupe) de **sucre** blanc

60 ml (1/4 tasse) de **jus de pomme** pur

3 sachets de **gélatine** sans saveur (de type Knox)

Sucre blanc en garniture (facultatif)

1. Tapisser d'une pellicule de plastique un plat en pyrex d'environ 15 cm sur 22 cm (6 po sur 9 po).

2. Au mélangeur électrique (blender), réduire les fruits et le sucre en purée.

3. Verser le jus de pomme dans un petit bol allant au four à micro-ondes. Saupoudrer la gélatine sur le jus et mélanger pour bien humecter.

4. Faire fondre la gélatine au four à micro-ondes de 20 à 30 secondes ou jusqu'à ce qu'il n'y ait plus de trace de cristaux dans le jus. Intégrer à la purée de fruits et bien mélanger.

5. Verser la purée dans le moule et réfrigérer 5 heures ou jusqu'à ce que la purée soit bien ferme.

6. Tailler la gelée à l'aide de petits emporte-pièces de différentes formes, ou tout simplement en cubes. Pour un effet givré, enrober les jujubes de sucre blanc avant de servir.

   Se conserve 7 jours au réfrigérateur et ne se congèle pas.

Valeurs nutritives
(par portion)

Calories	83
Protéines	2 g
Lipides	0 g
Glucides	19 g
Fibres	2 g
Sodium	3 mg

Astuce Pour une version végétarienne, remplacez la gélatine par 60 ml (1/4 tasse) d'agar-agar (voir les explications à la page 366).

Variante Remplacez les fraises par de la mangue ou des pêches surgelées: assurez-vous simplement d'obtenir un volume de 750 ml (3 tasses) de purée de fruits.

RECETTE EXCLUSIVE
TRIO FRUITÉ

0,45 $ /portion   **1,35 $** /portion   **1,75 $** /portion

INGRÉDIENTS VEDETTES

oranges

ananas

chocolat noir

yogourt grec à la vanille

framboises fraîches

ORANGES À LA CANNELLE

Préparation **5 min**
4 portions

3 **oranges** pelées à vif et tranchées (voir astuce)

Cannelle moulue, au goût

1. Répartir les tranches d'orange dans une assiette de service et saupoudrer de cannelle à l'aide d'un petit tamis.

Ces trois recettes se conservent 3 jours au réfrigérateur et ne se congèlent pas.

Astuce Pour peler à vif une orange, couper une mince calotte sous et sur l'agrume. Ensuite, couper les côtés de l'orange de façon à retirer la pelure, la peau blanchâtre et une fine couche de chair.

ANANAS GRILLÉ AUX ÉPICES

Préparation **5 min**
Cuisson **6 min**
4 portions

1 **ananas** entier

10 ml (2 c. à thé) de mélange de **cinq épices chinois**

1. Tailler l'ananas en bâtonnets de 1 cm (3/8 po) d'épaisseur et 2,5 cm (1 po) de largeur.

2. Enrober d'épices les bâtonnets d'ananas et frotter pour bien répartir.

3. Chauffer un poêlon strié à feu moyen et cuire 3 minutes de chaque côté. Servir aussitôt.

FRAMBOISES CHOCOLATÉES

Préparation **10 min**
Cuisson **1 min 30**
6 portions

50 g (1 1/2 oz) de **chocolat noir** (ou 60 ml (1/4 tasse) de pastilles de chocolat)

60 ml (1/4 tasse) de **yogourt grec** à la vanille

2 casseaux de **framboises**

1. Dans un petit bol allant au four à micro-ondes, faire fondre le chocolat environ 1 minute. Remuer après 30 secondes. Incorporer le yogourt et transvider dans un sac hermétique. Couper un coin pour imiter une douille. Farcir l'intérieur de chaque framboise et servir.

ORANGES À LA CANNELLE
Valeurs nutritives
(par portion)

Calories	53
Protéines	1 g
Lipides	0 g
Glucides	14 g
Fibres	3 g
Sodium	0 mg

ANANAS GRILLÉ AUX ÉPICES
Valeurs nutritives
(par portion)

Calories	62
Protéines	1 g
Lipides	0 g
Glucides	16 g
Fibres	2 g
Sodium	1 mg

FRAMBOISES CHOCOLATÉES
Valeurs nutritives
(par portion)

Calories	84
Protéines	2 g
Lipides	3 g
Glucides	13 g
Fibres	4 g
Sodium	6 mg

CORNET À LA TIRE D'ÉRABLE

Préparation **2 min**   Cuisson **20 min**   **8 portions**    **0,60 $** / portion

INGRÉDIENTS VEDETTES

sirop d'érable

beurre non salé

mini-cornets

250 ml (1 tasse) de **sirop d'érable**

60 ml (1/4 tasse) de **beurre non salé** en cubes

8 **mini-cornets**

1. Dans une petite casserole, porter à ébullition le sirop d'érable et le beurre à feu vif. Réduire à feu moyen et placer un thermomètre à bonbons ou la sonde d'un thermomètre électronique dans le sirop en ébullition. Attention, le bout du thermomètre ne doit pas toucher le fond de la casserole.

2. Laisser bouillir le sirop jusqu'à ce que le thermomètre indique 113 °C (235 °F). Quand le sirop atteint cette température, retirer la casserole du feu et laisser reposer 5 minutes.

3. Pendant ce temps, remplir un petit bol de sucre. Piquer les cornets dans le sucre afin de les maintenir debout.

4. Transvider le sirop dans une tasse à mesurer ou un bol à bec verseur. Remplir chaque cornet de tire. Attention, ce sera très chaud. Plonger immédiatement la casserole et les ustensiles ayant été en contact avec le sirop dans de l'eau chaude savonneuse afin de faciliter le nettoyage. Laisser tiédir les cornets pour que la tire fige avant de déguster.

Se conserve 1 semaine dans un contenant hermétique à la température ambiante et ne se congèle pas.

Valeurs nutritives
(par portion)

Calories	168
Protéines	0 g
Lipides	6 g
Glucides	30 g
Fibres	0 g
Sodium	3 mg

Astuce L'utilisation du thermomètre est essentielle pour arriver à un résultat parfait! Vous trouverez des thermomètres à bonbons dans les magasins d'articles de cuisine, les grandes surfaces et certains supermarchés.

Variante Dans des bols ou des coupes à dessert, déposez de la crème glacée et des petits fruits frais. Nappez de tire et dégustez.

BISCUITS CONGELÉS

Préparation **10 min** Congélation **2 h** Cuisson **15 min** **20 biscuits**  **0,20 $ / portion**

INGRÉDIENTS VEDETTES

beurre

cassonade

compote de pommes

œufs

farine de blé entier

125 ml (1/2 tasse) de **beurre** ramolli

125 ml (1/2 tasse) de **sucre**

125 ml (1/2 tasse) de **cassonade** légèrement tassée

125 ml (1/2 tasse) de **compote de pommes** non sucrée

2 **œufs**

5 ml (1 c. à thé) d'extrait de **vanille** pure

500 ml (2 tasses) de **farine** de blé entier

Garnitures au choix: pépites de chocolat, canneberges, raisins secs, abricots hachés, noix de coco, arachides, amandes émincées, graines de soya

1. Préchauffer le four à 180 °C (350 °F). Placer la grille au centre du four.

2. Dans un grand bol, mélanger au batteur électrique le beurre, le sucre et la cassonade. Incorporer la compote, les œufs et la vanille et battre environ 1 minute. Ajouter la farine et mélanger à la cuillère jusqu'à l'obtention d'une préparation homogène.

3. Distribuer la préparation dans des bacs à glaçons.

4. Enfoncer les garnitures dans la pâte avec les doigts.

5. Congeler un minimum de 2 heures.

6. Pour démouler les biscuits, chauffer 15 secondes le bac à glaçons au four à micro-ondes. Sortir le nombre de biscuits désirés avec un couteau. Recongeler le reste.

7. Déposer les cubes de pâte congelée sur une plaque de cuisson tapissée de papier parchemin en laissant environ 2 po (5 cm) de distance en eux.

8. Cuire au four de 12 à 15 minutes ou jusqu'à ce que les contours des biscuits soient bien dorés et que le centre soit encore mou.

Laisser tiédir avant de servir.

Les biscuits cuits se conservent 5 jours au réfrigérateur. La pâte congelée se conserve 2 mois au congélateur.

Valeurs nutritives
(par portion)

Calories	170
Protéines	3 g
Lipides	7 g
Glucides	23 g
Fibres	1 g
Sodium	37 mg

Astuce Ces biscuits sont très pratiques lorsqu'on a envie d'un dessert maison et qu'on n'a pas le goût de cuisiner. Ils vous attendent sagement au congélateur!

BISCUIT VITRAIL

Préparation **20 min**　　Cuisson **25 min**　　20 biscuits

 **0,20 $** / biscuit

INGRÉDIENTS VEDETTES

farine Nutri

sucre

œuf

compote de pommes

bonbons durs (de type Life Savers)

625 ml (2 1/2 tasses) de **farine Nutri** (voir page 386)

2,5 ml (1/2 c. à thé) de **poudre à pâte**

2,5 ml (1/2 c. à thé) de **cannelle**

125 ml (1/2 tasse) de **beurre** ramolli

125 ml (1/2 tasse) de **sucre**

1 **œuf**

125 ml (1/2 tasse) de **compote de pommes** non sucrée

5 ml (1 c. à thé) d'**extrait de vanille** pure

1 **rouleau de bonbons** de type Life Savers (ou autres bonbons durs de couleur)

Farine pour le plan de travail

Astuce Vous n'avez pas d'emporte-pièces? Un gros verre peut très bien faire l'affaire. Pour le trou au centre des biscuits, utilisez le bouchon de votre bouteille de vanille.

Truc écolo Pour éviter le gaspillage, faites cuire au four les trous des biscuits 10 minutes ou jusqu'à ce qu'ils soient dorés.

1. Préchauffer le four à 180 °C (350 °F). Placer la grille au centre du four. Tapisser une plaque de cuisson de papier parchemin.

2. Dans un grand bo , mélanger la farine, la poudre à pâte et la cannelle.

3. Dans un autre grand bol, fouetter le beurre et le sucre au batteur électrique. Ajouter l'œuf, la compote et la vanille. Mélanger jusqu'à ce que la préparation soit homogène.

4. Incorporer les ingrédients secs aux ingrédients humides. Mélanger d'abord à la fourchette et poursuivre avec les doigts pour intégrer toute la farine. Former une boule de pâte.

5. Saupoudrer un peu de farine sur un plan de travail propre. Abaisser la pâte à 0,5 cm (1/4 po) d'épaisseur avec un rouleau à pâtisserie.

6. Tailler 16 biscuits avec des emporte-pièces de différentes formes (voir astuce). Faire un trou au centre de chaque biscuit avec de plus petits emporte-pièces de manière à créer une «fenêtre». Déposer les biscuits sur la plaque de cuisson. Former une boule avec les retailles de pâte, abaisser de nouveau et tailler des biscuits supplémentaires.

7. Écraser les Life Savers avec un rouleau à pâtisserie. Calculer 1 ou 2 bonbons par biscuit, selon la taille de la « fenêtre ». Ne pas mélanger les couleurs. Remplir chaque « fenêtre » avec les bonbons concassés.

8. Cuire au four 25 minutes ou jusqu'à ce que les biscuits soient bien dorés.

Se conserve 1 semaine à la température ambiante dans un plat hermétique ou 3 mois au congélateur.

Valeurs nutritives
(par portion)

Calories	133
Protéines	2 g
Lipides	6 g
Glucides	20 g
Fibres	2 g
Sodium	38 mg

GALETTES «RENNES AU NEZ ROUGE»

Préparation **15 min**   Cuisson **10 min**   **12 portions**   **0,40 $ / portion**

INGRÉDIENTS VEDETTES

beurre

cassonade

mélasse

œuf

farine de blé entier

125 ml (1/2 tasse) de **beurre** ramolli

125 ml (1/2 tasse) de **cassonade** légèrement tassée

125 ml (1/2 tasse) de **mélasse** de fantaisie

1 **œuf**

5 ml (1 c. à thé) de **vanille**

625 ml (2 1/2 tasses) de **farine** de blé entier

5 ml (1 c. à thé) de **bicarbonate de soude**

5 ml (1 c. à thé) de **cannelle** moulue

2,5 ml (1/2 c. à thé) de **clou de girofle** moulu

2,5 ml (1/2 c. à thé) de **gingembre** moulu

2,5 ml (1/2 c. à thé) de **muscade** moulue

24 **bretzels**

24 **pépites de chocolat**

12 **Smarties rouges**

1. Préchauffer le four à 180 °C (350 °F). Placer la grille au centre du four. Tapisser une plaque de cuisson de papier parchemin.

2. Dans un grand bol, fouetter le beurre, la cassonade et la mélasse au batteur électrique pour obtenir une préparation crémeuse. Ajouter l'œuf et la vanille. Fouetter de nouveau.

3. Dans un autre bol, mélanger la farine, le bicarbonate de soude et les épices.

4. Incorporer les ingrédients secs aux ingrédients humides et mélanger à la cuillère pour bien humecter. Couvrir le bol d'une pellicule plastique et laisser reposer la pâte au moins 10 minutes à température ambiante. Cette étape est facultative, mais elle permet d'obtenir une galette plus lisse et uniforme à la cuisson.

5. À l'aide d'une cuillère à crème glacée, former des demi-boules de pâte (cuillère rase). Aplatir les demi-boules pour façonner des galettes ovales d'environ 1 cm (3/8 po) d'épaisseur et les déposer sur la plaque de cuisson.

6. Décorer chaque galette avec 2 bretzels en guise de panache, 2 pépites de chocolat pour former les yeux et 1 Smarties rouge pour le nez. Cuire au four de 10 à 12 minutes.

7. Laisser refroidir avant de transférer dans un contenant hermétique.

   Se conserve 1 semaine au réfrigérateur et ne se congèle pas.

Valeurs nutritives
(par portion)

Calories	280
Protéines	5 g
Lipides	10 g
Glucides	43 g
Fibres	3 g
Sodium	125 mg

Variante Les galettes à la mélasse sont délicieuses à l'année. Après le temps des fêtes, laissez tomber les décorations de rennes au nez rouge et transformez vos galettes en pattes d'ours! Façonnez des galettes ovales et taillez 3 incisions sur un côté de chaque galette pour imiter la patte d'un ours.

BLONDIES AUX AMANDES

Préparation **10 min**   Cuisson **20 min**   **12 portions**

 **0,40 $** / portion

INGRÉDIENTS VEDETTES

farine Nutri

poudre d'amandes

beurre

œuf

essence d'amande pure

250 ml (1 tasse) de **farine Nutri** (voir astuce)

125 ml (1/2 tasse) de **poudre d'amandes**

2,5 ml (1/2 c. à thé) de **poudre à pâte**

2,5 ml (1/2 c. à thé) de **bicarbonate de soude**

125 ml (1/2 tasse) de **beurre** ramolli

125 ml (1/2 tasse) de **cassonade** légèrement tassée

1 **œuf**

5 ml (1 c. à thé) d'**essence d'amande** pure

12 **amandes** entières naturelles

1. Préchauffer le four à 180 °C (350 °F). Placer la grille au centre du four. Tapisser un moule carré de 20 cm (8 po) avec un rectangle de papier parchemin de la même largeur que le moule, mais plus long pour faciliter le démoulage.

2. Dans un bol moyen, mélanger à la fourchette la farine, la poudre d'amandes, la poudre à pâte et le bicarbonate de soude.

3. Dans un grand bol, fouetter le beurre et la cassonade au batteur électrique jusqu'à ce que la préparation soit crémeuse.

4. Ajouter l'œuf et l'essence d'amande au mélange humide et mélanger de nouveau. Incorporer les ingrédients secs aux ingrédients humides. Bien mélanger.

5. Transvider la préparation dans le moule. Étendre uniformément avec une spatule en caoutchouc. Répartir les amandes sur la pâte en les positionnant de façon qu'il y ait une amande par portion lorsque le blondie sera coupé en 12 carrés.

6. Cuire au four 20 minutes ou jusqu'à ce qu'un cure-dent inséré au centre du blondie en ressorte propre. Laisser tiédir avant de démouler. Tailler en 12 carrés.

   Se conserve 5 jours au réfrigérateur ou 2 mois au congélateur.

Valeurs nutritives
(par portion)

Calories	170
Protéines	3 g
Lipides	11 g
Glucides	15 g
Fibres	2 g
Sodium	107 mg

Note La farine Nutri contient 3 fois plus de fibres que la farine tout usage traditionnelle. Ayant le même goût que la farine blanche, elle a une valeur nutritive qui se rapproche de la farine de blé entier. Vous pouvez l'utiliser dans toutes vos recettes de biscuits, gâteaux et muffins en remplacement de la farine tout usage. Attention, on trouve aussi de la farine Nutri «oméga-3 et fibres» qui ne donne pas du tout le même résultat dans les recettes. Contrairement à la farine Nutri régulière qui passe ni vu ni connu, celle-ci a un goût plus prononcé facilement détectable.

Astuce Vous ne trouvez pas de poudre d'amandes au supermarché? Passez des amandes entières au robot culinaire pour les réduire en poudre, tout simplement!

TARTE À LA COURGE

Préparation **15 min**   Cuisson **55 min**   10 portions    **0,60 $/portion**

INGRÉDIENTS VEDETTES

chapelure Graham

beurre

œufs

purée de courge

farine tout usage

Valeurs nutritives (par portion)

Calories	261
Protéines	6 g
Lipides	10 g
Glucides	39 g
Fibres	2 g
Sodium	245 mg

CROÛTE

500 ml (2 tasses) de **chapelure Graham**

80 ml (1/3 tasse) de **beurre** fondu

GARNITURE À LA COURGE

2 œufs

125 ml (1/2 tasse) de **cassonade** légèrement pressée

125 ml (1/2 tasse) de **lait en poudre** (facultatif, voir astuce)

5 ml (1 c. à thé) d'**extrait de vanille** pure

500 ml (2 tasses) de **purée de courge** (voir page 62)

125 ml (1/2 tasse) de **farine** tout usage non blanchie

1 ml (1/4 c. à thé) de **cannelle** moulue

1 ml (1/4 c. à thé) de **gingembre** moulu

1 ml (1/4 c. à thé) de **piment de la Jamaïque** moulu

---

1. Préchauffer le four à 180 °C (350 °F). Placer la grille au centre du four.

2. Dans un grand bol, mélanger la chapelure Graham et le beurre fondu. Verser la préparation dans une assiette à tarte de 22,5 cm (9 po). Bien presser la préparation au fond du moule et sur les côtés.

3. Cuire au four de 10 à 15 minutes ou jusqu'à ce que la croûte soit légèrement dorée.

4. Dans un grand bol, mélanger les œufs, la cassonade, le lait en poudre (si désiré) et la vanille à l'aide d'un batteur électrique (mixette).

5. Ajouter la purée de courge et mélanger jusqu'à ce qu'elle soit bien intégrée. Incorporer la farine, la cannelle, le gingembre et le piment de la Jamaïque. Verser la préparation sur la croûte cuite.

6. Cuire au four 40 minutes ou jusqu'à ce que le centre de la tarte soit bien ferme. Au moment de servir, garnir de crème fouettée allégée (voir note).

La tarte se conserve 3 jours au réfrigérateur et ne se congèle pas.

Astuce Le lait en poudre permet d'enrichir le dessert en calcium et en protéines. Vous pouvez l'omettre sans affecter le goût ni la texture de la tarte.

Note Pour une crème fouettée allégée, dans un grand bol, à l'aide du batteur électrique (mixette), fouettez à vitesse maximale 250 ml (1 tasse) de crème 35% et 60 ml (1/4 tasse) de sirop d'érable pour obtenir une crème fouettée volumineuse et ferme. À l'aide d'une spatule de plastique, incorporez 250 ml (1 tasse) de yogourt en pliant délicatement.

MANJAR
(*DULCE DE LECHE* CHILIEN)

Préparation **2 min** Cuisson **3 h** **10 portions** de 30 ml (2 c. à soupe)

INGRÉDIENTS VEDETTES

lait condensé sucré

1 boîte de **lait condensé** sucré (de type Eagle Brand)

1. Déposer la conserve (sans l'étiquette de papier) dans une casserole et couvrir d'eau. Placer un poids (une petite assiette par exemple) sur la conserve pour éviter qu'elle se déplace pendant la cuisson. Porter à ébullition, couvrir et réduire à feu doux. Laisser mijoter 3 heures tout en vérifiant le niveau de l'eau à quelques reprises. La conserve doit être submergée pendant toute la durée de la cuisson.

2. Retirer la conserve de l'eau et laisser tiédir au réfrigérateur avant d'ouvrir. Ne pas ouvrir la conserve si elle est encore chaude.

   Servir le manjar sur des fruits frais, du yogourt glacé, des crêpes ou entre deux biscuits Graham.

   Se conserve 1 mois au réfrigérateur.

Valeurs nutritives
(par portion)

Calories	140
Protéines	2 g
Lipides	3 g
Glucides	22 g
Fibres	0 g
Sodium	40 mg

Note Le manjar se prépare traditionnellement à partir de lait, de sucre et de vanille. Notre version composée d'un seul ingrédient se prépare les yeux fermés !

Variante Servez le manjar avec de petites poires forelles pelées puis pochées quelques minutes dans de l'eau légèrement sucrée.

MÉGA-GIGA TARTE AUX POMMES

Préparation **60 min**   Cuisson **45 min**   10 Portions    0,90 $ / portion

INGRÉDIENTS VEDETTES

pommes

fécule de maïs

sucre

farine

beurre

PÂTE À TARTE SANTÉ

375 ml (1 1/2 tasse) de **farine** de blé entier

125 ml (1/2 tasse) de **poudre d'amandes** (voir astuce page 386)

60 ml (1/4 tasse) de **sucre**

5 ml (1 c. à thé) de **cannelle** (facultatif)

125 ml (1/2 tasse) de cubes de **beurre** froid

75 ml (5 c. à soupe) d'**eau** glacée

Farine de blé entier pour abaisser la pâte

PÂTE À TARTE SANTÉ

1. Au robot culinaire, mélanger la farine, la poudre d'amandes, le sucre et la cannelle.

2. En laissant le robot tourner, ajouter le beurre, quelques cubes à la fois, jusqu'à la formation de petits grains.

3. Toujours en laissant le robot tourner, verser 15 ml (1 c. à soupe) d'eau glacée à la fois jusqu'à la formation d'une boule de pâte. Laisser tourner le robot une trentaine de secondes entre chaque cuillerée d'eau. Retirer ensuite la pâte du robot.

4. Sur un plan de travail légèrement enfariné, aplatir la boule de pâte de façon à former un disque de 20 cm (8 po) de diamètre.

5. Emballer le disque dans une pellicule plastique et placer au réfrigérateur 30 minutes. Pendant ce temps, préparer les garnitures de votre tarte. Une fois abaissée, cette pâte à tarte peut être utilisée pour toutes vos recettes de tartes sucrées dont la méga-giga tarte aux pommes.

GARNITURE

1. Préchauffer le four à 180 °C (350 °F). Placer la grille au centre du four.

2. Dans une grande casserole, déposer les pommes, couvrir et cuire à feu moyen en remuant régulièrement jusqu'à ce que leur volume ait réduit du tiers.

3. Dans un petit bol, mélanger la fécule de maïs, le sucre et la cannelle. Saupoudrer les pommes, bien mélanger et transvider dans une grande assiette à tarte profonde.

Valeurs nutritives
(par portion)

Calories	407
Protéines	5g
Lipides	14g
Glucides	70g
Fibres	5g
Sodium	51mg

GARNITURE

3 kg (6 lb) de **pommes** Cortland et Spartan sans le cœur, pelées et tranchées (environ 20 pommes moyennes)

60 ml (1/4 tasse) de **fécule de maïs**

60 ml (1/4 tasse) de **sucre**

7,5 ml (1/2 c. à soupe) de **cannelle**

1 **œuf** battu

5 ml (1 c. à thé) de **sucre** (facultatif)

4. Sur un plan de travail enfariné, abaisser la pâte à tarte à l'aide d'un rouleau à pâtisserie pour former un disque d'environ 35 cm (14 po) de diamètre.

5. Déposer la pâte sur la montagne de pommes. Bien sceller les rebords en pressant la pâte sur l'assiette avec les doigts. Tailler des incisions dans la pâte pour laisser la vapeur sortir pendant la cuisson. Badigeonner d'œuf et saupoudrer de sucre, si désiré.

6. Cuire au four 45 minutes ou jusqu'à ce que la pâte soit dorée. Laisser tiédir avant de servir.

   La tarte se conserve 5 jours au réfrigérateur ou 6 mois au congélateur. Congeler la tarte crue, décongeler la veille au réfrigérateur, puis cuire au four.

Note Cette tarte est composée d'une seule croûte. On ne garde que la meilleure: celle du dessus! Ainsi, on retire 13 g de gras par portion. Notre pâte à tarte contient 2 fois plus de fibres qu'une pâte à tarte classique. Elle contient aussi la moitié moins de beurre que la pâte à tarte traditionnelle.

Variante Cette pâte à tarte sucrée se transforme facilement en pâte à tarte salée. Remplacez la poudre d'amandes par la même quantité de farine et omettez le sucre et la cannelle.

GÂTEAU «VIDE FRIGO»

Préparation **20 min** Cuisson **40 min** 12 portions  **0,50 $** / portion

INGRÉDIENTS VEDETTES

cassonade

œufs

farine de blé entier

fruits

beurre

Valeurs nutritives (par portion)

Calories	283
Protéines	5 g
Lipides	15 g
Glucides	34 g
Fibres	4 g
Sodium	100 mg

GÂTEAU

125 ml (1/2 tasse) de **beurre** ramolli

125 ml (1/2 tasse) de **cassonade** légèrement tassée

2 **œufs**

5 ml (1 c. à thé) de **vanille**

250 ml (1 tasse) de **farine** de blé entier

GARNITURE AUX FRUITS

1 L (4 tasses) de **fruits** pelés et coupés, au choix

60 ml (1/4 tasse) de **farine** de blé entier

CRUMBLE

60 ml (1/4 tasse) de **beurre** fondu

60 ml (1/4 tasse) de **graines de lin** moulues (voir page 418)

60 ml (1/4 tasse) de **cassonade**

125 ml (1/2 tasse) de **farine** de blé entier

1. Préchauffer le four à 180 °C (350 °F). Placer la grille au centre du four.

2. Dans un grand bol, mélanger à la fourchette le beurre et la cassonade, puis incorporer les œufs et la vanille. Ajouter la farine et mélanger pour bien humecter.

3. Beurrer le fond et les rebords d'un moule à charnières de 22 cm (8,5 po) de diamètre.

4. Transvider la préparation de gâteau dans le moule.

5. Dans le même bol, mélanger les fruits et la deuxième quantité de farine. Répartir sur le mélange à gâteau.

6. Toujours dans le même bol (afin de salir moins de vaisselle!), mélanger tous les ingrédients du crumble et déposer sur les fruits.

7. Cuire au four 40 minutes ou jusqu'à ce que le crumble soit doré et que la pointe d'un couteau inséré au centre du gâteau en ressorte chaude. Laisser tiédir avant de tailler en carrés.

   Servir chaud ou froid. Se conserve 1 semaine au réfrigérateur ou 1 mois au congélateur.

Truc écolo Utilisez les fruits qui dorment dans le frigo : pommes, prunes, pêches, poires, bleuets, fraises, mangues. Même les fruits «poqués» et ratatinés, et ceux que toute la famille boude depuis des jours font l'affaire. Toutefois, les raisins frais, les melons, les agrumes et les bananes sont déconseillés.

Variante Ajoutez au crumble des amandes effilées ou des noix de Grenoble hachées pour une touche de croquant.

CRUMBLE DE PETITS FRUITS EN PAPILLOTE

Préparation **5 min** Cuisson **15 min** 1 portion

1,90 $ / portion

INGRÉDIENTS VEDETTES

petits fruits surgelés

cassonade

fécule de maïs

céréales granolas

375 ml (1 1/2 tasse) de **petits fruits surgelés** non décongelés (mélange de fruits des champs)

15 ml (1 c. à soupe) de **cassonade** légèrement tassée

15 ml (1 c. à soupe) de **fécule de maïs**

Céréales granolas du commerce

1. Préchauffer le four à 220 °C (425 °F). Placer la grille au centre du four.

2. Dans un bol moyen, mélanger les fruits, la cassonade et la fécule de maïs.

3. Tailler 2 grands morceaux de papier parchemin d'environ 30 cm sur 25 cm (12 po sur 10 po) chacun. Sur une plaque de cuisson, déposer un carré de papier et ajouter le mélange de fruits au centre. Recouvrir de l'autre carré de papier et replier les bords ensemble afin de former une pochette ronde. La vapeur et la chaleur ne doivent pas s'échapper de la papillote durant la cuisson. Répéter la recette selon le nombre de portions désirées.

4. Cuire au four 15 minutes. À la sortie du four, déposer la papillote dans une assiette. Ouvrir la papillote en retirant la feuille de parchemin du dessus. Attention, ce sera très chaud! Garnir de céréales granolas. Servir une papillote par personne.

Valeurs nutritives
(par portion)

Calories	254
Protéines	4 g
Lipides	4 g
Glucides	54 g
Fibres	12 g
Sodium	49 mg

Note Vous pouvez faire votre propre granola maison (voir page 24) ou utiliser des barres de céréales que vous émietterez.

Variante Pour une version plus gourmande, garnissez votre papillote de yogourt glacé à la vanille au moment de servir.

BOUCHÉES DE POUDING AU PAIN À L'ÉRABLE

Préparation **10 min** Cuisson **30 min** **6 portions** **1,30 $** /portion

INGRÉDIENTS VEDETTES

œufs

lait

sirop d'érable

pain érable et noix

sucre d'érable

2 **œufs**

250 ml (1 tasse) de **lait**

60 ml (1/4 tasse) de **sirop d'érable**

1 L (4 tasses) de **pain érable et noix** (ou de pain aux noix) en petits cubes de 1 cm (3/8 po)

30 ml (2 c. à soupe) de **sucre d'érable** (ou de flocons d'érable)

1. Préchauffer le four à 180 °C (350 °F). Placer la grille au centre du four.

2. Dans un grand bol, fouetter les œufs, le lait et le sirop d'érable. Incorporer les cubes de pain et mélanger pour bien enrober. Laisser reposer 10 minutes pour permettre au pain d'absorber la préparation d'œufs.

3. Répartir le mélange dans un moule à muffins miniatures en silicone ou en métal préalablement beurré. Saupoudrer de sucre d'érable et presser avec les doigts pour qu'il adhère au pain.

4. Cuire au four 30 minutes ou jusqu'à ce que les bouchées de pain soient dorées.

   Servir avec des fruits frais et napper d'un filet de sirop d'érable.

   Se conserve 5 jours au réfrigérateur ou 2 mois au congélateur.

Valeurs nutritives
(par portion)

Calories	276
Protéines	9 g
Lipides	5 g
Glucides	49 g
Fibres	1 g
Sodium	290 g

Truc écolo Cette recette permet de passer le pain croûté de la veille. Fini le gaspillage !

Variante Ajoutez des raisins secs ou une pomme coupée en très petits dés.

En cas d'allergie aux produits laitiers, utilisez de la boisson d'amandes ou de soya nature.

En cas d'allergie aux noix, utilisez plutôt une miche de pain de blé entier. Doublez alors la quantité de sucre d'érable et intégrez la moitié dans la préparation aux œufs.

Les crèmes glacées sont délicieuses au Chili, partout. Et les saveurs les plus exotiques et surprenantes sont disponibles quelle que soit la crèmerie sur laquelle vous tombez. -Alex

DESSERTS TOUT CHOCOLAT

CHAPITRE 12

Pouding au chocolat maison	**404**
Brochettes «banana split»	**406**
Gâteau de crêpes	**408**
Biscuits chewy double chocolat	**410**
Mini-cupcakes aux betteraves	**412**
Whoopie pie	**414**
Mousse au chocolat	**416**
Biscuit à la poêle	**418**
Tartelettes à la ganache	**420**
Petits écoliers	**422**
Sablé au chocolat	**424**
«Ze» gâteau au chocolat	**426**

Depuis la naissance de mon fils, nous retournons chaque année revoir notre famille au Chili. On a la chance d'être Québécois et Chiliens et de parler les deux langues. Nous sommes sur la route de la côte, en route vers chez ma tante Hilda. - Alex

DESSERTS TOUT CHOCOLAT

Un deuxième chapitre sur les desserts n'est jamais superflu! Pour conclure notre livre, Geneviève s'est payé la traite avec un hommage à ses desserts préférés au chocolat. Je suis plutôt de l'équipe des dents salées. Mais vous devriez me voir courir lorsque je sais qu'il y aura du chocolat. Je mange peu de desserts élaborés, mais je collectionne les barres de chocolat noir. Je me suis donc réjouie en apprenant que je profiterais par extension de sa passion pour le chocolat.

Et elle s'est furieusement fait plaisir dans le menu délirant qui suit. Elle a tout prévu afin de combler ses envies du matin au soir. Des desserts gourmands, décadents. Ils sont nombreux : mousse au chocolat noir dense et crémeuse, cupcakes, pouding, tartelettes, sans oublier les biscuits chewys qui jouent les vedettes sur notre page couverture!

Ce qui est formidable avec Geneviève, c'est qu'elle sait que de l'interdit naît le désir. Lorsqu'on résiste à ce dont on a envie, le désir ne disparaît pas, il se multiplie. Il prend des proportions incontrôlables et on finit tôt ou tard par craquer. C'est alors que le petit carré de chocolat ne suffit plus. Il nous faut la palette au grand complet. Je ne me sens pas visée du tout, du tout.

Effectivement, je l'ai appris à mes dépens. Je me suis souvent privée de ces délices sans nom faits de chocolat. Je résistais. Je me raisonnais (oui, oui, ça m'arrive d'être raisonnable!). Le hic, c'est qu'à tout coup, je finissais par succomber. L'envie avait le dernier mot et j'engloutissais mon dessert en quatre secondes tout en me disant que je n'aurais pas dû me laisser tenter par le diable. Coupable, votre honneur.

C'était avant. Maintenant, c'est différent. Geneviève m'a appris à sa-vou-rer. Sans me cacher, sans me dépêcher, sans me sentir *cheap*. En profitant du moment. J'entends sa petite voix me dire de déguster chaque bouchée comme si c'était la dernière de ma vie. Et d'arrêter tout le reste. Pas d'ordi, pas de téléphone, pas de télé. Il m'arrive même de fermer les yeux, comme elle, même si je trouve ça un peu extraterrestre.

Cette façon satisfaisante de déguster m'a permis de retrouver le sens du plaisir. Je mange ainsi des desserts chocolatés beaucoup moins souvent puisqu'ils ont perdu leur statut d'obsession. Ils ont été réhabilités comme pur bonheur sans effet secondaire.

POUDING AU CHOCOLAT MAISON

Préparation **5 min** Cuisson **10 min** Repos **2 h** **6 portions**  **0,30 $ / portion**

INGRÉDIENTS VEDETTES

cacao

fécule de maïs

sucre

lait en poudre

eau

125 ml (1/2 tasse) de **cacao** non sucré

125 ml (1/2 tasse) de **fécule de maïs**

180 ml (3/4 tasse) de **sucre**

300 ml (1 1/4 tasse) de **lait en poudre**

925 ml (3 1/4 tasses) d'**eau**

1. Dans un grand contenant hermétique, mélanger le cacao, la fécule de maïs, le sucre et le lait en poudre.

2. Pour préparer 2 portions, verser 250 ml (1 tasse) du mélange et 500 ml (2 tasses) d'eau dans une casserole. Conserver le reste du mélange au garde-manger pour une utilisation future. Se conserve 1 mois à température ambiante.

3. Chauffer à feu moyen-vif en remuant continuellement à l'aide d'un fouet.

4. Retirer du feu lorsque la préparation commence à bouillir et mélanger jusqu'à épaississement.

5. Diviser dans des coupes à dessert, puis réfrigérer 2 heures avant de servir.

   Se conserve 5 jours au réfrigérateur et ne se congèle pas.

Valeurs nutritives
(par portion)

Calories	130
Protéines	5 g
Lipides	0 g
Glucides	26 g
Fibres	1 g
Sodium	93 mg

Note Notre version coûte 2 fois moins cher et contient 2 fois plus de protéines que le pouding au chocolat du commerce.

Variante Préparez une version « moka » (pour les adultes) en ajoutant 5 ml (1 c. à thé) de café instantané par portion au moment de verser l'eau.

BROCHETTES «BANANA SPLIT»

Préparation **15 min** Cuisson **1 min 30** **16 portions**  **0,50 $** / portion

INGRÉDIENTS VEDETTES

chocolat noir

noix de Grenoble

ananas

bananes

fraises

180 ml (3/4 tasse) de **chocolat noir** concassé ou en pastilles

180 ml (3/4 tasse) de **noix de Grenoble** hachées très finement

16 cubes d'**ananas** frais (1/4 d'ananas)

16 tranches de **banane** (2 bananes moyennes)

16 **fraises** fraîches équeutées

8 **brochettes de bambou** de 20 cm (8 po) coupés en 2

1. Tapisser une plaque de cuisson de papier parchemin.
2. Dans un bol évasé ou une assiette creuse, déposer le chocolat, puis faire fondre 1 minute 30 secondes au four à micro-ondes ou jusqu'à ce que le chocolat soit bien fondu. Remuer chaque 30 secondes. Ne pas trop cuire.
3. Déposer les noix dans une assiette creuse.
4. Enfiler un morceau d'ananas, une tranche de banane et une fraise sur chaque brochette. Tremper ensuite un côté de la brochette dans le chocolat, puis dans les noix, et déposer la brochette sur la plaque, côté chocolaté vers le haut. Laisser reposer 10 minutes ou jusqu'à ce que le chocolat durcisse.

Se conserve 2 jours au réfrigérateur et ne se congèle pas.

Valeurs nutritives
(par portion)

Calories	99
Protéines	2 g
Lipides	6 g
Glucides	11 g
Fibres	2 g
Sodium	4 mg

Variante Remplacez les fruits de la recette par des cubes de melon, de poire, de mangue ou de pomme, pourvu qu'ils soient de même grosseur pour faciliter le trempage.

En cas d'allergie aux noix, remplacez les noix de Grenoble par de la noix de coco râpée non sucrée.

GÂTEAU DE CRÊPES

Préparation **15 min** Cuisson **40 min** Repos **2 h** **10 portions** **1,35 $ / portion**

INGRÉDIENTS VEDETTES

dattes séchées

chocolat noir

préparation crémeuse au soya

œufs

farine de blé entier

GANACHE AUX DATTES

500 ml (2 tasses) de **dattes** séchées dénoyautées

250 ml (1 tasse) d'**eau**

170 g (6 oz) de **chocolat noir** 70 % de cacao

250 ml (1 tasse) de **préparation crémeuse au soya** (de type Belsoy, voir page 216)

CRÊPES

5 ml (1 c. à thé) d'**huile végétale**

4 **œufs**

750 ml (3 tasses) de **lait**

500 ml (2 tasses) de **farine** de blé entier

GARNITURE

1 casseau de **framboises** fraîches

Note Notre gâteau est 5 fois moins gras et 2 fois moins sucré qu'un gâteau au chocolat classique.

1. Dans une petite casserole, porter à ébullition les dattes et l'eau à feu vif. Réduire à feu moyen, couvrir et cuire de 8 à 10 minutes ou jusqu'à ce qu'il ne reste presque plus d'eau dans la casserole. Ne pas égoutter.

2. Pendant la cuisson des dattes, concasser le chocolat au robot culinaire. Ajouter les dattes cuites et leur eau dans le récipient du robot. Mélanger jusqu'à ce que la purée soit lisse.

3. En laissant tourner le robot, ajouter la préparation crémeuse au soya. Lorsque la crème est bien incorporée, transvider dans un bol et réfrigérer un minimum de 2 heures avant d'assembler le gâteau.

4. Préchauffer un poêlon antiadhésif à feu moyen-doux. À l'aide d'un pinceau de cuisine, badigeonner le poêlon d'huile.

5. Dans un grand bol, fouetter les œufs et le lait. Ajouter la farine et fouetter pour obtenir une pâte lisse.

6. Avec une cuillère à mesurer, verser 60 ml (1/4 tasse) de pâte à crêpe dans le poêlon et l'étendre pour obtenir un diamètre d'environ 17 cm (7 po). Cuire 2 ou 3 minutes de chaque côté, jusqu'à ce que la crêpe soit dorée. Répéter l'opération de façon à obtenir 12 crêpes de la même grosseur et réserver. Si désiré, utiliser deux poêlons pour accélérer la préparation des crêpes.

7. Placer une crêpe au centre d'une grande assiette. Badigeonner d'une couche de ganache et couvrir d'une autre crêpe. Répéter et terminer en couvrant la dernière crêpe d'une couche de ganache. Décorer de framboises fraîches.

Se conserve 3 jours au réfrigérateur et ne se congèle pas.

Valeurs nutritives (par portion)

Calories	381
Protéines	9 g
Lipides	14 g
Glucides	55 g
Fibres	7 g
Sodium	53 mg

BISCUITS CHEWY DOUBLE CHOCOLAT

Préparation **15 min** Cuisson **15 min** 18 biscuits  **0,40 $** / portion

INGRÉDIENTS VEDETTES

céréales pour bébés

farine de blé entier

chocolat noir

œufs

compote de pommes

250 ml (1 tasse) de **céréales pour bébés** de blé, d'orge ou de riz (avec lait intégré)

250 ml (1 tasse) de **farine** de blé entier

125 ml (1/2 tasse) de **cacao**

2,5 ml (1/2 c. à thé) de **bicarbonate de soude**

60 g (2 oz) ou environ 125 ml (1/2 tasse) de **chocolat noir** haché au couteau

125 ml (1/2 tasse) de **beurre** ramolli

125 ml (1/2 tasse) de **cassonade** légèrement tassée

125 ml (1/2 tasse) de **sucre**

2 **œufs**

125 ml (1/2 tasse) de **compote de pommes** non sucrée

125 ml (1/2 tasse) de **lait**

10 ml (2 c. à thé) d'**extrait de vanille** pure

1. Préchauffer le four à 180 °C (350 °F). Placer la grille au centre du four. Tapisser une plaque de cuisson de papier parchemin.

2. Dans un grand bol, mélanger les céréales pour bébés, la farine, le cacao, le bicarbonate de soude et le chocolat.

3. Dans un autre grand bol, mélanger au batteur électrique (mixette) le beurre, la cassonade et le sucre. Incorporer les œufs, la compote, le lait et la vanille.

4. Incorporer les ingrédients secs aux ingrédients humides.

5. À l'aide d'une cuillère à crème glacée, diviser la préparation en 18 boules. Déposer sur la plaque de cuisson, puis aplatir les boules à l'aide d'une fourchette.

6. Cuire au four 15 minutes ou jusqu'à ce que la pointe d'un couteau inséré au centre des biscuits en ressorte bien chaude. Laisser tiédir avant de servir.

Se conserve 5 jours au réfrigérateur ou 2 mois au congélateur.

Astuce Vous remarquerez que l'intérieur des biscuits semble encore cru au bout de 15 minutes. La cuisson se poursuivra à la sortie du four. C'est le truc pour que les biscuits soient très moelleux!

Variante Pour un peu de croquant, ajoutez des noix de Grenoble hachées.

Valeurs nutritives
(par portion)

Calories	164
Protéines	3 g
Lipides	8 g
Glucides	21 g
Fibres	2 g
Sodium	68 mg

MINI-CUPCAKES AUX BETTERAVES

Préparation **20 min**   Cuisson **15 min**   Repos **1 h**   **24 portions**    **0,40 $** / portion

INGRÉDIENTS VEDETTES

farine de blé entier

cacao en poudre

graines de lin moulues

betteraves

œuf

Valeurs nutritives
(par portion)

Calories	145
Protéines	6 g
Lipides	10 g
Glucides	34 g
Fibres	6 g
Sodium	153 mg

MINI-CUPCAKES

500 ml (2 tasses) de **farine** de blé entier

180 ml (3/4 tasse) de **cacao** en poudre

60 ml (1/4 tasse) de **graines de lin** moulues

5 ml (1 c. à thé) de **poudre à pâte**

2,5 ml (1/2 c. à thé) de **bicarbonate de soude**

1 boîte de 540 ml (19 oz) de **betteraves** égouttées

1 **œuf**

180 ml (3/4 tasse) de **cassonade**

60 ml (1/4 tasse) d'**huile**

10 ml (2 c. à thé) d'**extrait de vanille** pure

GLAÇAGE CHOCO-AVOCAT

2 **avocats** bien mûrs

100 g (3 1/2 oz) de **chocolat noir** fondu

60 ml (1/4 tasse) de **sucre à glacer**

15 ml (1 c. à soupe) de **fécule de maïs**

5 ml (1 c. à thé) d'**extrait de vanille** pure

1. Préchauffer le four à 180 °C (350 °F). Placer la grille au centre du four.

2. Dans un grand bol, mélanger la farine, le cacao, les graines de lin moulues, la poudre à pâte et le bicarbonate de soude. Réserver.

3. Au robot culinaire, hacher finement les betteraves. Ajouter l'œuf, la cassonade, l'huile et la vanille, puis mélanger de nouveau.

4. Incorporer la préparation de betteraves aux ingrédients secs. Mélanger jusqu'à ce qu'il n'y ait plus de trace de farine et que les ingrédients soient bien humectés. Distribuer le mélange uniformément dans un moule de 24 mini-muffins.

5. Cuire au four de 12 à 15 minutes ou jusqu'à ce qu'un cure-dent inséré au centre d'un cupcake en ressorte propre. Laisser tiédir.

6. Au robot culinaire, réduire les avocats en purée lisse. Ajouter le chocolat fondu, le sucre à glacer, la fécule de maïs et la vanille. Bien mélanger pour obtenir une texture soyeuse et homogène. Réfrigérer 1 heure avant de garnir les mini-cupcakes aux betteraves d'une rosette de glaçage.

Les cupcakes se conservent 5 jours au réfrigérateur ou 2 mois au congélateur. Le glaçage se conserve 1 semaine au réfrigérateur et ne se congèle pas.

Note Notre glaçage est 2 fois moins gras et 5 fois moins sucré qu'un glaçage commercial en pot.

WHOOPIE PIE

Préparation **15 min** Cuisson **12 min** 12 portions **1,10 $ / portion**

INGRÉDIENTS VEDETTES

sucre

lait

œuf

farine de blé entier

chocolat noir

125 ml (1/2 tasse) de **sucre**

125 ml (1/2 tasse) de **lait**

60 ml (1/4 tasse) d'**huile de canola**

1 **œuf**

5 ml (1 c. à thé) d'**extrait de vanille** pure

375 ml (1 1/2 tasse) de **farine** blé entier

2,5 ml (1/2 c. à thé) de **bicarbonate de soude**

2,5 ml (1/2 c. à thé) de **poudre à pâte**

100 g (3 1/2 oz) de **chocolat noir** fondu

GLAÇAGE SANTÉ

250 g (1/2 lb) de **fromage à la crème allégé** ramolli

250 g (1/2 lb) de **tofu soyeux mou**

1 L (4 tasses) de **sucre à glacer**

500 ml (2 tasses) de **fécule de maïs**

10 ml (2 c. à thé) d'**extrait de vanille** pure

1. Préchauffer le four à 180 °C (350 °F). Placer la grille au centre du four. Tapisser une plaque de cuisson avec du papier parchemin.
2. Dans un grand bol, mélanger le sucre, le lait, l'huile, l'œuf et la vanille. Réserver.
3. Dans un bol moyen, mélanger la farine, le bicarbonate de soude et la poudre à pâte.
4. Incorporer les ingrédients secs aux ingrédients humides.
5. Verser le chocolat fondu et bien mélanger.
6. À l'aide d'une cuillère à crème glacée, former 24 boules de pâte et les déposer sur la plaque de cuisson.
7. Cuire au four de 10 à 12 minutes ou jusqu'à ce qu'un cure-dent inséré au centre d'un biscuit en ressorte propre. Laisser refroidir.

GLAÇAGE SANTÉ

1. Dans un grand bol, fouetter le fromage et le tofu à l'aide d'un batteur électrique (mixette).
2. Ajouter le reste des ingrédients et mélanger d'abord à basse vitesse, puis à vitesse élevée pour une texture lisse. Réfrigérer 4 heures.
3. Garnir le dessous d'un biscuit de 15 à 30 ml (1 à 2 c. à soupe) de glaçage santé et fermer en sandwich avec un autre biscuit. Répéter pour obtenir 12 whoopie pies.

Les biscuits se conservent 5 jours au réfrigérateur ou 2 mois au congélateur.

Valeurs nutritives (par portion)

Calories	393
Protéines	8 g
Lipides	10 g
Glucides	67 g
Fibres	2 g
Sodium	228 mg

Note Grâce au tofu mou, notre glaçage est 13 fois moins gras qu'un glaçage commercial en pot.

MOUSSE AU CHOCOLAT

Préparation **5 min**   Cuisson **5 min**   **6 portions**    **1,10 $** / portion

INGRÉDIENTS VEDETTES

chocolat noir

tofu dessert sucré

vanille

150 g (5 oz) de **chocolat noir** 70 % cacao

300 g (10 1/2 oz) de **tofu dessert sucré**

2,5 ml (1/2 c. à thé) d'**extrait de vanille** pure

1. Concasser le chocclat et le placer dans un bol de métal (cul-de-poule). Placer le bol sur une petite casserole contenant environ 2,5 cm (1 po) d'eau et porter à ébullition pour créer un bain-marie. Le fond du bol ne doit pas toucher l'eau.

2. Faire fondre le chocolat en remuant régulièrement. Lorsque le chocolat est fondu, retirer du feu. Laisser le bol sur la casserole afin que le chocolat demeure bien chaud.

3. Ajouter le tofu et la vanille. Fouetter vigoureusement jusqu'à ce que la texture soit très lisse et homogène. Le tofu doit complètement disparaître dans le chocolat fondu.

4. Verser la préparation dans des coupes à dessert ou des tasses à espresso, puis réfrigérer 1 heure avant de servir.

Servir avec des petits fruits frais.

Se conserve 5 jours au réfrigérateur et ne se congèle pas.

Valeurs nutritives
(par portion)

Calories	183
Protéines	4 g
Lipides	11 g
Glucides	17 g
Fibres	3 g
Sodium	7 mg

Note Lorsqu'on compare cette mousse futée avec une mousse au chocolat classique à base d'œufs, de beurre, de crème et de chocolat, notre recette fait belle figure. Elle contient un peu plus de protéines grâce au tofu, 3 fois moins de gras et 3 fois plus de fibres par portion. Pas mal, hein !

Variante Utilisez du tofu dessert parfumé à la noix de ccco, puis garnissez de quelques copeaux de noix de coco grillée au moment de servir.

BISCUIT À LA POÊLE

Préparation **15 min**　　Cuisson **20 min**　　8 portions　　 **0,70 $** / portion

INGRÉDIENTS VEDETTES

œuf

banane

farine de blé entier

graines de lin moulues

pépites de chocolat

---

60 ml (1/4 tasse) de **beurre** ramolli

60 ml (1/4 tasse) de **cassonade** légèrement tassée

60 ml (1/4 tasse) de **sucre**

1 **œuf**

1 **banane** pilée

10 ml (2 c. à thé) d'**extrait de vanille** pure

250 ml (1 tasse) de **farine** de blé entier

60 ml (1/4 tasse) de **graines de lin** moulues (voir note)

125 ml (1/2 tasse) de **pépites de chocolat** mi-sucré

125 ml (1/2 tasse) de **noix de Grenoble** hachées

---

1. Préchauffer le four à 180 °C (350 °F). Placer la grille au centre du four. Beurrer une poêle de fonte ou toute autre poêle allant au four.

2. Dans un grand bol, fouetter le beurre, la cassonade et le sucre au batteur électrique (mixette) jusqu'à ce que la préparation soit crémeuse. Ajouter l'œuf, la banane et la vanille, puis mélanger.

3. Dans un bol moyen, mélanger à la fourchette la farine, les graines de lin, les pépites de chocolat et les noix.

4. Incorporer les ingrédients secs aux ingrédients humides. Bien mélanger à la fourchette. Transvider la préparation dans le poêlon et étendre uniformément.

5. Cuire au four 20 minutes ou jusqu'à ce qu'un cure-dent inséré au centre du biscuit en ressorte propre.

6. Laisser tiédir avant de servir au centre de la table. Tailler en pointes et servir « à la mode » avec de la crème glacée à la vanille, si désiré.

Se conserve 5 jours au réfrigérateur ou 2 mois au congélateur.

Valeurs nutritives
(par portion)

Calories	300
Protéines	5 g
Lipides	17 g
Glucides	34 g
Fibres	4 g
Sodium	38 mg

Variante Si vous n'avez pas de banane mûre sous la main, remplacez-la par 125 ml (1/2 tasse) de compote de pommes non sucrée.

Note Saviez-vous que 15 ml (1 c. à soupe) de graines de lin moulues contiennent la même quantité de fibres qu'une tranche de pain de blé entier ? Vous pouvez acheter des graines de lin déjà moulues, pourvu qu'elles soient dans un emballage sous vide. Une fois le sac ouvert, conservez les graines de lin au congélateur pour garder leur fraîcheur.

RECETTE EXCLUSIVE
TARTELETTES À LA GANACHE

Préparation **15 min** Cuisson **30 min** **12 portions**  **0,95 $** / portion

INGRÉDIENTS VEDETTES

dattes séchées

chocolat noir

crème à l'ancienne

farine de blé entier

flocons d'avoine à cuisson rapide

250 ml (1 tasse) de **dattes** séchées dénoyautées, hachées

125 ml (1/2 tasse) d'**eau**

100 g (3 1/2 oz) de **chocolat noir** concassé (ou 125 ml (1/2 tasse) de pastilles de chocolat noir)

125 ml (1/2 tasse) de **crème à l'ancienne** à 15 % m.g.

5 ml (1 c. à thé) d'**huile de canola** ou de beurre fondu (pour le moule)

60 ml (1/4 tasse) de **beurre** fondu

60 ml (1/4 tasse) de **sirop d'érable**

250 ml (1 tasse) de **farine de blé entier**

250 ml (1 tasse) de **flocons d'avoine** à cuisson rapide (gruau rapide)

Framboises fraîches

1. Dans une petite casserole, ajouter les dattes et l'eau. Porter à ébullition à feu vif. Réduire à feu moyen, couvrir et cuire de 8 à 10 minutes ou jusqu'à ce qu'il ne reste plus d'eau.

2. Verser la préparation dans le récipient du robot culinaire. Ajouter le chocolat et réduire en purée lisse. En laissant le robot tourner, ajouter la crème par l'ouverture qui se trouve sur le couvercle du robot. Mélanger pour bien incorporer. Au besoin, racler les rebords du récipient à l'aide d'une spatule de plastique.

3. Transvider la garniture dans un bol et réfrigérer pour refroidir la ganache.

4. Préchauffer le four à 200 °C (400 °F). Placer la grille au centre du four. Badigeonner d'huile ou de beurre un moule à 12 muffins.

5. Dans un grand bol, mélanger à la fourchette le beurre et le sirop. Ajouter la farine et l'avoine. Mélanger pour obtenir de petits grains.

6. Répartir uniformément la préparation dans les cavités. Calculer environ 45 ml (3 c. à soupe) par cavité. Presser fermement avec les doigts sur le fond et les côtés de chaque cavité pour former un petit nid. La préparation doit être bien compactée.

7. Cuire au four de 15 à 20 minutes ou jusqu'à ce que les croûtes soient bien dorées. Laisser refroidir avant de démouler.

8. Démouler les croûtes délicatement et les déposer dans une assiette de service. Garnir chaque croûte de 15 à 30 ml (1 à 2 c. à soupe) de ganache au chocolat. Décorer de framboises et servir.

Se conserve 4 jours au réfrigérateur et ne se congèle pas.

Valeurs nutritives
(par portion)

Calories	269
Protéines	4 g
Lipides	9 g
Glucides	36 g
Fibres	4 g
Sodium	42 mg

RECETTE EXCLUSIVE
PETITS ÉCOLIERS

Préparation **10 min**   Cuisson **2 min**   Repos **1 h**   **10 portions** de 2 biscuits    **0,50 $** / portion

INGRÉDIENTS VEDETTES

chocolat noir

biscuits de type Social Thé

amandes effilées

canneberges séchées

flocons de noix de coco

100 g (3 1/2 oz) de **chocolat noir** (de type Baker ou 150 ml / 2/3 tasse en pastilles)

20 **biscuits** de type Social Thé

Garnitures (au choix)

Amandes effilées,
Canneberges séchées,
Noix de Grenoble,
Céréales granolas,
Riz soufflé,
Pistaches,
Flocons de noix de coco rôtie

1. Dans un petit bol allant au four à micro-ondes, déposer le chocolat, puis le faire fondre 1 minute 30 secondes ou jusqu'à ce que le chocolat soit bien fondu. Remuer chaque 30 secondes. Ne pas trop cuire.

2. Répartir les biscuits sur une plaque de cuisson recouverte de papier parchemin.

3. Étendre de 5 à 10 ml (1 à 2 c. à thé) de chocolat fondu sur chaque biscuit.

4. Décorer les biscuits avec les garnitures de son choix.

5. Laisser reposer 1 heure à température ambiante pour que le chocolat fige. Ne pas réfrigérer, car le chocolat blanchira t.

   Se conserve 1 mois dans un contenant hermétique à la température ambiante et ne se congèle pas.

Valeurs nutritives
(par portion)

Calories	137
Protéines	2 g
Lipides	8 g
Glucides	15 g
Fibres	2 g
Sodium	40 mg

RECETTE EXCLUSIVE
SABLÉ AU CHOCOLAT

Préparation **30 min**   Repos **1 h**   Cuisson **15 min**   **25 portions**   **0,30 $ / portion**

INGRÉDIENTS VEDETTES

farine Nutri

lait en poudre

cacao en poudre

œufs

chocolat noir

425 ml (1 3/4 tasse) de **farine Nutri** (voir page 386)

125 ml (1/2 tasse) de **lait en poudre** (facultatif)

125 ml (1/2 tasse) de **cacao** non sucré

5 ml (1 c. à thé) de **poudre à pâte**

10 ml (2 c. à thé) de **cannelle** moulue

125 ml (1/2 tasse) de **beurre** ramolli

180 ml (3/4 tasse) de **cassonade** légèrement tassée

2 **œufs**

5 ml (1 c. à thé) d'extrait de **vanille** pure

125 ml (1/2 tasse) de **chocolat noir** fondu (facultatif)

1. Préchauffer le four à 160 °C (325 °F). Placer la grille au centre du four. Tapisser une plaque de cuisson de papier parchemin et couper un morceau supplémentaire de papier parchemin de la même taille.

2. Dans un grand bol, mélanger la farine, le lait en poudre, le cacao, la poudre à pâte et la cannelle.

3. Dans un autre grand bol, au batteur électrique (mixette), fouetter le beurre et la cassonade. Ajouter les œufs et la vanille, puis fouetter de nouveau pour obtenir un mélange lisse et crémeux.

4. Incorporer les ingrédients secs aux ingrédients humides. Mélanger à la cuillère pour bien humecter les ingrédients, puis poursuivre avec les mains pour former une boule de pâte. Diviser la pâte en deux. Recouvrir une moitié de pellicule plastique et réfrigérer ou congeler pour un usage futur.

5. Déposer l'autre boule de pâte sur la plaque de cuisson et recouvrir d'une feuille de papier parchemin. À l'aide d'un rouleau à pâtisserie, abaisser la pâte jusqu'à environ 0,5 cm (1/4 po) d'épaisseur.

6. À l'aide d'emporte-pièces de la forme de votre choix, tailler les biscuits. Sur chaque biscuit, à l'aide d'un couteau tranchant, faire une incision suffisamment large pour que les biscuits puissent s'insérer sur le rebord d'un verre ou d'une tasse. Les incisions doivent être plus larges que nécessaire puisqu'elles se referment à la cuisson.

7. Former une boule, abaisser et tailler de nouveaux biscuits avec les retailles de pâte. Cuire au four de 12 à 15 minutes. Au besoin, élargir les incisions au couteau à la sortie du four. Laisser reposer 15 minutes.

8. Si désiré, tremper l'extrémité de chaque biscuit dans le chocolat fondu. Déposer sur la plaque de cuisson et laisser figer le chocolat à température ambiante.

Valeurs nutritives
(par portion)

Calories	131
Protéines	3 g
Lipides	7 g
Glucides	17 g
Fibres	2 g
Sodium	48 mg

Se conserve 7 jours dans un plat hermétique à la température ambiante.

La pâte non cuite se conserve 3 jours au réfrigérateur ou 1 mois au congélateur.

«ZE» GÂTEAU AU CHOCOLAT

Préparation **40 min**   Cuisson **25 min**   **12 portions**    **1,60 $** / portion

INGRÉDIENTS VEDETTES

farine de blé entier

cacao en poudre

œufs

yogourt nature

eau gazéifiée

Valeurs nutritives
(par portion)

Calories	442
Protéines	9 g
Lipides	21 g
Glucides	59 g
Fibres	4 g
Sodium	362 mg

GÂTEAU

625 ml (2 1/2 tasses) de **farine** de blé entier

250 ml (1 tasse) de **cacao**

10 ml (2 c. à thé) de **bicarbonate de soude**

10 ml (2 c. à thé) de **poudre à pâte**

250 ml (1 tasse) de **beurre** demi-sel ramolli

500 ml (2 tasses) de **sucre**

4 **œufs**

500 ml (2 tasses) de **yogourt nature**

10 ml (2 c. à thé) d'**extrait de vanille** pure

500 ml (2 tasses) d'**eau gazéifiée**

DÉCORATION

Glaçage santé
(voir page 414)

50 **biscuits** de type Pirouline

6 casseaux de **petits fruits**

1 **ruban** de 1 m (40 po) de longueur

1. Préchauffer le four à 180 °C (350 °F). Placer la grille au centre du four. Beurrer et fariner quatre moules à gâteaux ronds de 20 cm (8 po).

2. Dans un bol moyen, mélanger la farine, le cacao, le bicarbonate de soude et la poudre à pâte. Réserver.

3. Dans un grand bol, fouetter le beurre avec le sucre à l'aide d'un batteur électrique (mixette). Ajouter les œufs et mélanger jusqu'à ce que la préparation soit crémeuse. Verser le yogourt et la vanille. Mélanger pour bien incorporer les ingrédients.

4. Incorporer les ingrédients secs aux ingrédients humides. Ajouter l'eau gazéifiée et mélanger à basse vitesse au batteur électrique. Ne pas trop mélanger. Diviser la préparation également dans les quatre moules.

5. Cuire au four de 20 à 25 minutes ou jusqu'à ce qu'un cure-dent inséré au centre des gâteaux en ressorte propre. Laisser refroidir avant de démouler.

6. Pour assembler, superposer les quatre gâteaux en nappant généreusement de glaçage santé (voir page 414) entre chaque étage. Recouvrir les côtés du gâteau de glaçage, puis disposer des biscuits de type Pirouline tout autour du gâteau.

7. Garnir le dessus du gâteau de petits fruits frais. Nouer un ruban autour du gâteau pour maintenir les biscuits en place.

   Se conserve 4 jours au réfrigérateur (assemblé) ou 2 mois au congélateur (les gâteaux sans le glaçage).

Astuce L'eau gazéifiée permet d'incorporer de l'air à la préparation de gâteau. Ainsi, nous obtenons un gâteau léger et moelleux comparable aux mélanges à gâteau en boîte, mais sans tous les agents de conservation.

REMERCIEMENTS

Merci à Dominique Chaloult, ex-dg des programmes de Télé-Québec. Tu as notre reconnaissance éternelle. C'est toi qui as eu le pif de nous mettre sur la route l'une et l'autre. Merci à toute l'équipe de Télé-Québec, c'est un bonheur de travailler avec vous.

Merci aux éditions La Semaine. Jean-François Gosselin, homme orchestre sans fausse note, Annie Tonneau, complice de taille, Jacques Simard, pour son soutien, Christian Jetté, manitou *believer* hors pair. Merci à toute l'équipe, graphistes, réviseurs, livreurs. On vous a retrouvés avec une joie grande comme un gâteau au chocolat.

À ADP, notre distributeur dont les représentants-ambassadeurs sont devenus des alliés de cœur pour notre projet. Jean Baril, ton admiration envers notre travail est inestimable.

À nos amis, vous savez combien vous comptez pour nous. Merci de nous challenger!

À l'équipe de *Cuisine futée*, la colonie de vacances, c'est avec vous que ça se passe lors des tournages. Caroline de la Ronde, ta douceur cache une vraie lionne. La meilleure, c'est toi.

Merci à Angie, Ruben et Nico. *Gracias por habernos recibidos con todo corazon en nuestro Chile lindo y en su casa aun mas bella, llena de amor y de pisco sour!*

À notre équipe futée, ce livre est à nous toutes de nous toutes: Klara Polom, le cerveau moitié Gen, moitié Alex, on ne croyait pas que ça pouvait exister. Tu es plus que parfaite, merci. Krystel Dubé, tu es la rigueur et le ricanement quotidien, Catherine Jacques, tu es la semeuse de joie au bon goût absolu, Ève Marcil, tu es l'incarnation de la bienveillance, Ève Burelle, tu es une force tranquille et lumineuse, Marie-Christine Champagne, tout est toujours si simple à tes côtés. On vous aime du plus profond de notre cœur.

Judith Cossette, merci de nous avoir fait confiance. Merci d'avoir braqué ton objectif sur nous et nos recettes avec ton immense talent. Tu as su traduire en photographie ce que nous sommes toutes les deux. Tu es la tannante qu'on se souhaitait. On t'aime tellement. Claro!

Thomas Asselin, graphiste magicien. Tu sais «te revirer sur un dix cents» sans perdre de vue ce qu'on avait en tête et qui est si difficile à exprimer en mots. Merci d'avoir compris notre langage futé. Un king.

À Mélanie Mclean, Cindy et toute l'équipe. Qui sont les filles les plus chanceuses en ville? C'est nous! Vos vêtements, 10feet, Des petits hauts, Nice Things, Yerse et Noa Noa sont les plus beaux. Presque autant que vos bras ouverts et votre gentillesse quand on passe vous voir. Merci beaucoup.

À Ceramik B et Atelier Make, on espère faire découvrir au plus grand nombre vos pièces de céramique. Tout y est meilleur dedans, point.

D'Alex: Gen, merci pour ton génie. Tu es à mes yeux la meilleure nutritionniste du Québec. OK, du monde entier. Mais tu es surtout mon amie improbable. Ni nos goûts, ni nos styles de vie, ni nos parcours n'auraient pu nous permettre de nous croiser. Nous sommes si différentes. J'ai frappé le *jackpot*. Tu es une femme admirable. Ensemble, c'est tout. Je t'aime tant. Merci à ma famille, mon moteur. Merci enfin à ma maman qui veille sur nous en buvant un petit whisky là-haut. Je parle de toi tous les jours à tes petits-enfants.

De Geneviève: Merci, Alex, pour ta folie. Ton audace. Ton cran. Tout est possible avec toi et tu défonces des murs avec une énergie inépuisable. Comment fais-tu? Tu es imbattable. Ton bon goût a redéfini notre entreprise (et même mes *looks*, j'en profite!). Les journées ne sont jamais plates à tes côtés. Merci pour ton grand cœur. Merci à ma famille. À toi, Stéphane, mon pilier.

Merci à Simone, Henri et Maude, nos plus grands critiques! Nous sommes deux mamans comblées à l'os. C'est pour vous qu'on fait tout ceci. Et pour nous.

Et pour vous tous qui lisez ces lignes. *Gracias.*

Les filles futées (de gauche à droite): Marie-Christine, Ève B., Catherine, Judith, Klara et Krystel. (Absente sur la photo: Ève M.)

INDEX ALPHABÉTIQUE

A
Ananas grillé aux épices **376**
Asperges grillées au sésame **66**

B
Baguette au porc et aux pommes **84**
Barres tendres choco-dattes **354**
Bâtonnets de fromage panés **306**
Bavette marinée **330**
Bar à eau **52**
Barre déjeuner pomme et canneberge **36**
Beurre d'amandes maison **32**
Beurre de fruits à la mijoteuse **26**
Biscuit à la poêle **418**
Biscuits chewy double chocolat **410**
Biscuits congelés **380**
Biscuit vitrail **382**
Blondies aux amandes **386**
Bœuf aux légumes à la mijoteuse **160**
Bœuf effiloché à la Guinness **324**
Bok choy à l'orange **64**
Bouchées de courgette **76**
Bouchées de pouding au pain à l'érable **398**
Bouillon de poulet maison **150**
Boule de tartinade au thon **272**
Boules au fromage **280**
Boules de collation sans cuisson **340**
Boulettes à l'italienne **156**
Boulettes de poisson à l'asiatique **204**
Boulettes de poulet et chorizo **136**
Boulettes suédoises **184**
Brochettes «banana split» **406**
Brochettes de poulet au sésame **226**
Burgers au steak BBQ **312**

C
Canapés croustillants à la salsa de mangue **270**
Cannellonis gratinés **118**
Casserole de poulet à l'espagnole **120**
Cazuela de pollo **144**
Chili à la lime **96**
Chips de carottes et de patates douces **282**
Chips de won-ton **298**
Chou-fleur pop corn **116**
Cigares au chou **164**
Cocktail rosé **42**
Concassé de pois chiches au citron **100**
Confiture sans cuisson **28**
Cornet à la tire d'érable **378**
Côtes levées à la mijoteuse **326**
Craquelins maison **299**
Crème de champignons **208**
Crème de poireaux et salsa de pommes **68**
Crème de tomate sans produits laitiers **214**
Crème étagée au citron **370**
Crêpe au four à partager **46**
Croquettes de légumes **72**
Croquettes de riz au saumon **108**
Crumble de petits fruits en papillote **396**

E
Edamames à grignoter **286**

F

Fajitas au poulet **206**
Fenouil à l'orange **274**
Feta à la figue **278**
Fettucini Alberto **130**
Fèves «au lard» à la mijoteuse **180**
Fondue à la courge **166**
Fondue chinoise **190**
Framboises chocolatées **376**
Frites de panais au cari **74**
Frites de tofu et sauce satay **294**

G

Galette géante à partager **352**
Galettes à la poire et au gingembre **344**
Galettes de superhéros **58**
Galettes «rennes au nez rouge» **384**
Galettes tex-mex à la courge **60**
Gaspacho **70**
Gâteau de crêpes **408**
Gâteau «vide frigo» **394**
Gigot d'agneau aux pommes **174**
Gnocchis grillés **329**
Granola maison **24**
Grelots grillés **136**
Grilled cheese rico rico **218**
Grilled cheese urbain **316**
Guédille tex-mex **210**

H

Hot chicken de survie **128**
Hoummos maison **300**

J

Jello maison **366**
Jujubes aux fraises **374**

K

Keftas du Moyen-Orient **322**

L

Légumes râpés à l'asiatique **252**

M

Macaroni «avec pas de viande» **158**
Manjar (*dulce de leche* chilien) **390**
Méga-giga tarte aux pommes **392**
Méli-mélo à grignoter **346**
Mini-burgers dinde et sarrasin **318**
Mini-crêpes dans un moule à muffins **50**
Mini-croquettes de crabe et tilapia **284**
Mini-cupcakes aux betteraves **412**
Mini-lasagnes **172**
Mini-quiches au saumon **290**
Mini-tacos **292**
Mousse au chocolat **416**
Mousse aux framboises **364**
Muffins orange et canneberges **348**

O

«Œufs» brouillés végé **44**
Omelette passe-partout **134**
Oranges à la cannelle **376**

P

Pain aux bananes **350**
Papillotes de légumes au sésame **222**
Papillotes de poulet au cari **140**
Papillotes de saumon au miso **220**
Pappardelles au bœuf effiloché **186**
Pastilles de yogourt glacé **356**
«Pâte à biscuits» **342**
Pâtes au pesto maison **212**
Pâtes crémeuses au thon **216**
Petits écoliers **422**
Petits pains maison au fromage **168**
Pilons de dinde à la gelée de pomme **176**
Pilons de poulet BBQ **308**
Plat surgelé aux crevettes à l'asiatique **94**
Poisson cajun **114**
Pollo estofado **142**
Pommes de terre gratinées **310**
Pops glacés au melon **336**
Porc citronné à la pancetta **182**
Potage au poisson et chips de pappadum **132**
Pouding au chocolat maison **404**
Pouding au riz **368**
Pouding étagé au chia **30**
Poulet à la king **162**
Poulet à la moutarde et à l'érable **124**
Poulet à la vinaigrette **112**

Poulet au four **146**
Poulet teriyaki **138**
Purée passe-partout à la courge **62**

R

Riz au lait de coco **228**
Riz «frit» à l'asiatique **122**
Rondelles d'oignon **314**
Rouleaux printaniers **202**
Rôti de palette au four **188**

S

Sablé au chocolat **424**
Salade «club sandwich» **250**
Salade d'orecchiette **254**
Salade d'orzo au poulet grillé **258**
Salade de betteraves et de feta **268**
Salade de céleri d'Alex **248**
Salade de céleri-rave aux pommes **262**
Salade de chou rapido **328**
Salade de lentilles aux pommes **244**
Salade de pâtes à la grecque **242**
Salade de pâtes au saumon **260**
Salade de quartiers de lune **223**
Salade de quinoa aux crevettes **246**
Salade de riz au miso **256**
Salade de tomates à la mozzarella **276**
Salade du sud-ouest **238**
Salade Waldorf au poulet **240**
Sandwich aux œufs et à la ricotta **86**
Sandwich du matin pressé **48**
Sandwichs roulés **92**
Sauce au fromage **63**
Sauce bolognaise à la mijoteuse **170**
Sauce tomate boostée **117**
Saumon aux épices à steak **224**
Sorbet aux petits fruits **372**
Sorbet mangue-orange **362**
Soupe au bœuf et à l'orge **196**
Soupe chunky au poulet **148**
La soupe du lendemain **192**
Soupe-repas à l'asiatique **90**
Sous-marins à la viande à fondue **194**
Strata au chorizo **126**

T

Taboulé de chou-fleur **234**
Tacos au bœuf effiloché **320**
Tarte à la courge **388**
Tartelettes à la ganache **420**
Tartinade aux noix de cajou **88**
Tartinade choco-noisettes maison **22**
Tartinade de saumon **98**
Tortilla roulée à la banane **38**
Tourtière de millet **178**
Trempette à l'érable **338**
Trempette chaude dans un bol de pain **288**
Trempette edamame-avocat **296**
Trempettes à fondue chinoise **189**
Trilogie de trempettes **102**
Trio de smoothies **34**

V

Végé-burgers aux haricots noirs **110**
Verrines de fruits à l'érable **40**
Vinaigrette crémeuse miel et Dijon **236**
Vinaigrette passe-partout **112**

W

Whoopie pie **414**
Wrap crevettes et ciboulette **82**

Y

Yogourt à boire **356**

Z

«Ze» gâteau au chocolat **426**

Merci à nos partenaires

Agence Mélanie Mclean
Pour les plus belles lignes de vêtements futés :
Noa Noa, 10 Feet, Des Petits Hauts, Nice Things & Yerse.

www.agencemelaniemclean.com

Atelier Make et Ceramik B
Parce que tout est encore meilleur dans vos plats.

www.ateliermake.com
http://ceramikb.com